董晋骞 著

螺旋的思

思

——思的曲线——

辽宁大学出版社

图书在版编目（CIP）数据

螺旋的思：思的曲线/董晋骞著. —沈阳：辽宁大学出版社，
2016.12（2017.7 重印）

ISBN 978-7-5610-8466-3

Ⅰ.①螺…　Ⅱ.①董…　Ⅲ.①哲学—研究　Ⅳ.
①B0

中国版本图书馆 CIP 数据核字（2016）第 314588 号

────────────────────

出　版　者：辽宁大学出版社有限责任公司
　　　　　　（地址：沈阳市皇姑区崇山中路 66 号　　邮政编码：110036）
印　刷　者：沈阳市第二市政建设工程公司印刷厂
发　行　者：辽宁大学出版社有限责任公司
幅面尺寸：170mm×240mm
印　　张：23.5
插　　页：4
字　　数：460 千字
出版时间：2016 年 12 月第 1 版
印刷时间：2017 年 7 月第 2 次印刷
责任编辑：高　冉
封面设计：徐澄玥
责任校对：合　力

────────────────────

书　　号：ISBN 978-7-5610-8466-3
定　　价：59.00 元

联系电话：024－86864613
邮购热线：024－86830665
网　　址：http://press.lnu.edu.cn
电子邮件：lnupress@vip.163.com

思以成论

（代序）

呈现在读者面前的，是我的一些思考，包括对于思考的思考。尽管有一些现在看来是不全面的、有差错的，但它是真实的，是我个人独立思考的观点和看法。（直到今天，我仍习惯用笔写作而不是键盘，并从中体会到快乐。）

书名"螺旋的思"包括四层含义：一是说我的哲学思考活动本身呈螺旋状：只有起点，没有终点；没有最好，只有更好；只有阶段性成果，没有一成不变的认识。原因在于哲学是变化的学问，"变异"是它最大特点。二是我认为人类的认识活动总体上具有螺旋性，因为人类实践活动是螺旋性的，人类的认识活动根本上制约于它；三是认为只有"螺旋"或"曲线性"可以准确描述人类形而上的思想活动，用"不确定的""非概念的"等否定性话语在逻辑上有问题。尽管难以避免黑格尔老人所批评的东方人的方式思维（素朴的形象思维）的忌，表明我本身具有的中国传统思维习惯；四是要表达对现状的不满意与未来的更好憧憬：当下生活距离真理很遥远，还处于"在路上"状态，未来更逼近真理。

　　本书分三部分，第一部分上编"思论"包括关于思的规定性：螺旋性——人们的认识活动是在确定与不确定、概念与非概念、现象与本质、完满与缺陷等皆具的状况下进行的；共动性——确定人们的思具有共同性、"共同思维"或"普遍思维"、"思维的普遍性"是存在的，因为人们的实践具有共动性；整体性——认识趋向的整体性、认识形式的具体性、认识内容的整体性、认识主体的整体性；改革性——针对当下严重的"改革病"而有感而发，是面对现实的思索；自反性——与改革性相呼应，提出"异化实践"问题，试图从学理上回答一些现实中的尖锐反腐败等问题。此外，还有针对性地提出"普遍价值"和"普遍价值的基础问题"，意在解决人们在价值的普遍性的困惑，要为"普遍价值"张目。包括"自然的先在性并不等于自然的决定性"、"实践思维与形上之思"、"论书评的审美特性"等思，都是有感而言。其中有近半是首次发表。

　　第二部分"马克思思论"和第三部分"中外思论"汇聚了我在各具体领域的思考。

　　"路漫漫其修远兮，吾将上下而求索"。先哲屈原的这句话表达出古今中外无数人的不懈努力。

　　与君共勉励！

董晋骞

2016 年初秋于沈阳

目　　录

下编　中外思论

上编　思论

螺旋性

螺旋性是说人的认识和思维活动具有曲线性特点。

"螺旋的思"包括思的螺旋性和思的内容与对象——在（存在）的螺旋性两个方面，"螺旋"即曲线。在数学和物理学意义上，只有两点只能是直线，三点或三点以上必定是曲线。这是哲学上提出"螺旋的思"的科学根据，也是日常经验根据。本书的宗旨就是要确定无论是存在本身（在）还是思维本身，都是曲线性的，都是三点结构。如存在上的从"在者——在的主体——在本身"，思维上的从"客观——主观——实践"成为螺旋的思——思的曲线性的基础。这恰好说明思不是真的，它只能无限逼近真理。先来探讨一下思的螺旋性问题。

人的认识和人的思维是两个既有联系又有区别的概念。人的认识活动离不开人的思维活动，思维活动是认识活动的基础。人的思维活动又必然是一种认识活动，哲学家对此又有细分：人认识自己的活动叫"自识"活动，人认识自己思维（认识）的活动叫"反思"或"思辩"活动。现象学把认识（思维）活动分为"对象性活动"或"非对象性活动"。马克思认为人的认识活动（包括思维活动）建立在实践（感性活动）基础上，要受人的物质实践活动的根本制约。

人们的思维活动有客观规律性，可以被认识。螺旋（Spiral）或螺旋性（Spirallty）是一个重要特征。用"螺旋"或"螺旋性"来规定思的一个重要属性，表现出东方人（包括中国人）形象思维较强的特点。

思的螺旋性包括三方面内容：一是思（think）本身的螺旋性；二是思（thinking）存在形式的螺旋性；三是思（think）的历史的螺旋性。

思（think，thinking）是"在（be，being）"的思，思是"在"的形式和把手。"在"的超越性和客观性决定"在"必须通过"思"才可被人把握。在此意义上，思与在是一个东西。思就是在，在的现实性、必然性、永恒性离不开思。人只有通过思才能"把玩"在，肯定在、体会在。"在"通过思存在。海德格尔的贡献是将思与在二者具体化、社会化、客观化，创造出一个深刻的"在者"（人）的哲学新世界。马克思则巧妙地在消解思的抽象性唯心化的同时突出思的社会历史性；在克服在的概念性和精神化的同时突出在的现实内容和超越性，创造出"实践"世界。

人们思维活动具有"螺旋性"。老子描绘这种思维活动的状态是"视而不见，名曰夷；听之不闻，名曰希；搏之不得，名曰微。此三者不可致诘，故混而为一。其上不皦，其下不昧，绳绳兮不可名，复归于无物。是谓无状之状，无物之象，是谓惚恍。迎之不见其首，随着不见其后。执左之道，以御今之有。能知古始，是谓道纪。"（《道德经·第十四章》，大意：看它看不见，叫做"夷"；听它听不到，叫做"希"；摸它摸不到，叫做"微"。这三者无以追究，浑然为一。前看无头，后看无尾。延绵不绝不可名称，运动又回复到有形无象、有象无形的状态。这就是"惚恍"。靠着古已有之的道就能认识掌握今后的事物，能知晓万物的本原，这就是道的规律）思的螺旋，确定人的思维活动具有动态、不固定，有形可把握，概念非逻辑的特性。

与康德的思路不同，螺旋的思，确认思维活动具有动态性。活动和变化是思维的根本属性之一。换言之，研究思维，首先把它当成活动着的变化着的对象，而不是静止的、纯客体的对象，因而螺旋的思的研究结果不会如康德那样建立一个模式、创造一个体系，变成深奥的知识。

　　螺旋的思确定思维活动的动态性，也就避免了研究思维活动的僵化和知识化，二者一是把思超验化，二是把思永恒化。因此，思的动态性就排除了思的固化或固定化。

　　这种螺旋性符合哲学起源的一般规律。古希腊的自然哲学追寻本源的过程呈现出本原螺旋性。表现出人类童年思维发展的明显的螺旋性特点。每一个新本源的提出，每一次对于已有本原的否定或更新，都表现出思的历史螺旋推进。柏拉图的"对话体"理论形态的凝集着这种螺旋演进。在古希腊和中国周朝（《尚书》《易经》之前）才会存在着这种明显螺旋的新生思维特点。

一、思本身的螺旋性

可分 10 个方面。

　　1. 思的螺旋性表现着思的有限性。康德的批判哲学是对思的有限性的具体研究，"我们能够做（'思'）什么？"的边界是我们不能做什么。研究思的螺旋性问题首先明确思的有限性，这既是对康德批判哲学的继承，从而是对已有哲学成果的继承，也是将研究集中到研究的问题本身。使思的有限性成为思的螺旋性的前提。

　　2. 思的螺旋性表明思的抽象。思是观念存在。即使在思维具体的情况下，思的抽象性也没有丝毫改变。只是需要人们更仔细地去体会。

　　3. 思的螺旋性体现着思的综合性。思的综合性与思想（体系）的综合性不是一回事（只是在原初的意义上是一致的），思自身的存在是综合性的存在。这一点，马克思以实践唯物主义立场进行了挖掘。马克思从人的现实性和生活的现实性出发，确证了思自身的存在是一种内容性存在。是历史社会的总体性、内容性（黑格尔哲学、马克思哲学都是内容性哲学）存在。

　　4. 思的螺旋性来自于思的矛盾群性。矛盾与矛盾群不是一回事，二者是对立的。矛盾只具有抽象性、理论性，矛盾群才是有具体性、现实性。思存在的真实性和螺旋性确证着思的矛盾群性。思是矛盾群的存在。

5. 思的螺旋性的基础是现实生活。这一点，马克思的体会和表达是内容性的和彻底的。马克思哲学表现出一种思的螺旋性的彻底。这种彻底性表现在三个方面：第一，马克思在其实践思维范围内解决了思的螺旋的动因问题，即实践推动思的螺旋；制约着螺旋的趋向和运动周期。第二，马克思的异化劳动和异化实践理论在其理论视域内解答了思的螺旋何以可能的问题。思的高潮和低潮，思的起伏有无规律等，每一个问题在不同哲学家那里都会有不同的答案。第三，马克思的实践哲学认定思的螺旋不仅是形式上的螺旋，也是内容上的螺旋。因为马克思哲学直面人生和现实生活。思的螺旋性和现实发展的螺旋性是统一的，前者不是后者的理论表现。这样，马克思在经验的层面上构建了思的发展的螺旋性模型。

6. 螺旋性的思在社会历史上的表现是"悲喜剧"现象。先哲们研究历史发展中的"悲喜剧"现象：一个新生事物往往在历史上会出现两次。第一次以"悲剧"出现：即必然性与现实性的矛盾、规律与可能的矛盾；第二次以"喜剧"出现：即存在自身的矛盾，主观时间的有与客观空间的"无"的矛盾。由此可引出现实事物的螺旋性特点：螺旋性的有限性——螺旋性的无限性的并存与博弈。但无论是有限还是无限，都是在"有生"中存在。"有生"即"有生之时间""有生之空间"：第一，一个具体的存在时间，也是有生事物的存在过程。无限性变成一种趋向，实际并不存在。第二，"悲喜剧"现象具有普遍性，这种普遍性直接呈现在经验中，即"我们都能看见"其实是"我们都能想到"。这样一来，思的螺旋性便以经验心理的方式得以让平常人体会。"事物总有发展的两面""要一分为二看问题（事物）"，便成为人们对于螺旋性思的经验称谓。

7. 思的螺旋性与想象力有直接关联。想象力是创新力，思具有一种趋向，这种趋向源于自身又超出自身。其动因皆因思具有想象力。思的想象力创造思的超越性。这是对自身的否定，是积极的肯定。人的思与动物的思（我们已经肯定动物也在进行思的活动）相比，人的思具有更自觉更长久的想象力。

8. 思的螺旋性助长人们的信仰力。人的信仰是一种普遍的机能，从发生和存在的意义上，先有螺旋性的思的活动，然后才有信仰趋向。

9. 思的螺旋性造成人的心理习惯。人的心理活动只有了习惯才是现实和可能的。离开螺旋性的思，人的心理活动不能成为研究对象，也不会有心理学。螺旋性的思创造了心理学的对象。

10. 螺旋性的思创造了哲学本身。哲学就是形而上学，它是对思维特点和规律的研究。哲学是理论化的思。

二、思存在形式的螺旋性

按照人的思维感觉——理性——实践理性的过程可表现为 10 个方面。

1. 感觉的螺旋性表现为感觉的积累性和渐变性。关于人的感觉为什么会有螺旋性的问题涉及到人的感觉是从哪里来的？人的思维活动的起源在哪里？这包括着人的感觉之所以是人的感觉，它不同于动物的感觉。人的感觉从一开始就是人的感觉。恩格斯把它归功于"劳动"的累积和积淀。因此，感觉的积累性和渐变性来源于本原物质活动的日积月累，来自于人的生活。在这一点上，唯心主义和唯物主义都会直面对待。

2. 感觉向知觉的转化是个别性向整体性的转化。感觉的个别性的螺旋性只是个别的积累性的螺旋，而知觉的螺旋性首先是感觉的总体性和综合性的螺旋化。所表现出的螺旋性既是思的整体性和矛盾群性，也是思的有限性。当然，知觉的有限性不同于感觉的有限性，它是本原的整体有限性，是一种基础螺旋性。只就感觉而言，人的螺旋性与动物的螺旋性（如果确实有的话）的差别的基础是知觉的螺旋性。而知觉的螺旋性在其形成之初就有了。

3. 知觉的螺旋性与人的理性能力有关系。具体而言，人理性中的形式能力是一个高端复杂的问题，康德毕其一生要探研人的理性形式从何而来，因何产生。这个问题应该从知觉中寻找。知觉的螺旋性由于具有理性形式，获得理性的普遍性。

4. 知觉与表象不可分，与直观不可分。感觉——知觉——表象过程是一个完整的螺旋认识活动。表象是思的螺旋性的结果，也是人的概念活动的最初形式。王天成先生认为直观中有理性。直观中的理性是一种只有在螺旋思维活动才可感受的理性。

5. 知觉的超越性与螺旋性相联系。知觉与表象不可分，二者都具有超越性，直观具有超越性。在经验内，这种超越是个别向整体、个别向一般、形式向内容的超越；而在超验上，这种超越更有意义，它给了螺旋性以普遍性的品质。人的理性具有超越性，这种超越性最初完整表现在知觉上。最重要的是，知觉所形成的最初的整体性和渐进性即是螺旋性的基础和具体表现。因此，才有人在现象学的意义上研究"知觉现象学"问题，当然，其所说的"知觉"不再是简单的意识活动，而是一种社会历史活动。但其夸大知觉现象活动的作用和地位也令人难以接受。作为人的意识活动，意识现象学活动首先是一种概念活动。

6. 表象的螺旋性在于其渐进性。渐进性是螺旋性的直接表现形态。意识活动在表象和判断活动中的最大特点是渐进性（或螺旋性）。李泽厚在20多年前用"积淀说"来回应人们对于思的螺旋性的质疑。

7. 判断过程是一个螺旋过程，在判断的过程中，无论在判断的形式上还是在判断的内容上都表现为螺旋。人们直接感受到的是作为思维工具的语言的螺旋性渐进、提炼、抽象、确定、明晰等只是表现出螺旋的特点。人有一个主观趋向，就是要把认识对象准确反映出来，离开螺旋性的活动形式是办不到的。换言之，判断是一个创新过程。

8. 判定判断的螺旋性，也就从整体上确定了判断作为人的认识活动的理性阶段具有有限性。这一点，从康德开始就是确定的了，只是由于现实的现代性的巨大势力，人们将人的理性绝对化、神圣化、标准化，没有注意到判断（理性活动）的有限性问题，判断的有限性包括四个方面：判断内容的有限性——任何判断活动都是以经验为前提的，经验的有限性根本上决定理性活动（判断）的有限性；判断形式的有限性——语言的有限性表明理性判断的有限性；判断功能的有限性——人的理性功能是可测可知和有限性，人的生命活动的有限性确定了理性活动的有限性；判断发生的有限性——只存在着具体的判断、个别的判断，一定时间和空间的判断。

9. 推理过程的由个别到其他到一般，是一个不断发展变化的过程。推理存在着概念间性，表现着概念间的关系，而最根本的制约因素是经验，是经验的螺旋性。

10. 思的理论的螺旋性表明理论活动是一个趋向上没有终头的发展过程。尽管曲折（必然性和可能性使然），但仍是积极乐观的，具有浪漫性。

共动性

何谓"共动性"？

共动性就是人的认识活动和思维活动具有共同性。所谓"共同性"，又叫活动的普遍性。在一般和抽象意义上，人的认识活动和思维活动具有普通性，是指每个正常的人都能够进行认识活动和思维活动，这是普遍的（既经验的普遍性）。但这种一般和抽象由于只是经验性的，因而是片面和局限的、不是真正意义上（先验和超验）的普遍性。当然，真正意义上的普遍性也是相对的，因为绝对的普遍性也只能是上帝或无。"先验"也只是"先"个别之"验"，"超验"也只是超个别时空之"验"，不可能"先"人类或"超"人类。在这一点上，马克思的认知是聪明、英明和伟大的。马克思用"实践"、"实践关系"划定了人类认识和思维活动的边界。所以，关于"共动性"的探讨就变成关于马克思的人的实践活动方式的共同性和普遍性的探讨。因而"共动性"中的"共动"就是人的"共同活动方式"。

"共动性"就是实践的共同活动性或实践的共同性。

马克思恩格斯在《费尔巴哈》中提出的"共同活动方式就是生产力"的命题是唯物史观的基本思想。什么是"共同的"活动方式？如何认识"共同的"活动方式？这些对于马克思哲学来说是十分重要的。在马克思自己的诸多著作中，马克思反复强调指出人的感性活动是"共同的"，即人的实践具有"共同性"。这种"共同的活动"的内容应包括现实世界的存在基础的共同性、人类生产生活的共同性、人的存在的人同性，以及人的世界性的和历史性的存在的共同性。确证实践活动的共同性也就是肯定实践法则具有共同性。马克思的"共同活动方式"思想是对传统哲学关于抽象的理性或感性共同性的彻底翻转。

一

"共同活动方式就是生产力"是马克思的基本思想，共同活动方式也就是共同实践及共同实践方式，实践的共同性问题是十分重要的。

共同实践问题是马克思哲学的基本问题。它关涉到对马克思实践思想的基本理解，以及对实践准则和唯物史观的根本解释，也关涉到如何开启实践共同性的视域。这个问题制约着人们是否承认普遍价值的存在，如何抵制"普世价值"思潮、避免将价值狭隘化绝对化，如何确定实践的客观标准等重大问题。

马克思恩格斯在《费尔巴哈》中提出了"共同的实践"即共同实践问题。马克思说："一定的生产方式或一定的工业阶段始终是与一定的共同活动的方式或一定的社会阶段联系着的，而这种共同活动方式本身就是生产力。"① "共同活动方式就是生产力"是马克思哲学的重要思想，是唯物史观的重要内容。这个命题在存在论的意义上不仅凸显人的现实存在的"活动"，即实践的能动性；也彰显人的现实存在的"共同"性，即人类实践的共同性和相对共同的实践准则。并在"方式"方法论的逻辑意义上肯定了生产力具有普遍性和理性结构。而"共同的活动"又是共同活动方式的基础和理论内容。关于"共同的活动"马克思在同一著作进一步指出：费尔巴哈"把人只看做是'感性的对象'，而不是'感性的活动'……从来没有把感性世界理解为构成这一世界的个人的共同的、活生生的、感性的活动"。② 很明显，1972 年版的《马克思恩格斯选

---

① 《马克思恩格斯选集》第 1 卷，人民出版社 1972 年版，第 34 页。

② 同上，第 50 页。

集·第一卷》在翻译上述这段话存在着思想思维和语言逻辑上的错误：在"个人的"之后应有"顿号"，而在"共同的"之后应是"逗号"或"分号"。细读译文，从思想逻辑和思维层次上看，"个人的"与"共同的"相对应，"活生生的"与"感性的"相对应，在语言方式和表达逻辑上，"个人的共同的"与"活生生的、感性的"是两组相对独立的逻辑对应关系组合。换言之，"个人的"之后缺少"顿号"显然在阐释理解上存有瑕疵、表述得不准确、不精美。而"共同的"之后"顿号"应改为"逗号"或"分号"则是进行语言逻辑分析之后得出的结论。

费尔巴哈肯定感性存在，黑格尔强调精神异化的活动，马克思哲学则从现实的个人出发，以实践（感性活动）标识自己的新哲学。在这里，马克思为实践确定了四个方面的规定性："个人的""共同的""活生生的"和"感性的"。过去人们多从马克思哲学与黑格尔哲学和费尔巴哈哲学的区别上着重研究和强调实践的"个人的""活生生的""感性的"方面；忽略和放弃了对于实践的"共同的"方面的研究，实践的共同性问题实际上被严重"漏读"和"忽视"了。

既然"共同活动方式就是生产力"，"共同活动方式"也就成为马克思唯物史观的基本概念，也是唯物史观的基本内容，由于生产力、生产方式被马克思确定为是革命的能动的因素，属于马克思哲学存在论的主构件。与其相联的共同活动方式也具有了革命的、能动的、感性的、客观社会存在的规定性和特性。

研究德国古典哲学和马克思哲学的人知道，马克思、恩格斯的《费尔巴哈》是他们《德意志意识形态》的主要卷章，是对于费尔巴哈哲学等德国古典哲学的专门批判。费尔巴哈哲学是一种"爱的哲学"，强调"类"，把人的本质"理解为一种内在的、无声的，把许多个人纯粹自然地联系起来的共同性"。针对费尔巴哈的错误，马克思强调唯物史观的出发点是"现实的个人"，因而"个人"与"共同"是逻辑对立关系，表明了马克思哲学与费尔巴哈哲学的重要差别。马克思所说的"活生生的"本意是"能动的",指新的实践辩证法,而"感性的"明显是与"活生生的"相对立的无生气的感性质料,是对以费尔巴哈为代表的直观唯物主义底蕴的指称。至此,我们在理解马克思对于费尔巴哈直观唯物主义和黑格尔唯心辩证法的辨析批判中,凸显的是马克思以实践为基础,以共同的、个人的、活生生的、感性的"活动"为底蕴标识的"新哲学"。"这种活动、这种连续不断的感性劳动和创造,这种生产是整个现有感性世界的非常深刻的基础。"① "共同活动方式"或实践的共同性问题十分重要。

二

共同活动方式以"共同的活动"为内容,是综合性的能动"共动方式";表现因素有"共同的个人""共同的对象""共同的生产""共同的生活"和"共同的利益"等,并与生产方式的普遍性逻辑进程一同构成完整系统的存在论结构。

"共动"即"共同的活动","共动方式"即"共同活动方式"。这两个概念是马克思实践哲学即现实人的感性活动思想的重要认识,是对于实践的一种新的领悟。"共动""共同的活动";"共同活动方式""共动方式";"共同实践"都是强调实践或人的感性活动具有相对共同性、实践的法则具有相对共同性。在理论建构上,都属于马克思哲学的存在论结构。

首先,"共动"或"共同的活动"以"共同的个人"为基础。"现实的个人"是《德意志意识形态》的哲学出发点。"我们的出发点是从事实际活动的人……从现实的、有生命的个人本身出发",② "从事实际活动的个人"具有相对的共同性。在哲学存在论的视域内,马克思把这种"共动"的个人定义为"世界历史性的存在",

---

① 《马克思恩格斯选集》第 1 卷,人民出版社 1972 年版,第 49 页。

② 同上,第 30～31 页。

这种"世界历史性存在"的个人也就是"共动"的个人。而个人实践的共同性体现出历时的和共时的维度，形成一个现实的综合多维结构："共时"的是"世界"的方面，即个人实践的共同性在于个人的"世界性"；"历时"的是"历史"的方面，即个人的共同性在于个人的"历史性"。个人实践的共同性所包括的世界性和历史性又是"共时"的，在逻辑上是同时发生的。并且在逻辑上个人实践共同性的世界性与"地域性"相对立，是对个人实践"地域性"的克服；个人实践共同性的历史性"一开始就表明了人们之间是有物质联系的。这种联系是由需要和生产方式决定的"。① 所以马克思的结论就是"各个个人的世界历史性的存在就意味着他们的存在是与世界历史直接联系的"。② 而真正的"共动"个人的世界历史性存在在马克思看来要有两方面的基本联系，一是与物质、与社会现实生产力相联系；二是与社会变革、与人类解放承诺相联系。在马克思哲学和其所创立的唯物史观视野上，"共动的对象""共动的生产""共动的生活""共动的利益"都属于"共同活动方式"，都属于生产方式，都与"共动的个人"紧密相联，"费尔巴哈……把人只看做是'感性的对象'，而不是'感性的活动'"，③ 因而人们所谓的对象、生产、生活和利益都具有共同属性，在唯物史观视野中，这种共同活动方式的底蕴是"连续不断的感性劳动和创造"，即"物质生产"。由于具有始初性，这种"共同的活动"也是"共同的个人"的历史活动。"第一个历史活动就是生产满足这些需要的资料，即生产物质生活本身"，④ "生命的生产——无论是自己生命的生产（通过劳动）或他人生命的生产（通过生育）——立即表现为双重关系：一方面是自然关系，另一方面是社会关系；社会关系的含义

---

① 《马克思恩格斯选集》第 1 卷，人民出版社 1972 年版，第 34 页。
② 同上，第 41 页。
③ 同上，第 50 页。
④ 同上，第 32 页。

是指许多个人的合作"①，即共动性的关系性。

马克思强调"共同活动方式"的特性是这种"共动方式"要在"自然关系"和"社会关系"的"双重关系"中存在，是关系性的共动方式。并且"社会关系的含义是指许多个人的合作"，而"个人"的现实性本质"是一切社会关系的总和"，因而个人、社会关系、共动方式三者之间具有一种复式逻辑结构。这个复式逻辑结构的要素是"现实的个人，也就是说，这些个人是从事活动的，进行物质生产的，因而是在一定的物质的、不受他们任意支配的界限、前提和条件下能动地表现自己的"。② "共同活动方式"的个人，即进行生产和生产物质生活本身的个人。个人的现实性是个人的一般规定性，是个人的实在属性，是对于个人存在的规定性的确证；活动的个人是现实的个人的具体存在形式，现实的个人表现为活动的个人，即从事劳动、进行具体生产的个人，现实的个人具有普遍性，活动的个人具有生命和能动性，获得活生生的个体的存在合法性，现实的个人在逻辑上没有成为活动的个人之前是空虚和片面抽象的；现实的个人只有成为活动的个人，劳动或生产的个人才是真正存在意义上的现实的个人只有成为活动的个人，劳动或生产的个人才是真正存在意义上的现实的个人，才具有真正的现实性。对于马克思而言，个人的真正现实性不是抽象的现实性，而在于个人的关系性（包括自然与社会"双重关系"）及这种关系性始基而来的历史性。当然马克思看到了个人的"合作"关系是其社会关系的另一种表现。因此，"共动方式"或"共同活动方式"是"关系"方式。"凡是有某种关系存在的地方，这种关系都是为我而存在的；动物不对什么东西发生'关系'，而且根本没有'关系'；对于动物说来，它对他物的关系不是作为关系存在的。"③ 马克思认为只有人，只有现实的个人才会有关系，才是关系存在，动物或自然界其

---

① 《马克思恩格斯选集》第 1 卷，人民出版社 1972 年版，第 34 页。
② 同上，第 29～30 页。
③ 同上，第 35 页。

他事物只是自然存在，它们不具有关系，不是关系存在，关系只为人，为"我"、为现实的个人存在。动物或自然界其他事物只有在实践中与人的感性活动发生关系才转为客观存在，"为我而存在"。因此，社会关系在马克思哲学中具有本源性和基础性的根本意义价值，具有哲学的普遍性和一般意义。

马克思认为，正是这种现实性"双重"关系及其关系性规定从根本上决定了这种"共动方式"的相对共同性。存在于这种现实社会性"关系"中的"共动方式"的构成因素："个人""对象""生产""生活""利益"等才必然的不可避免地具有了相对共同性的特性，才成为"共同的个人""共同的对象""共同的生产""共同的生活""共同的利益"。其中"共同的个人"是马克思哲学的出发点。而个人的相对性和共同性有一个现实基础，这就是"以一定的方式进行生产活动的一定的个人，发生一定的社会关系和政治关系"①。这是理解"共同活动方式"或"共动方式"的根本底蕴。

共同活动方式所包含的共同的个人、共同的对象、共同的生产、共同的生活和共同的利益等都是马克思唯物史观的重要现实内容。马克思在《费尔巴哈》中进一步研究了共同活动方式及其内容的普遍性问题。马克思认为，"共同活动本身不是自愿地而是自发地形成的"，共同活动是自发的，是客观的，更主要的是"不同个人的共同活动产生了一种社会力量，即扩大了的生产力"，人类的基本活动是生产（生殖与劳动），是生产力；而人的共同活动是"扩大了的生产力"，马克思在这里充分肯定了这种"不同个人的共同活动"对于生产力的积极作用和对于生产力发展的促进作用，在唯物史观哲学意义上肯定了人的感性活动或实践的共同性的合理性和本体论意义上的合法性，找到了实践共同性的现实基础，揭示出实践法则的共同性与生产力之间的必然联系。不仅如此，"扩大了的生产力"也就是生产力的普遍发展，而普遍发展的生产力，才使

---

① 《马克思恩格斯选集》第 1 卷，人民出版社 1972 年版，第 29 页。

得人们之间的普遍交往成为可能。"随着生产力的这种普遍发展，人们之间的普遍交往才能建立起来。"① 马克思构建了一个关于共同活动方式普遍性的严密论证结构：自发的共同活动→生产力→不同个人的共同活动→扩大了的生产力→生产力的普遍性（生产力的普遍发展）→生产关系的普遍性（人们之间的普遍交往）→人的世界历史性存在。这是一个逐次上升的逻辑发展结构。把这个逻辑结构与共同活动方式的因素：个人、对象、生产、生活、利益等联系在一起，我们就会发现马克思"共同活动方式"理论是一个现实的开放的存在论结构。其中，一直被忽略和被"遗忘"的共同活动方式的普遍性问题、人的感性活动（实践）的共同性问题和实践法则的共同性问题等都是十分重要的。

　　马克思认为，"共同的个人""揭示社会结构和政治结构同生产的联系"，即个人共同活动的真正底蕴在于社会性和现实性。个人的共同活动的基础是生产活动，共同的个人是在共同活动方式中"进行生产活动的一定的个人"，并且"发生一定的社会关系和政治关系"，② "共同的个人"依赖存在论结构：首先，共同的个人只有在特定的、现实具体的"共同活动方式"中才能存在，即具有现实社会关系并在现实生产方式中的个人。而共同活动方式是现实结构特别是社会结构和政治结构的表现；其次，共同的个人一定是进行生产活动的个人，这从理论上排除了想象中的个人的想象的活动。共同的个人所从事的共同的活动的合法性是由个人所属的活动方式和个人所在的生产性质决定的，而不是空洞理性、抽象思辨的产物；再次，共同的个人所从事的共同的活动必然要发生现实的社会关系。从对马克思关于"共同的个人"的逻辑结构分析中我们可以看到马克思哲学的本质特性，个人的存在与社会的现实的存在有客观必然联系。"此在"不是幻想主体的抽象、幻想的产物。"共同的

---

① 《马克思恩格斯选集》第 1 卷，人民出版社 1972 年版，第 39 页。
② 同上，第 29 页。

个人"只能"在——生产活动和社会关系中——存在"。"生产本身又是以个人之间的交往为前提的。这种交往的形式又是由生产决定的。"① 生产及其交往的共同性规定共同的个人，即个人的共同性规定。

马克思认为，共动的对象、共动的生产和共动的生活取决于物质生产的客观联系和共同规定性。人们在物质生产中建立的交往和社会关系是人们相互依存的底蕴性关系。这种相互依存关系和客观联系不仅在经验的层面上是可以验证的，而且在形而上学的意义上也具有存在论价值。因为不论是人的共同生产活动，还是生产的对象和生活都具有一般规定性。这种存在性的"相互依存关系"不是外在的，而是内在的；并且共同的对象、共同的生产和生活只在客观联系和社会关系中存在，而这种关系的内在性和形上性又从根本上决定了对象、生产和生活的共同性的普遍价值和一般意义。使得共同的对象、共同的生产和共同的生活中的"共同"规定不是外在的而是内在的，不是经验的实证而是普遍的存在。

共同利益或共同的利益是共同活动方式的有机组成部分。共同活动方式的重要内容之一是"共同的利益"，或利益的共同性问题。利益的底蕴是人们的客观社会功利性，是人的社会功利关系的表现。共同的利益是一种利益的相对共同性。

马克思认为，共同利益是一个值得认真研究的重要问题。他和恩格斯在《费尔巴哈》中花了很大篇幅研究"共同的利益"问题②。首先，马克思肯定"共同利益"的客观存在："这种共同的利益不是仅仅作为一种'普遍的东西'存在于观念之中，而且首先是作为彼此分工的个人之间的相互依存关系存在于现实之中"③ "共同的利益"具有普遍性，这种普遍性在马克思看来不在于"道德的律令"，也不在于"精神的实际存在"。"共同利益"的普遍性属于现实社会

---

① 《马克思恩格斯选集》第 1 卷，人民出版社 1972 年版，第 25 页。
② 参见《马克思恩格斯选集》第 1 卷，人民出版社 1972 年版，第 38～40 页。
③ 《马克思恩格斯选集》第 1 卷，人民出版社 1972 年版，第 37 页。

的规定性。共同利益的普遍性产生于物质生产的分工，"因为分工不仅使物质活动和精神活动、享受和劳动、生产和消费由各种不同的人来分担这种情况成为可能，而且成为现实。"①　各种不同的人分担的不仅是生产和物质活动，也包括相关的利益．这就赋予了利益以共同分享的性质，这种分享行为的普遍性和共同性来源于生产方式、生活方式等存在关系过程中的共同性和普遍性，即共同的活动方式。这一点在传统形而上学和唯心主义历史观那里是无法把握的，因为传统形而上学和唯心主义历史观运用的是二元对立的形而上学思维方式。马克思哲学由于将人类现实物质生产活动与人类普遍存在形式相结合，在人类思想史上第一次将人类历史发展形式与人类现实生活内容紧密结合起来，创立了唯物史观。共同利益（也有人称公共利益）才有可能成为马克思哲学研究的当然对象。

马克思认为，利益分为私人利益与公共利益。公共利益与实际利益（单个的实际利益和共同的实际利益）有差别，具有相对的独立形式，马克思称为"共同体的形式"；并且，公共利益也就是"普遍的"利益。马克思恩格斯在《费尔巴哈》中特别提出，无产阶级在未来要成为统治阶级，要完成消灭整个旧社会形态，就必须把自己的利益说成是"普遍的"利益。可惜的是在马克思恩格斯之后的诸多马克思主义者、共产主义运动者并没有理解和重视马克思恩格斯的这一重要思想和忠告，二十世纪的共产主义运动实践在形而上学二元对立思维和前苏联教科书机械唯物主义的双重影响下呈现出"单向度"片面抽象发展。这种片面的畸形发展的严重理论缺失是放弃了利益的普遍性原则，割裂了普遍利益与公共的共同体形式的有机联系。在《费尔巴哈》中，马克思恩格斯进一步认为不仅要肯定和弘扬共同利益，而且为了保护共同利益和普遍利益有"必要""以国家姿态出现"，"进行实际的干涉和约束""单个"和"各阶级利益"，也包括无产阶级利益。换言之，无产阶级在夺取政权

---

① 《马克思恩格斯选集》第 1 卷，人民出版社 1972 年版，第 36 页。

成为统治阶级后，当然仍然继续拥有自己的特殊的独特的利益，而这些特殊的独特的利益确实"始终在真正地反对共同利益和虚幻的共同利益"；另一方面，无产阶级的历史使命在很大程度上决定了无产阶级有责任消除这种单个利益与公共利益的自发性的分裂：既要肯定普遍利益，维护公共利益；代表普遍利益，发展公共利益。马克思恩格斯在《共产党宣言》将这一思想表述为："共产党人同其他无产阶级政党不同的地方只是：一方面，在各国无产者的斗争中，共产党人强调和坚持整个无产阶级的不分民族的共同利益；另一方面，在无产阶级和资产阶级的斗争所经历的各个发展阶段上，共产党人始终代表整个运动的利益。"①

三

实践法则的客观普遍性，共同活动方式对传统抽象理性和感性的根本翻转。

"共同活动方式"包括"共同活动的"方式和"共同的"活动方式两个各有偏重的意义方面。"共同活动的"方式强调方式的共同性和活动性，而"共同的"活动方式由强调活动方式的共同性。活动与活动方式是两个既有区别又有紧密联系的重要概念。马克思这里所说的活动就是指感性活动，也就是实践，活动既是实践；既然活动是实践活动，那么活动方式也就是实践活动方式或实践方式。"共同活动的"方式即共同实践的方式，而"共同的"活动方式也就是共同的实践方式。

实践具有法则的规定，这一点是可以理解的，因为实践既具有共同性，也具有普遍性，而共同性和普遍性表明实践具有自身固有的客观性和规律性，实践法则的存在表明人的现实活动不仅符合主客统一原则，而且要遵守和适应客观法则，违背客观的实践活动是失去了普遍共同性和主客统一性的"妄动"，不具有合理性和合

---

① 《马克思恩格斯选集》第 1 卷，人民出版社 1972 年版，第 264 页。

法性。

马克思恩格斯的《共产党宣言》中有这样一段话："生产的不断变革，一切社会关系不停的动荡，永远的不安定和变动，这就是资产阶级时代不同于过去一切时代的地方。……资产阶级，由于开拓了世界市场，使一切国家的生产和消费都成为世界性的了。……无产阶级却是大工业本身的产物。……无产阶级的运动是绝大多数人的、为绝大多数人谋利益的独立的运动。"① 资本主义生产的不断发展决定了现代物质生产实践的共同性和普遍性，也代表实践的客观法则；资产阶级生产消费的世界性经验也确证现代生活的共同性"私有财产的运动——生产和消费——是以往全部生产的运动的感性表现，也就是说，是人的实现或现实。"② 表明到工业化资本主义时期，实践的客观法则具有世界历史性；大多数人的公共利益的存在表明共同实践法则的现实可能性，即共同的利益决定了共同的实践，共同的实践必定有共同的客观法则。

关于共同实践的法则问题，首先要解决的问题是如何理解共同实践的法则——理解共同实践法则的前提或出发点是什么的问题。关于这一点，马克思恩格斯的观点很明确，"不是从观念出发来解释实践，而是从物质实践出发来解释观念的东西"③。至于实践法则本身，马克思在《1844 年经济哲学手稿》中说："动物只是按照它所属的那个种的尺度和需要来建造，而人却懂得按照任何一个种的尺度来进行生产，并且懂得怎样处处都把内在的尺度运用到对象上去；因此，人也按照美的规律来建造。"④ 在马克思哲学的广阔视域里，无论是"任何一个种的尺度"，还是"内在的尺度"或者"美的规律"都归属于实践的法则或实践的规律，这是确定无疑的。而生产或建造是人的物质生产，是物质实践，从实践出发就是从人的

---

① 《马克思恩格斯选集》第 1 卷，人民出版社 1972 年版，第 254～262 页。
② 《马克思恩格斯全集》第 42 卷，人民出版社 1979 年版，第 121 页。
③ 《马克思恩格斯选集》第 1 卷，人民出版社 1972 年版，第 43 页。
④ 《马克思恩格斯全集》第 42 卷，人民出版社 1979 年版，第 97 页。

物质生产和物质生活出发，以人的物质生产和物质生活为前提。共同的实践法则不是存在于抽象或想象的观念中，而在于能动的感性活动中，离开能动感性活动的实践法则是不存在的。

马克思的共同活动方式思想是对传统哲学理论的彻底翻转。这种彻底翻转的对象就是黑格尔的客观唯心论哲学和费尔巴哈的直观唯物主义，具体内容则表现在两个大的方面：第一方面是关于共同活动方式的前提或出发点的方面；第二方面是关于共同活动方式内容的方面。

马克思在创立自己的新哲学伊始就明确宣布自己新哲学的出发点是现实中的个人和现实的物质生产生活。马克思所说的个人不是抽象的或想象的人，而是进行物质生产生活的现实的个人，马克思所说的现实物质生产生活是以属人的两种生产和需要为前提的客观感性活动本身。

在黑格尔哲学中，共同活动方式是理念自我运动的表现，是理性思辨的一个环节和一个"异体"。黑格尔肯定理念具有绝对的自我发展和能动性，人类理性的思辨运动可以认识把握绝对理念的运动，理念具有客观性和普遍性，这是可以认识的，但却是自识。换言之，作为理念发展环节的共同或公共实践虽可以认识，但却是客观的自动，不是他动，只能把握而无法创造。理念具有共同性可以从几个方面得到证明，从主体的或主观的方面看，人们要认识理念及其运动，单纯从实证的或经验的领域是远远不够的，现实事物只是理念的表现，是理念发展的环节，必须要从超验的或形而上学的维度去认识把握理念，这样才可能真正把握理念的客观性、普遍性和共同性，即实践的主体或主观的共同性不是实践主体在现实实践活动中得到的而是理念的先天赋予，这里的先天不是天生的，而是先实证的和超经验的，因而实践的共同性从主体或主观的方面看是理念的先天性和先验性。从客观的方面看，实践活动的共同性本应指实践对象的共同性、实践活动的共同性、实践内容（利害）的共同性和实践结果的共同性，但黑格尔不这样认为，他认为实践活动的共同性在于理念在自我发展中的普适性和永恒性。实践活动的共同性与实践活动的客观普遍性一样不是由现实实践活动本身决定的，还是理念的先验属性。不仅如此，由于黑格尔的理念运动是理念的绝对运动，因而共同活动方式不仅是普遍的、客观的，而且是绝对的。这种绝对性尽管来自理念的绝对化但由于理念的发展是一个自我异化过程，是一个不断上升和自觉的过程。因此，这种共同活动方式在一定时期和一定阶段又是"虚妄"的，不真实的，属于较低阶段。所以对于黑格尔哲学而言，真正意义上的共同感性活动方式或共同实践方式是不存在的。共同活动方式仍只是想象主体的想象的活动。黑格尔共同活动方式的唯心论属性表现在：首先，共同活动方式与客观物质（质料）无关，感性事物本身是被动的，感性事物既不会自动的活动，也不可能共同的活动；其次，共同活动方式是一种观念活动方式，而观念活动方式的共同性来自于观念的抽象性和绝对性，它不同于观念的普遍性和客观性。绝对性的观念只有理念，共同性的观念来源于理念，是理念的主体化；再其次，共同活动方式既是主体活动，也是实体活动，因而共同活动方式是观念异化活动的表现。

　　针对黑格尔的客观唯心论，马克思的共同活动方式思想从根本上进行了翻转。这个根本翻转主要表现在两个大的方面：一是确定了共同活动方式即共同的物质生产活动（实践）方式是全部人类存在的基础和出发点；二是明确共同活动方式的能动性、创生性。

　　马克思认为，包括黑格尔在内的传统哲学家的根本缺陷是他们在解释世界时都是从观念出发，而不是从现实生活和个人的现实物质活动出发。黑格尔等人从观念出发的哲学唯心论理论从根本上说都是想象主体的想象的活动，颠倒了物质与精神、感性与理性、社会存在与社会意识的关系。马克思认为只有从实践出发，从现实生活出发才能真正理解和解释世界的本质、生活的本质和人的本质；才能真正认识观念、意识形态的产生史和发展过程；才能真正把握现实生活的运动规律，引导生活向应然的未来发展。从现实生活出发是马克思哲学的基本观点，人的物质生产活动是人存在的物质前提和基础，离开这个基础，人类就不存在，更不会产生形而上学。关键的问题是要把人类物质生产活动（实践活动）不仅看成生物性和科学性的人存在的基础，而且要把以物质生产活动为根本的现实生活看成人的观念的、形而上学或哲学的存在论意义的基础，这一点只有马克思哲学做到了。因此，也只有马克思哲学才实现了对于以黑格尔为代表的从理念出发的唯心论哲学的彻底翻转。

马克思认为，人的物质感性活动（实践活动）不仅是感性客观的，而且是能动创生的。黑格尔作为理性主义哲学家在推崇理性、肯定理性的能动创生、将理性绝对化的同时，贬低和诋毁感性和人的感性活动。黑格尔判定人的感性活动是一种异化活动，只是理念发展的一个环节，属较低阶段，是一种被动的活动。与黑格尔相反，马克思不仅发展了其劳动对象化思想，而且从根本上翻转了黑格尔关于感性活动的理论。马克思认为人的感性活动、人们的物质生产和现实生活活动是一种真正意义上的能动活动，是真正的创造生命、创造生活、创造人本身的创生活动。马克思将黑格尔的唯心辩证法经过唯物辩证的批判改造，不仅肯定人的劳动是一种创造性的现实感性活动，而且肯定这种共同活动是一种既创造劳动对象，又创造劳动主体和劳动过程，既创造环境，又创造人的辩证的现实运动。从而将实践（感性活动）和公共活动方式（实践方式）置于新唯物主义的坚实基础之上。

马克思的共同活动方式思想在哲学上不仅彻底翻转了黑格尔哲学，而且也彻底翻转了费尔巴哈直观唯物主义哲学。

费尔巴哈的直观唯物主义是"建立在爱的真理性上，感觉的真理性上"①。费尔巴哈肯定感性的真实性，"思维是通过感性而证实的"，因为"只有将实在事物、感性事物当成它自身的主体，只有

---

① 《未来哲学原理》，转引自《西方哲学原著选读》，下卷，商务印书馆 1982 年版，第 500 页。

给实在事物和感性事物以绝对独立的、神圣的、第一性的，不是从理念中派生出来的意义"[1]。费尔巴哈在把感性存在肯定为第一性，加以神圣化绝对化的同时，也把感性存在抽象化了，将感性存在抽象化的结果就会使感性失去"主动"性，不仅如此，在感性的内容上费尔巴哈极力推崇"爱的宗教"，把爱当成他的新哲学的主要内容。并且费尔巴哈的"爱"完全是抽象和空洞的。"只有在感觉之中，只有在爱之中……才有绝对的价值，有限的东西才是无限的东西：……才有爱的无限的深刻性，爱的神圣性，爱的真理性。只有在爱里面，才有明察秋毫的上帝，才有真理和实在。"[2] 在费尔巴哈那里，人的感性活动内容就是爱，在爱的活动中，爱不仅是一种情感，一种欲望的表现形式和意志的主观方式，它还是人的共同活动方式的根本规定，费尔巴哈用爱的绝对性和价值性来论证爱具有本体存在性意义，由上帝的爱变成爱的上帝，由真理的爱变成爱的真理，由实在的爱变成爱的实在。爱是绝对，爱的价值，爱是无限。总之，爱成为最大的概念和最大的理念，费尔巴哈在把爱抽象到绝对的同时也将爱空洞到极致，从而荒谬到极致。

马克思哲学是现实运动的产物，马克思的共同活动方式思想是建立在唯物史观基础之上的，即共同活动方式的底蕴不是抽象自我运动的理念，也不是感性被动的爱的宗教，共同活动方式的底蕴是现实人的共同实践活动。在此意义上，马克思的共同活动方式思想是一种新的思维范式，马克思共同活动方式思想的历史翻转是一种崭新范式的先进作用。

关于共同活动方式问题的探讨，对于研究马克思哲学和唯物史观思想是十分重要的。以前，人们在学习研究马克思哲学时往往将注意力放在关于实践、关于感性活动、关于感性活动方式等问题上，只注意在实践、实践方式、人的感性活动问题上马克思与黑格

---

① 《未来哲学原理》，转引自《西方哲学原著选读》，下卷，商务印书馆1982年版，第498页。

② 同上，第499页。

尔和费尔巴哈思想的区别,这样做本身没有错,但问题是这种研究是否全面?能否真正做到与时俱进?哲学是要与时俱进的,哲学是要发展的,哲学作为时代精神的精华要面对现实问题,解答现实问题。这一切都要求我们不能自满,更不能裹步不前。要使哲学真正做到"从现实中来,到现实中去"。在此意义上,探讨共同活动方式问题、探讨共同实践问题、探讨实践的共同性、实践法则的共同性问题的现实意义是显而易见的。

整体性*

一、整体及整体理论

本文所说的"整体"是一个哲学概念，整体就是矛盾群，它具有客观性。关于矛盾，黑格尔、马克思和毛泽东都有划时代的创造性论述，而所谓的矛盾群，在一定意义上则是一个全新完整的概念，从理论渊源上说，"矛盾群"概念承续"矛盾"概念而来，它吸收了关于矛盾学说的所有合理成分。"矛盾群"与"矛盾"既有联系又有显著区别。

整体理论是关于思的整体性的学说，本文所涉猎的认识的整体性是整体认识论的重要组成的部分。整体论认为，整个客观物质世界就是一个包含无数具体现实整体（矛盾群）的统一的整体。人们首先认识客观整体的表象和外部特征，进而认识客观整体的本质和内在联系。马克思说："如果事物的表现形式和事物的本质会直接合而为一，一切科学就都成为多余的了。"[①] 整体认识论试图为人们提供一种实践意义更大的认识方式和工具。人们的现实认识存在着主体、客体和条件的制约性，许多整体（客观）的内部结构和功能对于认识主体来说仿佛是一个既不明晰又难以打开的"黑箱"，尽管珍藏着有价值的珍宝和神妙机理，人们只能在现实实践的基础上继续研究，力争实现对客观整体的把握和控制。在这个认识过程

＊ 本文以《论识的整体性》发表在《社会科学辑刊》1998 年第 6 期

① 《马克思恩格斯全集》第 25 卷，人民出版社 1979 年版，第 93 页。

中，所谓"黑箱""灰箱""白箱"的意义恰好在意识的整体性运动上，即是人的意识的整体运动的阶段性标志。任何客观现象都只是客观整体本质的具体表现，整体本质是贯穿于现象中的共同的一般的东西。因此，认识整体的本质不能只看一时一事，必须综合多方面的情况，这是认识的整体性的必然要求。

任何一个现象都具有个别性和共通性两方面的性质，个别性是指现象作为个别所具有的性质，共通性则是指存在于个性之中的在未来的客观整体中与其他现象所共有的和借以相互联系的性质。现象的这方面性质在客观整体法则的作用下紧密联系、不可分割。在整体逻辑论那里，当现象进入整体之前，现象的个性是现实的，而其共性则是未知的；当现象进入整体之后，现象的作为孤立存在物的个性被扬弃，而它潜在着的属性作为现实整体相互联系必不可缺的条件而转化为现实整体性。任何现象都只是整体性本质的表现，因而整体性本质是多方面的综合。

大脑是人进行整体性认识的主体物质基础。思维是高度进化的整体性的物质——人脑的机能，它是物质性生命机体长期整体性进化的结果。另外，整体认识论重视认识的条件问题，其宗旨是在人们的意识中牢固树立起整体观念，提高人们的认识能力，增强分析问题和解决的能力。具体来说，人们是要改变状态，创造条件，使认识条件和认识内在结构发生更快的相互作用，扩大人们的认识范围，使黑箱转化为灰箱，灰箱转化为白箱。

整体认识论在明确黑箱、灰箱和白箱之间区别的前提下，更强调它们彼此之间的联系。而这种联系，恰恰遵循着客观的整体性原则。无论是黑箱，还是灰箱和白箱，都与其他事物有着整体性的错综复杂的关系，这种关系在一定的范围内，制约着认识的各个方面。因此，人们要提高认识能力，就应该了解这些整体性的错综关系。但是，由于这些整体性关系的层次和作用的差别，认识主体在某一具体时间和相对独立的认识范围内，不可能也不必要试图认识对象的全部整体性。换言之，整体论中所谓的认识，以认识对象的本质和规律为宗旨，它不是排斥或否定人们所认可的"矛盾认识法"，它只是要求人们把这个法则放在整体范围内，把"矛盾认识法"放到"矛盾群"中。

二、整体认识论及其重要意义

整体认识论的认识过程不是从分析到综合，而是从综合开始，经过分析，又复归到综合。由于科学认识的发展不是直线的，而是无限性螺旋的曲线。每一种思想只是人类思想发展大圆圈上的一环，就整个人类认识而言，认识的途径是：综合——分析——综合，这是一个相对完整的整体性过程，每个过程都以综合为起点，经过分析中介，又回到综合，即比低级阶段的综合更深刻全面真实地把握认识对象。关于这一点，马克思曾非常深刻地指出："具体之所以具体，因为它是许多规定的综合，因而是多样性的统一。因此这在思维中表现为综合的过程，表现为结果，而不是表现为起点，虽然它是现实中的起点，因而也是直观和表象的起点。在第一条道路上，完整的表象蒸发为抽象的规定；第二条道路上，抽象的规定在思维行程中导致具体的再现。"① 在确定综合的基础和出发点的前提下，综合与分析的差别是相对的、相互依赖的，并且它们互相渗透和转化。

从人类认识的内容及其历史发展来说，认识的整体性（整体认识论的本质特征）也是确定的。人类认识的内容决定认识的形式，整体论确认客观的具体存在不只是一个事物，也不是两个事物，而是两个以上（不包括两个）构成的整一体（这里的"一"是整体意义上的），即所谓"矛盾群"就是多个本质的统一。黑格尔说："本质的差别即是'对立'。在对立中，差别之物并不是一般的他物，而是与它正相反对的他物，这就是说，每一方只有在它与另一方的联系中才能获得它自己的（本质）规定。"这里，黑格尔是从古典

---

① 《马克思恩格斯选集》第 2 卷，人民出版社 1972 年版，第 103 页。

哲学的矛盾的意义上论述的，其论述对矛盾群的学说和整体论有重大意义。

在古代，人们无论是对世界的整体性还是对整体世界中的各种事物都不可能进行确定的认知，当时呈现在人们面前的只是些与生产生活有直接关系的单独对象，随着实践的发展，人们便超出直观的范围而推测尚未认识对象的存在，这时一些天才的直觉是令人吃惊和佩服的。亚里士多德曾说："一般说来，所有的方式显示整体并不是其部分的总和。""由此看得很清楚，你可以有了各部分，而还没有整体，所以各部分（在一起）和整体并不是一回事。"① 到了15世纪，莱布尼茨提出了一个"单子说"，其中指出所谓单子有等级而又相互区分、相互联系而形成一个整体，这其中包含了关于整体的层次性的积极意义。

到了近代，黑格尔、康德、谢林、马克思、恩格斯等哲学家都提出了整体思想。马克思指出："不同要素之间存在着相互作用。每一个有机体都是这样。"② 恩格斯把客观的整体性与认识过程联系起来，指出："思维既把相互联系的要求联合为一个统一体，同样也把意识的对象分解为它们的要素。"③ 他还根据各种物质运动的规律，做了学科分类，提出了各学科既相互区别、又相互联系的科学体系，反映出整体的层次性意义。

到了20世纪，各门科学按照几何级数迅猛增长，从不同领域、不同侧面揭示了客观世界的整体特性。美籍奥地利生物学家L. V. 贝塔朗菲所创立的一般系统论，就是揭示客观的整体联系的丰硕成果之一。在20世纪二三十年代，他结合自己的研究，提出有机体系统论概念，明确主张任何一个有机整体都是开放的，都与外部环境进行各种交换。只有揭示各层次、各部分的相互作用，才能真正了解有机整体的内在联系。尽管贝塔朗菲的理论不是哲学理论，但他

---

① 《亚里士多德全集》牛津英译本，第1卷，第150页。
② 《马克思恩格斯选集》第2卷，人民出版社1972年版，第102页。
③ 《马克思恩格斯选集》第3卷，人民出版社1972年版，第81页。

的理论内核的合理性恰好证明客观世界某一领域的具体整体理论存在的合理性。第二次世界大战以后，关于整体的原则和方法的研究有了重大发展。人们已从实践中坚定地认识到，整体论的具体个别的理论有广阔的实践意义。控制论、信息论、博弈论、决策论、图论、网络理论、现代组织论、行为科学、经济科学等从各个方面明确指出现实世界是个整体性的存在，因而人们应该运用整体原则和方法来认识客观世界，掌握客观规律。

我们今天探讨认识的整体性或叫整体认识论具有重要意义。整体认识论是整体论的组成部分。它是关于世界的全部具体内容及对它认识的发展规律的学说；它不仅是关于主观思维、认识的科学，也是关于客观存在的科学；它是以一切主观的或客观的事物、现象为研究对象的。在不远的将来，包括整体论在内的科学的定量研究会得以广泛运用和取得丰硕成果，使人们所从事的定性论正是这种发展的伟大尝试。这种综合，具有大跨度、超范畴和在高度分析基础上整体综合的特点。这项工作，已经不是一般的分析和综合，而是在广阔的、多维视野和整体思维基础上的科学工作，是总体上的新思想。因此，所谓综合，就是从微观和宏观两个方面研究社会的局部和整体及其相互联系，是一种高度分化和高度综合的统一整体化。它标志着当代哲学向辩证综合的整体化阶段的质的发展。

换言之，哲学及其他科学学科揭示了社会发展的本质及决定因素，并及时指出了综合认识（可整体认识）社会整体联系的正确途径；人类当前面临的许多重大现实问题，要求哲学要以综合研究为出发点；而现代科学的整体化趋势，重新唤起哲学综合认识社会，并为哲学迈向综合阶段提供了新方法；而现代科学研究中的定量研究，为初步建立清晰的社会机体的整体性因素图景提供了技术手段；经验实证的哲学之中含有自身的否定方面——综合因素。面对丰富复杂的客观存在，从整体综合去研究和认识，是现代哲学的首要任务。

认识的整体性（或整体认识论）提出的是理论研究的方法论问

题。哲学理论的方法论至关重要，它在很大程度上决定了理论研究水平和效果。历史表明，重大理论突破往往得益于研究方法的变革。如果说 19 世纪开始的实验科学是以分解方法为前提的，那么，20 世纪和 21 世纪的现代和未来科学将以综合整体方法作为自己的法则，它必将进一步促进人类历史的更大进步。

改革性

什么是改革性？

改革性源自于改革。

改革性不同于改革，但又离不开改革。古今中外，人类社会的发展进步依赖于各式改革，政治的、经济的、社会的、文化的和意识形态的。可以说，没有改革就没有人类社会的进步。但是，事物总有正反两面。抽象地说，改革无过错，也不存在所谓"改革性"。但实际上，人类社会是一人综合体，人类社会的进步和发展是一种总体上"螺旋性"的发展和进步：有成绩、有失误、有成就、有错误、有前进、有倒退、有优点、有缺点。此为一也。其二，自从人类进入工业社会（一般以蒸汽机学为标志的大机器时代）的人类就进入现代化时期，几百年的现代化进程被人类社会获得极大进步，用《共产党宣言》中所示是几百年创造了前所未有的成就。但也产生了明显和严重的现代性问题。改革与现代化进程相叠加，改革的副产品——改革性的产生便是自然的了。换言之，改革的实施及其巨大成就为改革性提供了现实可能性，伴随着改革的现代性产生了改革性，助长了改革性的影响。

改革性也是理性力量的表现，具体而言，改革性更多地表现为工具理性和功利理性。

理性为自然立法，这是康德现代性思想的中坚，科学技术（所谓知识）可以征服自然，这是培根现代性思想的依据。理性和科学技术成为现代性的中坚，自然也是改革理性（关于"改革理性"说法，只是本书借鉴"技术理性""立法理性"等的同比说法）的力量源泉。改革性的困境不是由于现代化和改革的不实践、不成功；而恰恰是由于改革所已经取得的了不起的巨大成就和成功。

1. 现代性与改革性的"一体两面"

康德是第一位现代性哲学家，也是首位现代改革性思想家。他说："我们的时代是一个真正的批判时代，一切都必须经受批判。……理性只会把这种敬重给予那经受得住它的自由而公开的检验的事物。"在这里康德确立了现代性的理性原则和理性精神。他又说："这个时代不能够再被虚假的知识拖后腿了，它是对理性的吁求，要求它重新接过它的一切任务中最困难的那件任务，即自我认识的任务。"① 在这里康德也确立了改革性理性（或称"改革理性"）的原则和精神：一是否定原则——否定现有的虚假知识；二是创新精神——更新自我认识。改革性从一开始就是"一体两面"。现代国家是由于现代性和改革性的力量而成长起来的。这两种力量首先要使民众接受理性的检查，确立理性的权威，使民众相信理性可以构建一个真正理想的社会（并且在相当程度是做到了）。其次是要使民众相信科学技术可以解决任何问题，建立对于科学技术的崇拜。同时，一切不符合理性的东西被去合法化了，一切非科学技术的东西（自然事物）都成为现代性和改革性的敌人，都要被否定和抛弃。理性和科学技术不仅成为现代社会的设计原则，也是现代社会的标准。再其次是要让一般民众相信改革是包治百病的灵药（社会百病，灵药除之）。

如果说，"理性立法"，是康德现代性的职责，那么，"一场形而上学的完全革命"（或人们称为"哥白尼式变革"）就是康德改革性的任务。康德之所以要发动这场革命，"哥白尼式变革"之所以成为《纯粹理性批判》的总开关，用康德自己的话说，"因为在形而上学中，理性不断地陷入困境，甚至当它想要（如同它自认为能

---

① 康德《纯粹理性批判》，邓晓芒译，杨祖陶校，人民出版社 2004 年版，第 3 页。

够的）先天地洞察那些连最普通的经验也在证实着的法则时也是这样"①。改革理性的困境是由改革本身运动所遇到的问题和困难构成的，这些问题和困难不是来自于改革之外，而恰恰是由改革本身的本性决定的。康德的改革性困境——"哥白尼式困境"恰恰是由理性本身和理性本身的本性造成的。康德认为，这场形而上学的革命具体表现为思维方式的革命。这种思维方式的革命曾经发生在数学领域。正是希腊民族数学上思维方式的革命，数学也走上了一条发展的可靠道路，这种情形又发生诸多的自然科学领域。对于康德的理性而言，理性已经意识到一方面"凭借他自己根据概念先天地设想进去并（通过构造）加以体现的东西来产生出这些属性"。现象学也有类似的"本质直观"与本质构造，现象是构造出来的，这一点在机械唯物主义那里永远是个谜，无法真正理解。理性不能发现真理只能感知真理，而这种感知又与先天概念相关，这一切只发生在理性本身内部。另一方面，"他必须不把任何东西，只把从他自己按照自己的概念放进事物里去的东西中所必然得出的结果加给事物"。康德在这里列出了改革理性的两方面任务："产生出这些属性"是完成了创新的任务；"必须不把任何东西（'自己按照自己的概念放进事物里去的东西'除外）……加给事物"是完成了否定的任务。

　　理性本身与理性本身的本性二者之间的区别在康德那里明确起来了。"理性必须一手执着自己的原则（惟有按照这些原则，协调一致的现象才能被视为法则），另一手执着它按照这些原则设想出来的实验，而走向自然……而是以一个受任命的法定的身份迫使人们回答他向他们提出的问题。"理性立法作为现代性的职责是由现代性理性的原则决定的。只有在真正的理性那里，"立法"才是真正合法性的，也才是真正性的；理性"走向自然"，使理性由理性原则经过理性立法职责的过渡环节，而走入理性异化或"变身"阶

　　① 　参见康德《纯粹理性批判》，邓晓芒译，杨祖陶校，人民出版社 2004 年版，第 10～18 页。

段：改革性阶段，这个阶段对于理性原则而言，具有"实验"性质、实践性质、客观化性质，是理性内部的超越。大致如下：

理性原则············→理性立法············→理性走向自然

（理性本身）（真正理性现代性）（真正理性改革性）

上述情形只是本着揭示康德的理性改革思想如何合逻辑的走向困境。在后边我们将揭示康德的理性改革性思想又如何合规律的倒转回来，从改革理性的困境中走出来，由单向度的突进变成多向度的延进。因此，在上述略图中的线标是虚线的。

第一，在康德那里，现代性与改革性都是由理性决定的。现代性来自于理性的原则，理性的原则要为自然立法，这也是现代性的最高要求和任务。改革性来自理性本身的本性，因为理性原则的立法只是空洞的法律，不是具有具体内容的法则，真正的法律离不开法则的支撑。法则就是"协调一致"。指向自然，要求实验，具有实践性，获得超越性。第二，由理性决定的现代性和改革性，由于理性的目的性，不仅使自己具有主观目的性，而且具有策划性、排斥随意性，反对无目的性。理性目的性使理性现代性逐渐演变成现代性主体对客体的无限占有，从而陷入现代性的危机和困境，使改革理性逐渐演变成改革性主体的行为妄动、无视客观法则、不尊重客观规律，造成改革性的危机和困境。第三，现代性与改革性从理性秉承下来的对于自然的"强迫"精神，只有在一种"必然"的"关联"中才真正具有存在的合理性，超过"必然关联"的对自然的"强迫"，就是越过底线的非法的现代性和改革性。康德思想中已经存在着优劣好坏根本不同的两种现代性和改革性。两种不同的现代性是：一种是"带着自己按照不变的法则进行判断的原理走在前面"（经过理性法庭审查的），强迫自然回答的现代性；另一种是"偶然的、不根据任何先行拟定的计划"，"仿佛让自然用襻带牵引而行"的现代性。两种不同的改革性是：一种"是以一个受任命的法官的身份迫使证人们回答他向他们提出的问题"的改革；另一种是"以小学生的身份复述老师想要提供的一切教诲"的改革性。第四，康德认为，他所发动的这场"思维方式"的"革命"，既是真正的现代性和改革性，也一定会带来丰厚利益。

进入现代，改革理性首当其冲，无论是培根，还是康德，他们都发酵着现代之梦：在知识梦园中，至圣的理性如普照的光，照亮人类前方的路，人们只需膜拜理性法庭，知识可以解决所有问题，包括心理学的、社会学的、自然科学的、工程技术的，直至人性（曾经有一段时间，人是机器，人性即是机器性的观念很流行）。现代性的世界化使人类的一切尽列其中。

2. 改革性的"超级主体"

康德的现代性精神是一种立法理性，这表明康德吸取了启蒙运动的经验，认真对待人类行为。为了对理性的这些抱负（即理性法庭裁决下的意识活动首先是一种理性批判活动）加以强调，就必须对理性理想加以修改。这种修改来自于要建设幸福社会、理想社会、和谐社会的责任感，来自于加快人类"更加完美"的内在冲动。这是现代性精神的合法产物。这是康德，包括后来的黑格尔理念哲学、马克思的实践哲学等理性哲学的共同属性。

康德批判哲学的改革性集中表现在其"哥白尼式变革"。康德的批判理性不仅是现代性理性，也是改革理性（或者"改革性理性"）。首先，康德明确自己批判哲学的批判理性所要进行的这种哥白尼式变革"对于促进一行彻底的，作为科学的形而上学是一种暂时的、必要的举措"①，这是一条改革性的"荆棘小路"。改革理性具有时效性和必要性。康德的改革理性的目标是使形而上学成为学科，具体举措就是思维方式的变革。其次，康德明确这种改革理性的针对对象是"思辨理性"，服务对象则是"自然的形而上学"（以期与"道德的形而上学"区分）。再其次，改革理性"不是一个科学体系本身"，只是"关于方法的"。哥白尼式变革的关键不是新知

①　康德《纯粹理性批判》，邓晓芒译，杨祖陶校，人民出版社 2004 年版，第 25 页。

识，而是新方式的，即技术性的（尽管这种技术是有战略或整体性），这为改革性的技术化埋下祸根。

但是，康德的改革性理性变革从一开始就走上了宿命归途。康德"向形而上学许诺了一门科学的可靠道路。因为根据思维方式的这一变革，我们可以很好地解释一门先天知识的可能性，并更进一步，对于那些给自然界、即经验对象的总和提供先天基础的法则"。两三百年来哲学的发展证明，不仅康德期望看到的"更进一步"的那些法则没有出现，就连康德自己提供的可靠道路——先天知识的可能性也没有得到令人信服的解释。相反，后来加达默尔的解释学也只有在没有按照康德方法的基础上才使得解释变得可能了，并且证明了解释在批判理性的自然的形而上学那里是不可能的。

其实，康德改革性的困境也是批判理性的困境，——一切都被设计在"假说"式"假定"基础上，如哥白尼式变革："向来人们都认为，我们的一切知识都必须依照对象；但是在这个假定下，想要通过概念先天地构成有关这些对象的东西以扩展我们的知识的一切尝试，都失败了。因此我们不妨试试，当我们假定对象必须依照我们的知识时，我们在形而上学的任务中是否会有更好的进展。"①康德的"假定"有两个有效性前提：一是主客二分的有效性；二是形而上学的有效性。究竟是主观（知识）依照客观（对象）好，还是客观（对象）依照主观更好一点——这只是传统哲学的主客二分的具体情形的不同和对立。哥白尼式变革性质属于传统哲学性质的依据就在这里。承认主客二分的有效性就意味着康德的批判哲学只是思辨哲学的变种。这个问题只有在黑格尔和马克思那里才得到解决：黑格尔的矛盾辩证法在理性上彻底打破了主客二分的思维方式。绝对客观的理念的自身发展变化解决了知识的有效性和主体（包括主观）的有效性问题，马克思用实践消解了主客二分的抽象性，主客二分的有效性在于主客二者价值的有效性。但是，黑格尔

---

① 康德《纯粹理性批判》，邓晓芒译，杨祖陶校，人民出版社 2004 年版，第 15 页。

和马克思对于传统主客二分的超越并没有被贯彻到底，从而使得改革性到今天为止仍旧陷入在传统改革性的困境中而难以自拔。

康德的改革理性是以主客二分的有效性为前提的，但主客二分的有效性并不是造成康德的改革理性困境的直接原因，主客二分只是造成这种困境的基础条件。其直接原因是康德哥白尼式变革所表现出的"主体的狂妄"。关于这种思维方式的变革，康德认为这是一种"积极的""财富"。"积极的"与"消极的"相对，哥白尼式变革的直接作用"就是永远也不要冒险凭借思辨理性去超越经验的界限"。对于思辨理性是消极的（因为限制了它自身），对于实践理性（道德运用）就是积极的，因而康德所谓积极的，是纯粹的理性（实践理性）的运用。这种积极性正是理性的狂妄的表现，也是作为理性的主体的狂妄的表现。康德还用"警察"来表征这种"主体的狂妄"。警察不仅是法（立法和执法）的化身，还是理性主体的化身。主体（理性）的狂妄造成改革理性陷入困境。

德鲁西拉·康奈尔（Drucilla Cornell）在解构界限哲学与系统理论的关系时再次对"他异性"作出自己的解释，从康德批判理性的角度看，他异性并不在场，这恰是传统理性的改革性陷入困境的另一重要原因。"康德式的伦理学怀疑一种作为'现实'的共识，这种'现实'把成规打扮成真理。毫无疑问，这种怀疑在德里达的界限哲学中显而易见。像康德主义一样，界限哲学拒绝把伦理学与'现实'相等同。"[1] 康奈尔在此论述德里达哲学时已经跳出了主客二分的模式，"他异性"成为界限哲学的有力把手。"他异性"也成为我们批评康德改革性困境的参照物。康德的改革理性把"他者"遮起使之不在场，主客二分实际上成为超级主体的自慰。由于康德排除了他者和他世界的存在合法性，制造出一个孤独的超级主体，从而导致"主体的狂妄"。换言之，他异性的不在场使得主客二分

---

[1] 德鲁西拉·康奈尔著，麦永雄译《界限哲学》，河南大学出版社 2010 年版，第198 页。

关系中的主体具有"原罪"：直接导致其成为不真实主体。

首先，超级主体的诞生使主体的自我认同产生偏差，自我认同成为不是对自身的肯定，而成为自身的异化，成为了对自身的否定。"哥白尼式变革"在现代性视域里凸现理性主体的在场性：在现代社会以前，古希腊的自然理性认同主体与对象的一致性，所产生的自然知识成就了数学物理学。这种自然理性的思维方式在形而上学的发展中遇到了问题，导致了形而上学的长期停滞不前。康德把握住了自然理性的自然（客体）至上性。他企图用哥白尼式变革从根本上改革自然至上性，对象与主体的一致性不仅凸现了一般主体的先在性，而且只是强调理性主体的至上性，即康德的主体由于是理性主体，从而使感性主体和他主体（他者）失去合法性。这种理性主体在主客二分的模式中变成超级主体或"狂妄"的主体。实际上，当康德提出要进行哥白尼式变革时，他以改革性理性主体一方面是对自然主体的一次否定，另一方面也是对理性主体的二次否定：当理性主体建构时感性和知性各司其职，和为一体；当理性主体确证要进行思维方式的革命时，感性和知性被推入差异和对立之中，因而康德改革性的理性主体进行了两次否定，不仅否定了自然理性，也否定了理性的统一性。否定了理性自身的合法性，由此可见，后来人们对他异性的重视只是要弥补康德改革性理性的失误。

其次，"超级主体"（"狂妄主体"）对于自然和社会而言是一个新事物。这个新事物在近代以来的300多年里所取得的巨大成功超出想象。超级主体的产生是一种"核聚变"。在现代社会以前，主体与客体在自然关系统一体中是对自然关系的客观确证：主体是离不开客体的主体、客体是具有相对独立性的客体，但在现代社会中，主体与客体的关系不再是以往的自然关系。在现代性逻辑作用下，主客体都发生了根本变化，主体是彻底征服了客体的主体，客体失去了相对独立性，只是服从性和附属性，客体离开主体便不再存在。用马克思的话说，离开实践关系的自然是个"无"。这个论断准确表现了现代社会客体的存在性是一种有效价值性。客体的存在合法性在于主体的赐予。客体即主体，主体之外没有客体。在现代社会，最大的问题不是主体对客体的彻底征服，而在于主体无节制，在于主体在时间与空间中的无限扩张。这种成功的能力和作用只有用"核聚变"比拟才恰当。在现代社会、主体发觉自己有超出想象、无穷无尽的力量。"喝令三山五岭开路，我来了。"超级主体的巨大成功也使得主体的认知偏差不仅没有被觉知，而且一时成为改革性成功的根据得以扩大。

再其次，超级主体的客观化推动现代技术的发展，现代技术的连连成功助长超级主体的不断长大，也使得改革性陷入困境成为无法逆转的。超级主体日益渐涨的欲望、日益强大的力量、日新月异的成就，表现着超级主体的客观化的巨大成功。资本作为超级主体的现实力量左右着主体的行为，对效果、效益、效率的无休止追求使得社会生产力被极大的开发出来。

3. 改革性和现代性精神："理性二分"和"技术二分"

如果把改革与人的梦想联系起来并绘制出蓝图，接下来表现出来的便是对改革的着迷和狂热了。在这种着迷和狂热中，现代性精神非常突出。这种改革不是那一个人发明的。改革的存在，表明古今中外的人们都具有一种先天或生来就有的改革热情。

人们梦想着一个为特定目的而设计并加以定制的世界。在这些人中，存在着各种来源迥异甚至对立政治阵营和差别文化传统，今天，有许多国家在探索改革，正如在现代性活动的其他领域一样。中国学者与其他国家的改革学者一样的乐此不疲。

"改革是一场深刻的伟大改革""不改革就没有出路"——对目前已处于危机边缘的人们的生存状况的严重担忧引起了整个国家、民族的大讨论。政治家和理论家理所当然置身于这场讨论的最前沿。经济学家、社会学家、科学工作者、工程师、教师、工人、农民，甚至士兵也都参与了这场关于改革的大讨论，结论在讨论之前已经得出。讨论的目的只是把改革由话题变成全民行动的指导纲领，变成全民意愿。社会思潮终于变成了社会革命。

第一，改革性像现代性一样，从一开始获得了不辩自证的自明性和无法怀疑的确定性。改革性的自明性是一种变化着的理性的合法性。改革性的自明性属于现实的理性的确定性。改革性不属于自然必然性、属于社会"必须性"、社会必然性属于"善"的范畴（历史证明，一些变革是恶的举动或非善的行为）社会魅力和社会吸引力。以康德所进行的哥白尼式变革为例，康德明确他的改革性的自明性："我不能不认为，通过一场一蹴而就的革命成为今天这个样子的数学和自然科学，作为范例，也许应予以充分注意，以便对这两门科学赖以获得那么多好处的思维方式变革的最基本要点加以深思，并在这里至少尝试着就这两门科学作为理性知识可与形而上学相关比而言对它们加以模仿。"① 康德没有"抽象""逻辑"地证明思维方式变革的自明性，但却"范例"和"类比"或"模仿"地确证了哥白尼式变革的合法性：理性无法自证思维方式变革的合法性，只能用"模仿"的逻辑、"类比"的事证和"范例"性的旁证。理性的这种自明性只有在理性被神化、理性崇拜的前提下才能产生。在康德的关于哥白尼式变革的自明性辩论中，我们看到的是现代性精神的自明性。关于改革性的无法怀疑的确定性还得以康德为例，在哥白尼式变革中，康德对于理性是这样认为的："如果理性在我们的求知欲的一个最为重要的部分不仅是抛开了我们，而且用一些假象搪塞并最终欺骗了我们，我们又有什么理由来信任我们的理性！"② 人的理性不会也不能欺骗人，理性是不容怀疑的，理性的确定性是不容怀疑的。作为理性延展的改革性理性也是不容怀疑的。这样一来，改革理性的绝对化也就是可能的了。对改革的迷信和改革性的产生也就不足为怪。

第二，改革性像现代性一样，具有社会整体性和社会现实性。

---

① 康德著，邓晓芒译，杨祖陶校《纯粹理性批判》，人民出版社 2004 年版，第 15 页。

② 同上，第 14 页。

在现代性视域中谈论改革性，便会发现改革性的社会整体性是一种理性的社会性和整体性。其前提是要确定理性的普遍性，换言之，改革性的社会整体性表现的是普遍理性，这仍然是一种理性崇拜。它实际上是用理性的平均化否定了理性的差别，现代性理性的抽象崇拜可以使理性的他者去合法化。这样一来，改革性所具有的社会整体性只是一种被片面理性化了的和被抽象化了的。这种被片面和抽象的改革性又是对真正的社会整体性的否定，是一种异化。因此，人们普遍感觉到现代性和改革性的社会整体性不是人们真正理想的社会整体性，也不是真正自然的社会整体性。改革性的社会整体性是一种异化了的社会整体性。同理，改革性的现实性也是一种异化和现代性的社会现实性。

第三，改革性像现代性一样，不是人类社会天生就有的，是后天赋予的，"改革的人""现代的人"二者就人本身而言没有时代性，时效性和具体性。但改革和现代化不是一场外在运动，而是一个无法选择、无法逃避的存在世界，改革性和现代性赋予人们以时代性、现实性和具体性、现代化创造了人本身，改革创造了现实的人本身，没有现代化，没有改革，也就没有现实的人。换言之，改革性不具有超验性，但具有先验性。在理论和逻辑的意义上，改革性具有先在性：人们无法逃避改革，就像无法逃避现代化社会一样。这里所说的"后天赋予"是"造人"或"做人"的意思。在这个意义上，改革性借助改革具有存在性和合法性。

理性崇拜与技术崇拜是现代性的精神核心。理性追求人的自由，技术（知识内容）创造幸福生活，成为现代社会的共识。从来没有人怀疑理性追求自由是否行得通，也从来没有人怀疑知识（技术）可以解决人类生存的所有问题并使之幸福。但现代社会的二三百年历史则表现，人们从未真正自由过，人们也从未真正幸福过，自由幸福只是人们的理想和梦境，似乎永远无法实现。即使如此，也很少有人怀疑现代性精神核心的真假对错。

理性崇拜和技术崇拜不是对一般意义上的理性和技术的崇拜，

而是对"特定"理性和"特定"技术的崇拜。本来，对理性的崇拜和对技术的崇拜与对人的崇拜一样，是一种人本社会现象。其产生有必然性和客观性：因为人是自然的主宰，人是有理性的。古代人对于人的崇拜就包含对人所具有的理性的崇拜。但是，古代人对人的和对人的理性的崇拜是一种"自然"性的崇拜。这种崇拜之所以是"自然的"：简单地说，古代人所崇拜的人的理性，是一种人在自然状态下所具有的自然性的理性，这种理性没有被抽象化，也没有被片面化，更没有被神化，所以，在古代人那里，对人的和人的理性的崇拜与对自然的崇拜是相融合的、相统一的，与现代社会不同，古代人对人的和人的理性的崇拜是在对自然的崇拜前提或基础上进行的。换言之，古代人对理性的崇拜要首先崇拜自然、敬畏自然、遵守自然法则。因此，没有导致自然与人、自然与人的理性的"二分"。更有甚者认为，理性崇拜和技术崇拜的后果是导致政治上的超级霸权和霸道话语权。至此，现代社会进程所追求的自由民主必然走向自己的反面，这是大多数人所始料不及的。

"二分"不仅是自然与人，自然与人的理性，自然与技术、人与技术的二分，而且还有理性本身和技术本身的分离和对立。这种"理性二分"和"技术二分"是现代性和改革性的本质，也是导致现代性、改革性产生的自身内在动因。

4. 改革性话语是现代性话语的最新样式

《现代性的哲学话语》是哈贝马斯（Ha bermas，J.）的重要著作。他在从所构建的现代性哲学话语的视角阐述自 18 世纪以来围绕着哲学"现代性"主题的理论遗产的同时，也不失时机的地引导出以生活世界为背景的交往理性理论的精髓内容。其重要性在于：通过对现代（moderu times）的哲学史分析显现哲学的时代意识；确证现代性的原则主要是主体性原则；启蒙运动以来的哲学由于都是认知主体的认知行为，因而属于意识哲学模式，黑格尔和马克思等的实践哲学虽然以"劳动""社会劳动"和"实践"为基础，但仍是行为主体的目的理性活动，仍然没有真正超越主体哲学的范式；只有以生活世界为背景，在语言社会化前提下，用主体间性关系代替传统的主客体关系，用主体间共享的生活世界替代资本主义的市场经济和管理国家这两个功能系统；对文化、社会和个体而言，通过交往理性的伦理总体性作用达到真正的文化再生产、社会一体化和主体社会化，从而真正消除现代性的根本影响，使得哲学对现实的关切得到理想实现。

《现代性的哲学话语》围绕"现代性"的哲学主题展开如下的探讨：首先是康德发现"现代性"与黑格尔提出"现代性"问题，接着是马克思的实践哲学和"生产范式"的构建，中间包括尼采"后现代"的翻转，完成了从"意识"哲学到"主体"哲学的差异化和深入化。又经过"源始"哲学与超越"源始"哲学，理性批判的揭露作用与权力理论的推波助澜及其困境，直到交往理性的重新上场并作为走出主体哲学的最鲜活尝试。

按照哈贝马斯的观点，康德是启蒙运动以来意识哲学的最大代表，也是第一个发现现代性但却没有提出现代性问题的哲学家（第一个提出现代性问题的是黑格尔）。意识哲学的真正启动是笛卡儿的"我思"的提出。意识哲学是人类哲学意识发展到自我意识（即反思）才有的东西，它是人类理性主义在现代发展的产物。因此，在一定时代，它虽然不是最早的哲学模式，却是最新的哲学样式。不仅伴随着启蒙运动，而且推动着启蒙运动的普及和深入，笛卡儿的"我思"的提出正式宣告意识哲学的成熟，同时，笛卡儿的"我思"也表示着主体哲学的成熟。因此，意识哲学与主体哲学从笛卡儿开始直到康德为止只是一枚钱币的两面，是一个东西。在思想领域二者表征着启蒙运动，引领着启蒙运动，而在社会领域二者直接参与时代的世界历史化，体现着现代化的实践成果。因此，意识哲学和主体哲学与现代性之间有着一种"同谋关系"：他们都反对古代的自然哲学和古典主义；自然哲学的自然独断论和古典理想的"复古"思潮既不利于意识哲学、主体哲学的发展，也不利于国家与市民的社会分离，在根本上与启蒙运动不搭调。意识哲学和主体哲学在现代化中获得了合理性和现实性。因此，不仅近现代哲学与现代性之间是"同谋"，意识哲学与主体哲学之间也是"同体"。同体的结果使得近现代哲学在虽然在形式上花样翻新：从笛卡儿的"我思"理性主义到康德的批判哲学、从黑格尔的劳动异化到马克思的社会实践，从尼采的绝对虚无到阿多诺的启蒙辩证法、从海德格尔由形而上学批判所引出的基础本体论到德里达的"源始"哲学、从巴塔耶的合理性的劳动世界到福柯的权力理论。这中间虽然意识哲学一再被批判，逻各斯中心主义、理性主义被超越，但主体哲学以各种方式挺立不倒，因而意识哲学也以变种和异质的方式继续存在，甚至连持有上述观点并自认为已经超越了以往所有哲学形态的哈贝马斯也不得不公开承认，他所标榜的交往理性和社会交往行为也只是走出主体哲学的最新尝试，至于是否真正"走"得出来，仍有待考察。对于这一点斯科特·拉什认为从康德到哈贝马斯都未走出认知理性，认为他们由于在其理论上都"预设着由普通（具有感知能力的能动作用）对细节（社会现状）的批评"，因而本质上仍属于"认知性的"意识哲学，仍处于"'自反性现代性'框架之中"①。

从上述论述扩展开来，把改革理性和改革性放在现代性的框架内考察，倒符合从笛卡儿经康德直到黑格尔的现代性理论本质。因为从笛卡儿提出"我思"开始，哲学就以主体和自我意识为根本，哲学活动也是主体性行为和自我意识活动。哈贝马斯提出康德是近代提出现代性的哲学家，其实，真正为现代性奠基的人应是笛卡儿。因为笛卡儿的"我思"强调突出的是哲学的现代性的主体性，而改革量性的主要内容正是现代主体性。更关键的是笛卡儿的我思的主体性与我们所讨论的改革理性的主体是同一的，这两种主体性

---

① 参见斯科特·拉什《自反性及其化身：结构、美学、社群》，载《自反性现代化》，周宪，许钧主编，赵文书译，北京：商务印书馆 2001 年，第 110～111 页。

的同一性主要表现在以下几点：第一，现代背景。无论是笛卡儿的
"我思"还是改革性和现代性、都发生在现代化进程之中，都离不
开现代启蒙，都是现代启蒙的产物和衍生儿。第二，内容相通。改
革理性是理性中最活跃的部分，它既是一种理论理性，也是一种实
践理性。笛卡儿的"我思"主要是一种认知性的理论理性，理论理
性作为理性的一部分，笛卡儿在将其主体化和本体化的同时，也将
其抽象化绝对化，这既是对于古代自然主义基础上的逻各斯主义的
根本超越，也是柏拉图理念主义的现代性呈现。总之笛卡儿的我思
开始了现代启蒙的理性传承，为现代性的主体性和反思奠定了基
础，而改革理性所包含的主体原则源始于笛卡儿的"我思"，其内
容正如哈贝马斯包括四个方面："主体性主要包括以下四种内涵：
（a）个人（个体）主义；在现代世界中所有独特不群的个体都自命
不凡；（b）批判的权利：现代世界的原则要求，每个人都应认可的
东西，应表明它自身是合理的；（c）行为自由：在现代，我们才愿
意对自己的所作所为负责；（d）最后是唯心主义哲学自身：黑格尔
认为，哲学把握自我意识的理念乃是现代的事业。"① 提示我们要关
注改革理性的唯心霸权话语，尽管有时不是以唯心面目出现。第
三，语境相融。笛卡儿"我思"开启的是理性和主体性语境，为这
个语境在现代性和改革性的框架内一直没有改变。

---

① 参见于尔根·哈贝马斯《现代性的哲学话语》，曹卫东等译，译林出版社 2004 年
版，第 19～21 页。

自反性

思的自反性来自于人们实践的自反性。

本文所谓"自反性"，是指实践自反性。

思与实践，按照康德黑格尔和马克思等人的思想、均是人的行为（"一体"）的"两个方面"：康德认为这个"一体"是理性，"两个方面"是理论理性和实践理性；黑格尔认为这个"一体"是"理念"，"两个方面"是理念自身发展的"自在""自为"两个阶段；马克思认为这个"一体"是"实践"，"两个方面"是意识和现实存在（感性活动）。思的自反性与实践自反性是一回事。

马克思在《1844 年经济哲学手稿》中批判黑格尔："只看到劳动的积极的方面，而没有看到它的消极的方面。"把研究劳动的消极方面——异化劳动作为自己哲学的重要内容，从现实的具体的能动性的原则出发。马克思提出实践自身的变革性问题：实践不仅是改造世界，改造人自身的现实力量，也是实践自身发展、实现实践自身从量到质、从肯定到否定、否定之否定的螺旋性存在。作为在场，实践的自反性是实践的重要属性。关于"自反性"的在场，它是随着人们现代性实践活动的发展而显现，随着人们对实践的觉知而上手的。贝克在《自反性现代化》中在对自反性就是"自我对抗"的概念界定的同时，从社会学上提出自反性的两个原则。贝克对自反性现代化实践的研究丰富了马克思的实践自反性思想。从哲学史上看，关于实践自反性，最引人关注的除了马克思之外，当属黑格尔。黑格尔从理念的整体发展出发，对自发性做了基本规定：自我性和矛盾性。正是在批判黑格尔理念自反性前提下，马克思将实践自反性纳入唯物史观的构建之中。马克思构建唯物史观的过程，也是实践自反性的具体化现实化革命化过程，在现实意义上，我们对于实践自反性的研究，不是为了说明实践必然走向自己的反面，而是要强调经过人们的不懈努力，实践经过自反性等过程，可以走向新生，在更新的实践基础上开始新的实践。

什么是"自反性"？贝克在《自反性现代化》中系统提出自反性定义："'自反性现代化'的概念可以与一种根本性的误解区分开来。这个概念并不是（如其形容词'reflexive'所暗示的那样）指反思（reflection），而是（首先）指自我对抗（self-cenfrontaition）。现代性从工业时期到风险时期的过渡是不受欢迎的、看不见的、强制性的，它紧紧跟随在现代化的自主性动力之后，采用的是潜在副作用的模式。"① 贝克确认现代化的整个过程（从工业时期——马克思所处的时期——当下的风险时期）都存在着这种"自我对抗"的自反性；这种自反性不是反思（意识的）；这种自反性在近代以来的几百年人类发展中的常态模式是自反性动力＋潜在副作用；这种自反性的实践行为的属性包括"不受欢迎的"——否定性；"看不见的"——非现象性，需要理论分析；"强制性"——必然性和普遍性。

贝克把自反性确定为"自我对抗"，而不是反思。这是承接并发展了马克思异化劳动（或异化实践）理论的精髓，也是马克思的自反性实践思想的当代彰显。

一、马克思的实践自反性思想发展逻辑进程

马克思的实践自反性思想在理论上来源于对于黑格尔对象性劳动思想的彻底批判，来自于对黑格尔的实践观的超越。

马克思的实践自反性思想的逻辑发展过程是：他在黑格尔理念哲学将劳动既当成实体（本质）又当成主体从而发展了劳动是人的

---

① 贝克，《自反性现代化》，商务印书馆 2001 年 8 月版，第 9 页。

本质的对象化等思想成果的基础上，把劳动区分为"积极的"劳动和"消极的"劳动两种。黑格尔只看到一种劳动："积极的"劳动，只看到劳动是人的本质对象化。马克思从唯物史观立场出发，对被黑格尔忽视和遗忘的另一种劳动："消极的"劳动进行了深入的研究，认为消极的劳动不是对于人的本质的积极的肯定，而是否定，消极的劳动不是人的本质的对象化（显现），而是异化、矛盾和对抗，是否定。马克思的异化劳动理论是实践自反性思想的基础，马克思对于黑格尔劳动理念进行了全面批判和彻底清算的直接成果就是马克思构建起自己的劳动观和新的实践观，创建了实践唯物主义理论体系（这个过程历史的和逻辑的都起源于《德法年鉴》和《1844 年经济学哲学手稿》）并成为唯物史观的有机组成部分。

　　首先，马克思确认了"劳动的异化行为"，即异化劳动或劳动属于"实践的人的活动"即实践。原文是"实践的人的活动即劳动的异化行为"①。这一点是十分重要的。在马克思实践思想研究中，资本主义条件下工人的劳动或异化劳动是否属于实践？这个问题在马克思、恩格斯等经典作家那里并不存在疑问，只是在实践被片面化、抽象化和神化之后。以致使一些人一提到实践，就把其与所谓"革命的运动""暴力""革命行为"等同起来，而忽视了实践的感性活动的本意，普通人的日常物质活动的原本意蕴则被遮蔽起来了。这是一个极大的失误，也是"左"的思想路线的表现之一。

　　马克思的实践自反性思想认为劳动或异化劳动属于人的感性活动即实践。第一，它确定了实践是物质性的综合概念。实践的内容很丰富充实，实践的形式具有多样性、普遍性；第二，确定劳动和异化劳动均是实践，表明实践的具体性包含多样性、发展性和多种可能性；第三，确定劳动和异化劳动均是实践，也就肯定了实践自身的矛盾性。实践自反性不是实践自反为非实践或反实践，而是通过实践自反性达到更高级的实践，这一点对于我们当前进行的反腐

---

① 《马克思恩格斯文集》，第 1 卷，中文版，人民出版社 2009 年版，第 160 页。

败斗争具有直接意义：反腐败是在社会主义市场经济条件下的严重政治斗争，反腐败的目标和结果是为了更好地进行中国特色社会主义伟大事业；第四，确定劳动和异化劳动均是实践，也从理论上直接回答了当前频发的腐败现象的理论根据。在当前全世界都关注"中国经验""中国方案"的形势下出现较多的腐败现象，这需要理论上的回答——马克思的实践自反性思想可以直接回答这个问题：我们正进行的中国特色社会主义事业是一种伟大实践。这个伟大实践并不是"铁律"的、"直线"和"单向的"，而且包含着诸多可能性的现实运动。实践自反性思想的核心是说在实践内部存在着差异、矛盾和斗争，存在着冲突和对抗。腐败就是一种对抗力量，是从反动的方面对于中国特色社会主义伟大事业的消极侵害和对抗。我们决不能听之任之，任由发展泛滥；第五，通过对于马克思的实践自反性思想的研究、可以从理论上，实践上为人们答疑解惑，使人们的思想更成熟，对所从事的中国特色社会主义事业更加自信，对面前的困难有更多的思想准备和战略考量，从而增强人们的定力，聚精会神地把当下的工作做好。

而只有在确认了劳动或异化劳动属于实践的人的活动之后，对于马克思的实践自反性思想的探究才是可能的。在哲学史上，马克思、恩格斯承接了古希腊亚里斯多德和德国古典哲学家康德、黑格尔和费尔巴哈等的思想。古希腊的亚里斯多德把"实践"当成"技艺"活动，在亚里斯多德时期，一与多，感性与理性、物质与精神有着明确划分。亚里斯多德把"实践"看成技艺活动，在积极意义上至少有三点：第一，技艺活动无疑是一种感性活动、物质活动；第二，技艺活动要有一定知识、技能，不同于非技艺活动，这是对于实践的第一次有意识的抽象和概括；第三，技艺活动是一种专门活动。在德国古典哲学，"实践"获得了空前的发展，成为马克思实践思想的直接理论来源。康德的批判哲学将实践活动与伦理、上帝相联系，实践的地位越过了理论（纯粹理性）。但康德的二元论思想将实践与理论（理性）分离；黑格尔是在理念哲学的意义上诠释实践。赋予实践以能动性的品格；费尔巴哈用感性存在的权感否定黑格尔的理念世界，赋予实践以物质的感性的品格。这些都在马克思的实践思想中得到崭新的体现，将实践明确规定为感性活动。实践自反性问题的适时显现则使马克思的实践思想表现得更丰富。

二、实践自反性之所以存在是因为在实践中存在着"自反性"的关系

根据马克思和贝克的相关思想、实践自反性简单地说就是实践的自我对抗。马克思的实践思想尽管被中外现当代人反复研究，取得了诸多成果，但就实践的自我对抗的问题而言，对于马克思的相关思想的研究仍然缺失，特别是对于马克思的异化劳动就是实践的思想研究基本是空白[①]，研究者"寥寥"。关于"自反性"，在马克思那是多以"异化""分离""分化""异己"等表达。我们认为如果直接用"异化实践"表述马克思的相关思想，容易使人认为在马克思的实践概念之外又出现另一个"异化实践"概念，容易造成思想混乱。马克思的实践概念只有一个，实践规定是明确的，因而相关思想最好用实践异化性和实践自反性表述比较好。贝克的《自反性现代化》是一部有很大启发的著作。贝克对人们现代化实践活动的研究，对其自反性的研究达到了新的高度。他承接了马克思的现实批判精神，从而用其"自反性"定义来表述马克思的相关实践思想是可能和恰当的。

按照马克思对于异化劳动研究的思路，要研究马克思的实践自反性[②]，就要揭示其实践自反性关系。马克思说："在实践的、现实的世界中，自我异化只有通过对他人的实践的、现实的关系才能表现出来。异化借以实现的手段本身就是实践的。因此，通过异化劳

---

① 此可参考董晋骞《异化实践论与异化劳动论的两次哲学翻转》，载《辽宁大学学报》2011 年第 1 期。

② 此可参考高冉《马克思实践哲学的自反性思想研究》，该文是高冉的学位论文，可查阅相关网站。

动，人不仅生产出他对作为异己的、敌对的力量的生产对象和生产行为的关系，而且还生产出他人对他的生产和产品的关系，以及他对这些他人的关系……总之，通过异化的、外化劳动，工人生产出一个同劳动疏远的、站在劳动之外的人对这个劳动的关系。工人对劳动的关系，生产出资本家——或者不管人们给劳动的主宰起个什么别的名字——对这个劳动的关系。因此，私有财产是对化劳动即工人对自然界和对自身的外在关系的产物，结果和必然后果。"① 这一段话集中表述了马克思关于实践自反性内容和实践自反性关系的思想。

首先，马克思确认，实践自反性就是人的自反性、人的本质的自反性、人的行为的自反性。人的自反性包括人的自我自反（自我异化）和他人的自我自反（他人异化）。换言之，实践自反性包括实践中的人的自反和人在实践中的自反，就自反（异化）而言，实践中的人与人的实践是一致的、同一的。因为没脱离实践的人，也没有离开了人的实践。说存在着一个无人的实践与说存在着一个没有实践的人的世界都是谬论：在现实和当下，不存在一个脱离了实践自反性的现实的人，也不存在一个人可以脱离自反性的人的实践。对于自反性的人和自反性的实践而言，都具有自反性的实践关系和自反性的人的关系。

其次，自反（异化）性具有实践性。马克思通过分析市民社会的资本主义劳动和异化劳动得出这种异化劳动的异化性（自反性）是普遍的和整体的。具体而言，这种自反性的实践不仅表现在实践中人的生产对象和生产行为，不仅表现在生产产品上，而且表现在他与异己的、敌对的生产对象的关系和异己的、敌对的生产行为的关系，并且表现在他与产品的自反性关系和他与他人的自反性关系。就关系而言，实践自反性产生了人与生产对象的自反性关系、人与生产行为的自反性关系、人与产品的自反性关系和人与他人的

---

① 《马克思恩格斯文集》第 1 卷，人民出版社 2009 年中文版，第 165～166 页。

自反性关系。正是这些自反性关系的存在，才决定了人在实践中的自反性的存在，才决定了实践自反性的现实性和具体化。我们只有在现实的、具体的世界中，才会发现实践的自反性和人的自反性问题。才会发现周围存在着现实的具体的自反性关系。

第三，通过自反性实践产生工人和与资本家的关系。工人与资本家的产生是在自反性实践中完成的，工人与资本家的关系也是在自反性实践中建立的。孤立地讲，没有工人就没有资本家，没有资本家也就没有工人，二者通过"异化的、外化的"劳动得以产生。马克思在《1844年经济哲学手稿》详细分析了工人与资本家的产生过程。马克思认为，产生工人和资本家的关键是资本和劳动的分离。"资本、地产和劳动的分离，只有对工人来说才是必然的、本质的和有害的分离。"① 这种分离比经济学上的社会分工更现实。正是在分离的情况下，异化劳动或实践自反性才可能发生，才产生出工人与资本家的自反性关系。

第四，通过自反性实践产生私有财产关系。马克思把私有财产当做异化劳动或自反性实践的产物、结果和必然后果。工人与资本家的自反性关系使得私有财产的实现成为可能，生产对象的自反性关系、生产行为的自反性关系、生产产品的自反性关系和与他人的自反性关系的结果是私有财产的产生。异化劳动的必然性、实践自反性的必然性决定着私有财产的必然出现。私有财产是自反性实践和实践自反性关系的直接后果。

三、马克思的实践自反性不同于"自我反思"，属于实践能动性。是主观能动性与客观制约性的有机统一

贝克认为，自反性不同于反思。原因很简单，自反性是实践的自反性，反思则是意识或自我意识（精神）的反思。这也是马克思实践自反性思想的基础。

---

① 《马克思恩格斯文集》第1卷，人民出版社中文版，第115页。

反思是意识的自我反思，或意识的自我矛盾和自我对抗。实践自反性是人们的感性活动的自身矛盾和对抗。二者的差别存在于哲学的基本问题之中，存在于德国古典哲学对待哲学基本问题的不同观念之中。

恩格斯将哲学的基本问题归结为思维（主体）与存在（客体）的关系问题，在这个问题上，德国古典哲学家康德、费希特、谢林、黑格尔和费尔巴哈有着不同的认识，这些认识都对马克思的实践哲学产生直接的影响，因而要深入理解马克思的实践自反性思想就不得不简略回顾他们各自的相关观点。

康德把自在之物（客体）排斥在认识之外。实践理性属于伦理道德领域。康德在能动性上的最大贡献是在主观的唯心主义前提上提出主体的统觉的能动性问题，即主体与客体的统一是主体与作为现象的对象之间的统一。在康德之后，费希特把主客体关系变成主体由自我设立对立面（非我）并回复自我的统一关系；费希特为避免唯我论所设定的"普遍自我"启发了谢林。谢林把主体统一为客体，并且是主体——客体的绝对无差别的同一。谢林所指的精神态度是一种直观方式，一种无主体的主体方式，康德、费希特、谢林等在主客统一上的建树极大启发了黑格尔。黑格尔在实践问题上主要有三大贡献：他通过"外化"人的本质的"对象化"揭示了劳动的本质；通过主客统一的辩证法赋予实践能动性；通过理念实体就是主体达到主客体的客观统一。就实践的自反性问题而言，黑格尔在客观唯心的范围内向我们展示：实践是一个由于自身内在差异和矛盾、对抗而自身不断向前发展的过程。实践的自我对抗的发展过程既是合规律的目的性过程，也是合目的的必然性过程，是逻辑的和历史的相一致的过程。这种发展观经过马克思、恩格斯实践唯物主义的彻底改造，确定成为唯物史观的一个主要原则。即从资本主义社会实践到共产主义社会实践的社会各个发展阶段不过是实践总体发展过程的各个发展阶段而已。

黑格尔把意识和对象、思维和存在、本质和现象、主观和客观、精神和自然、自由和必然、合理的和现实的、逻辑的和历史的等等这些主体与客体（实体）的对立范畴形式，统统作为绝对精神的自我发展通过劳动和实践的环节而贯穿起来。正确和谬误、真与假、善与恶、美和丑的对立转化的辩证进展表现出能动性，使得黑格尔劳动论、实践论成为巨大的辩证法宝藏。但是，由于黑格尔未能解决他的主观精神与客观现实之间的同一性问题，主客观同一的过程只是同一的主观知识、主观精神的过程。所以，费尔巴哈用人本学批判黑格尔的绝对精神：绝对精神的本质无非是人的本质，必须研究现实的、感性自然的人，不能把人看做"绝对精神"的宾词，而是把精神看做以自然界为基础的人的宾词。费巴哈消除了精神和自然的对立，思维与存在的同一性在于人的感性以及人的"类"的关系。但是由于费尔巴哈抛弃了黑格尔实践能动性的合理内核，使自己陷入了直观唯物主义和历史唯心主义。

马克思的实践唯物主义确定了实践能动性原则，从而为实践自反性提供了现实的根据。实践自反性的双方相互差异、相互对立、相互斗争、相互转化、使实践呈现出螺旋式上升发展的趋向。在这个过程中，实践能动性得以完美体现。

马克思的实践能动性是主观能动性与客观制约的统一。康德最初在二元论基础上提出了自我意识的能动性原则（统觉）：费希特以主观唯心主义立场上提出自我能动性原则。康德的自我意识在这里不仅包括对象的形式，同时包括对象的质料及其来源，成为客观世界的创造者。谢林的同一哲学主张主体和客体的绝对同一，但能动的自我失去了客观基础，从而必定要走向反面。黑格尔提出了辩证能动性原则，提出了绝对主体即绝对精神，整个自然和人类历史都是绝对主体自我认识、自我实现的辩证过程，精神世界成为绝对主体的表现。这种辩证能动性是康德的自我意识能动性原则、费希特的自我能动性原则的否定之否定的发展，是德国唯心主义的主观能动性原则的最终完成。

黑格尔的辩证能动性尽管在唯心主义范围内完成了，但并不是德国古典哲学在能动性问题上的终点。剩下的工作是由费尔巴哈和马克思完成的。费尔巴哈用感性哲学打败了黑格尔的唯心主义，建立起感性的权威。在费尔巴哈那里，事物、现实、感性都只是直观的形式，费尔巴哈只是从客体的被动的方面去理解实践，因而马克思批判他不理解实践，更不理解实践的能动性的方面。马克思在批判费尔巴哈和黑格尔等哲学中建立起自己的哲学——实践唯物主义。马克思对于实践能动性的确定，确定人的实践活动，人的这种连续不断的改变现实的感性活动是改变客观世界、改变人自身、改变人与外部世界的真实根据，是"整个现存感性世界的非常深刻的基础"。马克思的实践能动性是主观能动性原则的唯物主义完成。确证着实践自反性的现实性、理论性、逻辑性和历史性，是理解实践自反性的关键。

研究实践自反性问题有着重要的现实意义，实践自反性问题对于研究当下的腐败现象、理解当前的反腐败斗争都有重要作用。

四、研究马克思的实践自反性思想的现实意义

研究马克思的实践自反性思想可以丰富和充分马克思的实践思想。丰富马克思主义哲学的内容、拓展唯物史观的理论视野。同时，研究马克思的实践自反性思想的现实意义也是十分巨大的。

随着中国特色社会主义伟大事业的发展，出现了许多新情况、新问题。其中在政治体制改革方面、反腐败斗争等方面有许多迫切需要回答、迫切需要解决的重大理论问题。例如，在中国特色社会主义建设过程，为什么会出现较多腐败？为什么在特定时期个别地方的腐败会呈现"窝案""串案""一坨儿一坨儿"的集团性集中爆发？这些腐败的发生有何必然性？它们存在和产生的理论基础是什么？这种中国特色社会主义事业的推进与腐败的较多发生的"并存"现象在理论上能说明和完全解释吗？反腐败的必要性、必然性在哪里，反腐败是中国特色社会主义事业的有机部分吗？反腐败的未来在哪里等等。这些问题汇集在一起，就是当代中国特色社会主

义的命运和前途问题。

首先需要解释的是国内当下存在的腐败现象的"合法性"问题。

马克思、恩格斯在《共产党宣言》中写下一段话："生产的不断变革，一切社会认识不停的动荡，永远的不安定和变动，这就是资产阶级时代不同于过去一切时代的地方。一切固定的僵化的关系以及与之相适应的被尊崇的观念和见解都被消除了，一切新形成的关系等不到固定下来就陈旧了。一切等级的和固定的东西都烟消云散了，一切神圣的东西都被亵渎了。"[①] 社会主义作为资本主义与共产主义之间的过渡阶段必然带有许多资本主义的属性特征，包括政治上、经济上、思想文化和意识形态等各方面。"永远的不安定和变动"成为当下的现实写照。这种不安定和变动的性质无非分两种：积极的性质与消极的性质，正能量的变动（发展）和负能量的变动（倒退）。腐败就是消极性质的变动，是一种负能量，但也在马克思的理论视域里。换言之，腐败在马克思的无产阶级革命理论中早已被预见的，是一种现实可能性、也是一种必然性，因而有着特殊的"合法性"。具体而言，我们可以从历史的、社会的、经济的、政治的、文化的、人性的等各个方面去探讨腐败发性的必然性。完全否定腐败产生的必然性和没有及时采取防范腐败的措施的观点和行为，都是幼稚的马克思主义者和不成熟的马克思主义理论家。

结合本文对于马克思的实践自反性问题的指导，我们认为，腐败的发生发展是实践自反性的现实表现。腐败是对中国特色社会主义事业的反动。它的发生有现实必然性（如许多分析腐败产生的文章所精辟分析的那样），是中国特色社会主义实践本身的一种自我对抗，是现实实践的矛盾和斗争。事关党国前途和命运，《自反性现代化》对起西方的现代化进程做了自反性诊断。"他山之石可以

---

① 《马克思恩格斯文集》第 2 卷，中文版，人民出版社 2009 年版，第 34～35 页。

攻玉"，"知己知彼，百战不殆"，只有充分彻底认识腐败，才能从根本上根治腐败、消除腐败。"前途是光明的，道路是曲折的"这句话完全适合当前的反腐败斗争。

其次是反腐败的"合法性"问题。有腐必反、除恶务尽。反腐败也是实践自反性的题中应有之义。既然实践自反性是实践的自我对抗，反腐败就是对抗双方的积极的一方，正能量的一方，有着光明前途的一方。对此，《共产党宣言》中论述："无产者组织成为阶级，从而组织成为政党这件事，不断地由于工人的自相竞争而受到破坏。但是，这种组织总是重新产生，并且一次比一次更强大、更坚固、更有力。"在该文另一处写道："过去的一切运动都是少数人的，或者为少数人谋利益的运动。无产阶级的运动是绝大多数人的，为绝大多数人谋利益的独立的运动。"① 其一，反腐败无疑是得到最广大人民群众支持的运动。得到最广大人民群众的支持拥护，无疑是最大的"合法性"，因为反腐败维护了最广大人民群众的根本利益和最大利益，有别于人类历史上的任何其他的政治的运动。其二，从党的宗旨和目标而言，既然有了中国共产党，就有了领导中国特色社会主义事业的坚强核心，党自成立以来近百年的革命和建设实践，就是一部不断革命、不断发展强大的历史，就是一部经受各种矛盾斗争，包括党内和组织内的斗争，充满实践自反性的历史。"工人的自相竞争"意味着自我矛盾、自我对抗、自我更新、吐故纳新、推陈出新。这个过程将贯彻党的历史的始终。反腐败就是吐故纳新、推陈出新、就是经过自我对抗达到的新的自我更新。这样才能达到"立党为公""全心全意为人民服务"的建党宗旨。

---

① 《马克思恩格斯文集》第2卷，中文版，人民出版社2009年版，第40～42页。

思的整体性的进一步研究*

摘要：整体论的科学性问题也就是整体论的真实性和实践性问题，而整体论的真实性又来自于其理认的科学性和现实性。现代科学的整体化趋势，推动人们综合地把握客观发展，科技的整体化趋势为哲学迈向综合阶段提供了新方式和新方法——整体方法，它将是未来科学研究方法的主体和基础。

整体论的科学性问题也就是整体论的真实性和实践性问题。

一

整体论的真实性来自于其理论的科学性和现实性。

关于整体论观念的萌芽，早在几千年前甚至数万年前就出现了。那时由于人们实践能力较低、认识水平有限，只是非常朦胧地感到是某种确实存在而又无法确认的外在神秘的东西在支配着一切。早期原始人还无法确定这个支配一切的力量能够被认识和掌握，他们用"肯定而不确证"的形式推动着原始宗教的产生发展，用他们特定的方式创造着辉煌的文化和文明。我们从中外古代人的太阳神崇拜、图腾崇拜、黄帝炎帝等的神话传说中，清楚地感到古人对客观整体力量的直觉性和强烈感受，它们反映出人类整体观的客观产生和自在追求。这是"直接的直观的结果"（恩格斯语）。例如，古希腊神话中的诸神及其相互制约作用的关系就是现实实践中

---

* 本文以《整体论的科学性问题初探》发表在《社会科学辑刊》2000 年第 5 期

矛盾群运动（整体）各个主导力量的化身，"神殿"是现实各个具体整体运动场所的刻意描述；中国古代"龙"的无所不能和难以窥视全貌表明，当时中国人对整体的感受是客观化的、真实的。人们在远古时代只是朴素地感知客观总画面的最一般性质，确定世界上的各种事物是互相联系和互相作用（所谓的"3"）、有变化的混沌之物（所谓的"1"）。这个混沌之物可以神或图腾等面目出现，人们能确证其存在（感性化的），却无法控制它、认识它。

进入封建社会后，随着实践水平的提高，人们开始试图从科学上和理性上认识整体。这种努力的第一步是分化认识客观世界，这直接导致各门具体科学的产生和发展。人们对具体个别整体的认识日益清晰准确，个别具体整体的认识对人类实践活动的作用日益凸显。中外许多科学技术的成就就是这种对个别具体整体认识把握的结果。这从根本上提高了社会认识整体的水平和历史发展的步伐。但同时，这种对个别具体整体的分化认识也容易导致人们认识和实践上的片面化、抽象化、绝对化，特别是关于整体的研究还处在自在的、不发达的时期。

整体论所研究的客观世界是一个有客观联系的整体。在整体论中，既包括客观的过去和现在，也包括未来；整体论既重视分析，也重视综合；在研究具体整体时，既注意部分，也注意整体。从内外上下、横纵前后认识和解决问题，这是整体论的精髓所在。

人们的整体性实践使人逐渐意识到主观意识必须符合实际，适应实际，才能达到主客观共同发展的目的。实践中产生的整体的观念有着必然的历史原因和深刻的社会政治经济基础。它反映了社会发展中的根本性利益；它要求变革不合理的现状；它要求人们减少失误、少犯错误，顺应历史发展潮流。这些属性是任何一种科学的理论所必备的。

20世纪初诞生的系统理论虽然只是认识范围内的方法论，一方面它在一些具体个别细节上与整体论有相近之处，系统、控制等范围（包括后来的"信息"）是对客观世界事物现象的最普遍最重要的属性、特征、联系及关系的科学性描述，为整体论提供了丰富的物质前提，具有深刻的意义。但由于系统论不是完整全面意义的哲学理论，由于它自身没有哲学本体的基础，因而对人们思维意识的进步、社会历史的发展作用的影响是很有限的。系统论与信息论、相对论、量子力学、现代生物工程学一起，为整体论的发展提供了强有力的科学理论基础。

整体论是具体的理论，是理性思维把客观现实的具体事物和具体过程当作一个有许多规定和关系的总和，把客观存在当作一个发展性的客观整体加以把握。这种具体真理是对客观的具体复制与再现。理性认识只是它们的存在运动总和中才会实现。整体论是关于客观存在的理论，没有整体就没有整个世界。并且，客观整体论和主观整体观是同一的，其前提是认定客观世界是不依赖人的意识而存在的。

整体论与各门具体科学的研究对象不同，作为人类实践活动的成果，整体论对各门具体科学具有指导作用。并且，随着现代科学技术的发展和人们认识和实践能力的增强，整体论也在不断丰富和发展。

现代实践对哲学发展最显著的影响，是使当代哲学酝酿着第二次否定向更真实的阶段的发展。（从人类已有的整个哲学的发展过程而言，也可说是第三次哲学否定发展阶段：第一次是原始综合哲学的诞生，代表人物是老子、孔子，德谟克利特、柏拉图，这是人类精神发展和文化发展上的重大飞跃；第二次是初级分化哲学的产生，较早代表者应是亚里士多德，后有董仲舒、欧文、康德、黑格尔等；第三次就是现代综合哲学的诞生，以系统论、控制论、整体论等为标志。因此，从哲学本身否定的意义上说，初级分化哲学是对原始综合哲学的否定；现代综合哲学是对初级分化哲学的否定。——本文作者注）综合是从微观和宏观两方面研究客观的相互联系，现代哲学中的综合是一种高度分化和高度综合意义上的整体化，其目的是为了科学地揭示客观存在的本质和社会发展的规律，揭示分析和解决各类问题的正确途径和方法。因为客观现实中的所有问题的真正认识和解决只有通过科学的综合才能做到，而现代科学的整体化趋势，推动着人们综合地把握客观发展，科技的整体化趋势为哲学迈向综合阶段提供了新方式。

哲学研究方法的发展在很大程度上决定了哲学发展水平和实践程度。历史表明，重大的理论发展，往往来自于方法的变革。19 世纪的实验科学是以哲学上的分解方法为基础的，而 20 世纪和 21 世纪科学综合化是以整体综合方法为前提的，从分解方法到整体（综合）方法，是研究方式上的飞跃，必将在未来发挥巨大作用。

二

整体论是实践的产物，反过来它又对实践发挥指导作用。

实践是整体论发展的根本推动力，也是整体论研究方法产生的唯一客观基础。人们所谈论的被广泛用于研究中的传统方法和现代方法在实践的基础上统一起来。笔者认为，在整体规律指导下的整体方法将是未来科学研究方法的主体和基础。一方面被赋予整体性意义的传统方法对于个别单独的基本问题的研究仍然是有效的；另一方面现实中的许多重大的、全面的问题，必须采用现代整体方法才能解决。

实际上，人的认识是一个社会具体化的、反复的运动过程中，是一种充满差异和对抗的活动。人们通常在认识上所犯错误是把认识过程中的某一点或某一方面夸大和绝对化，从而在实践中造成挫折失败。例如，在原始社会，人们首先面对的是生存矛盾群运动（整体运动）的主宰作用。它使社会产生的是绮丽的幻觉和敬畏。以此为契机的原始文化集中表现于原始神话和宗教的蓬勃发展。在奴隶社会，群体（或团体）生存的矛盾群运动代替了原始社会个体或种群的矛盾群运动（当然也是整体运动），而成为社会整体运动的主导方面，突出表现为强调生存危机和整体运动的野蛮性。人们精神世界中强调的两种截然不同的倾向：非人道性和平均理想，前者是现实和强有力的，后者是理想和单纯的。在封建社会，团体化的整体运动达到成熟和高级阶段，人的生物意义上的生存危机已经过去，社会意义上的生存矛盾群运动仍是主要整体运动，人们认同现实，能在现实的环境中幻想未来，构筑未来。在资本主义社会，社会生产方式的整体运动已经达到相当程度：人们在彻底完成对物的占有的同时，也被物占有，人们实践的"异化"整体运动也达到高峰。人们的认识领域更丰富、更高级了，也存在着更多的问题。

综上所述，我们所谓的认识偏差从根本上说是一种社会偏差、历史偏差。受制于现实的物质实践水平，具有"史前史"的精神文化的特点。

我国新中国成立后的实践历程也遵循着这一根本规律。新中国成立后我们虽然在各方面取得了很大成绩，但仍表现着认识偏差所带给实践的重大危害——"矛盾学说"导致"斗争哲学"：从反右倾直到"文革"。

整体论在现实中有什么意义呢？它对人们的认识和实践活动有什么样的作用？对这两个问题的回答是明确和肯定的。以具体事例为证。

具体事例之一：克隆人的问题。

小羊"多利"的诞生，使许多人激动万分。从理论上说，在不远的将来，人类会成功克隆出人的物质肉体这个载体来。人的肉体生产同其他哺乳动物的生产一样，可以人造化、工厂化。这一点在未来人类星际旅行中有实际意义。在星际旅行的巨船上搭载的不是完整的个体的人，而是个别人的个别部分，到一定时间，巨船上的机器人会按程序制造出一个人来。这个被制造出的人与机器人没有多大区别，唯一的不同或许是材料的差别：一是肉体，一是集成块，但机器人本身也可能肉体化，像1999年语文高考题所说的"记忆移植"等，看不出能得出什么结论来。但人们所生产或克隆的只是人的肉体，而不是"人本身"。

首先，人是现实整体运动的产物，是一个生物的和社会的运动过程。所谓的"克隆"即使在生物肉体的意义上顶多也只能生产出无限近似的被克隆生物。这就像世界上不会有绝对相同的两个细胞，对此大概在不久的将来人类就可能确切证实。

其次，人的一些本质属性像习惯力、行为特征、身体状况（因为人是否患病、患何种病、何时患病、病情如何等是现实整体运动的结果）等不是由生物的单纯生理属性决定的。比这些属性更重要的人的更大本质是在个体与个体之间的现实关系之中，受制于现实的整体运动。

有人说克隆人的现实意义是在人体医学上的巨大作用，是对人的个别器官的克隆及更换使用。这种说法有很大的片面性和幻想成分。一则人类不可能制造出不具有整体性的个别的器官，虽然可以制造一块细胞（特别在未来）作为"替代器"——像现在正在使用的许多替代品的本质一样，但它永远不会是完整功能意义上的人的"器官"，因为它没有现实性和实践性，不是整体实践的对象。二则如果未来人们真能克隆、更换各类器官的话，人类就能彻底医治和修复各类器官，在现实的整体实践中，"修复"比"更换"有更大意义，只有在万般无奈之下，更换才可能是科学的。

具体事例之二：转基因食品问题。

最近关于转基因食品问题的社会关切度愈来愈高，其直接动因是人们直觉地感觉到生物工程技术违背了客观的整体规律——走到了人们无法承受、无法预测的地步：主观上个别美好愿望的实现，是以破坏自然客观的"适应度"、超出人自身的"适应度"为代价的。杀虫剂"666"对杀死害虫有很大作用，但它的副作用也很大，所以人们最终不得不放弃。我们设想，转基因食品的未来遭遇会是这样：在不损害健康、不破坏自然界的整体性存在的前提下，有些转基因食品会存在发展下去；而那些有太多的不确定性，人们无法适应的转基因食品会被人暂时放弃。其中，人类实践的整体规律法则起着决定性作用。而实际上，这是现实的"善行"与虚幻的"善行"的差别。

上述事例说明，整体论对人们的实践活动和认识活动是十分有益的。

论普遍价值*

——与陈先达先生商榷

摘要：马克思在其许多经典著作中从"人的世界历史性存在"立场出发，肯定了人的实践的"共同性"和社会意识的"共同形式"，肯定现实感性的"共同的利益"的存在。为普遍价值存在的合法性提供了坚实的基础。普遍价值在形式和内容上都与"普世价值"有根本区别。研究普遍价值具有重大现实意义。

"普遍价值"是指一些相对的，被大多数人们所认同的价值观念的集合，它可以在具体的良知和理性所认同的价值观念的基础上超越地域、宗教、国家、民族。普遍价值在形式和内容上与"普世价值"有根本区别。并且"普世价值"名称带有浓厚的宗教"救世"色彩，所以笔者认为，从概念的明晰和防止人们理性"虚妄"犯错误的角度出发，应大力倡导"普遍价值"。用"普遍价值"替代"普世价值"，强调"普遍的"价值，这在马克思主义研究中是有文本依据的。马克思恩格斯的《德意志识形态》中肯定"普遍的东西"不仅"存在于观念之中"，而且"存在于现实之中"①。马克思在《共产党宣言》《德意志意识形态》《1844年经济学哲学手稿》等经典著作中从其哲学存在论"人的世界历史性存在"的根本立场出发，从物质生产的普遍性、人的感性活动的"共同性"和社会意

---

* 本文最初发表在《辽宁大学学报》2010年第3期发表后，引起反响。可参阅李德顺先生在《哲学研究》2011年第1期发表《怎样看"普世价值"》文章。

① 《马克思恩格斯选集》第1卷，人民出版社1972年版，第37页。

识的"共同形式"等方面肯定"普遍价值"的存在。人们的实践的共同性为社会意识的共同性、普遍性和普遍价值的存在提供了根本的坚实的基础。普遍价值的存在是一种客观的现实的历史的事实，它是社会保持稳定，构建和谐社会与人生的价值基础。我们不赞成将普遍价值绝对化的倾向。这种将普遍价值绝对化的倾向表现为两种截然相反、实质相通的现象：一种是将普遍价值绝对性的肯定；另一种是将普遍价值绝对性的否定。这两种现象在理论和实践上都是无益的。普遍价值问题在以往马克思主义研究中被严重"遗漏"和"遮蔽"了。

一、普遍价值存在的文本依据

世界上究竟有没有普遍价值？这些普遍价值存在的学理合法性和现实合理性在哪里？作为人类历史上最伟大的思想家的马克思、恩格斯等经典作家一定会关注和研究这些问题。

马克思和恩格斯在《共产党宣言》中说："各个世纪的社会意识，尽管形形色色、千差万别，总是在某种共同的形式中运动的，这些形式，这些意识形式，只有当阶级对立完全消失的时候才会完全消失。"① 马克思、恩格斯在这里提出了两个重要思想：第一，人类各个历史时期的社会意识是有差别的，存在着对立的；第二，这种"千差万别"的社会意识是在"某种共同的形式中运动"的。这种"共同的形式"思想对于理解马克思恩格斯肯定普遍价值的存在具有重要意义。

价值是反映人与自然、人与社会、人与人之间的意义关系的。它的本质不是客观规律绝对性的真；它的本质是善，是人们关于善的判断。普遍价值的定义可以有许多种，但其核心是承认和肯定价值具有一般善的属性和相对普遍性。普遍价值与价值的普遍性有联系，但也有区别，价值的普遍性是指任何价值只要它具有合理性、

---

① 《马克思恩格斯选集》第1卷，人民出版社1972年版，第271页。

科学性，它就具有与其属性相适应的适用范围，这种适用范围当然超过人们有限的经验局限，而上升到理性范畴。从而获得理性超越意义上的普遍性。换言之，任何一种价值的合理性、科学性越多越大，它的普遍性也就越大；反之亦然。但这种价值的普遍性是针对价值的内容和应用、价值的价值评价而言的。与我们这里所说普遍价值是根本不同的。普遍价值是对于价值本身的一种规定，是对于各个不同价值形状之间有无共通性和联系关节点，能否相互联系、相互借鉴吸收、相互促进发展的一种认知和确定，因而具有本体的，理性思维上的意义。离开了哲学理性思维意识，离开思维与存在根本关系的前提是无法研究普遍价值问题的。笔者认为，马克思恩格斯这里所说的"共同的形式"，正是建立在思维与存在关系的哲学意义上的。

显然，马克思恩格斯这里所说的"共同的形式"是指"社会意识"的"共同的形式"，不是社会物质、物质生产的共同形式，按照马克思恩格斯所创立的唯物史观的基本原理，包括哲学、价值在内的人类精神生产都有社会意识性，都属于社会意识。社会意识具有"共同的形式"是指各式各样的社会意识在各个不同的历史发展阶段中相互之间具有一些相同、相通、相似的属性特征或诉求。马克思恩格斯认为这种社会意识的共同形式不仅在人们的经验中，在实际生活中可以得到验证，而且在理论上也得以确认。

要在理论上证明普遍价值，只有运用马克思恩格斯所创立的唯物史观的基本原理才能做到。马克思恩格斯的《德意志意识形态》是马克思主义哲学的奠基经典。其中主要从六个方面为我们提供普遍价值存在的依据。这就是：第一，人的感性活动（"实践"）的共同性；第二，社会关系相互依存的共同性；第三，社会意识产生于人们的物质交往和语言交流；第四，普遍价值的本质是"对人类历史发展的观察中抽象出来的最一般的结果的综合"（马克思恩格斯语）；第五，普遍价值在形式上有"共同"性，在内容上则是"共同的利益"。马克思恩格斯确认"这种共同的利益……存在于观念之中，而且首先……存在于现实之中"①。真、善、美具有普遍价值，它们不仅具有"共同的形式"，而且具有"共同的利益"，像一加一等于二那样的科学知识，人的生命权、扬善惩恶，自然风光，诗情画意都具有普遍价值，这是从马克思主义研究普遍价值时所必须面对的"事情本身"；第六，普遍价值具有现实性、历史性。"这些抽象本身离开了现实的历史就没有任何价值"（马克思恩格斯语）。除了《德意志意识形态》《共产党宣言》外，在《1844 年经济学哲学手稿》中也都包含着许多普遍价值的丰富思想。

二、普遍价值的基础是"共同的"实践活动

研究普遍价值最重要的还是社会实践的共同性问题。马克思恩格斯批评费尔巴哈"没有把感性世界理解为构成这一世界的个人的共同的、活生生的、感性的活动"②。在这里，"感性世界"的"感性的活动"就是实践。这在学界是共识。这里的关键是"感性世界"的"感性的活动"用了 3 个重要语词标识出 3 个重要规定："个人的""共同的""活生生的"。"活生生的"表明实践的感觉性和具体性。"个人的"是唯物史观的重要原则。"这里所说的个人不是他们自己或别人想象中的那种个人，而是现实中的个人，也就是说，这些个人是从事活动的，进行物质生产的，因而是在一定的物质的、不受他们任意支配的界限、前提和条件下能动地表现自己的。"③ 而"共同的"则是文本上早就有，但一直没有得到足够的注意的关键规定性。一个不争的事实是"共同的"与"个人的""活生生的"并列，说明实践不仅具有"个人性""活生生性"，还具有"共同性"。而这种共同性的地位、作用和意义是与个人性、活生生性等量齐观的。这种"共同性"与马克思恩格斯在《共产党宣言》中提出的社会意识具有"共同的形式"存在着客观必然的联系，比

---

① 《马克思恩格斯选集》第 1 卷，人民出版社 1972 年版，第 37 页。
② 同上，第 50 页。
③ 同上，第 29～30 页。

"共同的形式"存在着客观必然的联系。但比"共同的形式"更基本、更本源，因为社会意识的共同形式毕竟是第二性的，社会实践才是第一性的、本源的、根本的。社会实践的共同性决定社会意识的共同形式，这是唯物史观的基本原则。社会实践的共同性包括实践主体的共同性、实践过程的共同性、实践结果的共同性；包括人与自然关系的共同性和人与社会、人与人关系的共同性；包括实践的、过去的、当下的和未来的共同性。

马克思在《1844 年经济学哲学手稿》提出"异化劳动"（实践）的基本属性（"它的第三个规定"）之一是劳动的普遍性和自由性："人把自身当作现有的、有生命的类来对待，当作普遍的因而也是自由的存在物来对待。……人比动物有普遍性，人赖以生活的无机界的范围就越广阔。"① 人与动物的根本区别是劳动，人的劳动与动物的劳作的差别在于人的劳动具有普遍性，因而是自由的。动物是为了种的生存延续而劳作；而人不仅为了自身个体，也为了类的生存发展而劳动；人在劳动中不仅使自身获得了实践的普遍的意义。"动物只生产它自己或它的幼仔所直接需要的东西，动物的生产是片面的，而人的生产是全面的；动物只是在直接的肉体需要的支配下生产，而人甚至不受肉体需要的支配也进行生产，而且只有不受这种需要的支配时才进行真正的生产；动物的产品直接同它的肉体相联系，而人则自由地对待自己的产品……正是在改造对象世界中，人才真正地证明自己是类存在物，这种生产是人的能动的类生活。"② "能动的类生活"表明人们现实生活的普遍性、自由性是一种本质性的规定和根本特性。"作为包括全部生活的一个本质的、重要的差别而存在……在这些形式的规定内，劳动还具有表面上的社会意义，实际的共同体的意义。"③ 无论是"社会意义"，还是"实际的共同体的意义"，马克思都肯定了劳动在客观的社会的存在

---

① 《马克思恩格斯全集》第 42 卷，人民出版社 1979 年版，第 95 页。

② 同上，第 96～97 页。

③ 同上，第 107 页。

中，在形式上具有社会性，在内容上具有"共同性"属性，即劳动的共同体或共同劳动。"共同性只是劳动的共同性以及由共同的资本即为普遍的资本家的共同体支付的工资的平等。相互关系的两个方面被提高到想象的普遍性的程度：劳动是每个人的本分，而资本是共同体的公认的普遍性和力量。"① 这段话的内容包括：第一，劳动的共同性或共同劳动是客观存在的；第二，这种共同劳动具有普遍性；第三，这种共同劳动造成劳动成为个人的本分和普遍的资本家；第四，在市民社会和私有制下，资本是这种劳动共同体的普遍代表和决定力量。只有在确定了劳动的共同性、实践的共同性的基础上才能真正确认普遍价值的合法性存在。不仅如此，在马克思哲学的存在论思想，"人的世界历史性存在"也包含着社会实践的共同性的思想："整个所谓世界历史不外是人通过人的劳动而诞生的过程。"劳动的普遍性、人的普遍性的根据就在于"全部人的活动迄今都是劳动"，"工业的历史和工业的已经产生的对象性的存在，是一本打开的关于人的本质力量的书，是感性地摆在我们面前的人的心理学"②。

社会实践的共同性决定了社会关系的共同性。这种社会关系共同性的突出表现是"相互依存关系"。即依存上的不可或缺性。"人不仅生产出他同作为异己的、敌对的力量的生产对象和生产行为的关系，而且生产出其他人同他的生产和他的产品的关系，以及他同这些人的关系。"③ 而随着社会生产力发展，科技进步、人类文化文明的不断发展，"他者"的意义日益突出，包括他者在内的社会关系的共同体属性也日益为学界所重视。

三、普遍价值的形式与内容

普通价值存在的合法性的关键是确认社会意识的普遍性，也就

---

① 《马克思恩格斯全集》第42卷，人民出版社1979年版，第119页。
② 同上，第131页。
③ 同上，第99～100页。

是马克思恩格斯所说的"普遍的存在":"我的普遍意识不过是以现实共同体、社会存在物为生动形式的那个东西的理论形式,而在今天,普遍意识是现实生活的抽象,并且作为这样的抽象是与现实生活相敌对的。因此,我的普遍意识的活动本身也是我作为社会存在物的理论存在。"①如何理解马克思提出的"我的普遍意识的活动本身也是我作为社会存在物的理论存在"这一重要命题。这个命题是理解普遍价值的关键。因为文本的根据代表不了学理的分析。首先,唯物史观的基本原则是"意识在任何时候都只能是被意识到了的存在,而人们的存在就是他们的实际生活过程"。马克思哲学存在论不是"唯心主义者所认为的……想象的主体的想象的活动",也不是直观唯物主义者那样"僵死事实的搜集"。作为马克思哲学存在论的"理论存在"的"出发点是从事实际活动的人"②。所谓"理论存在"当然不是经验存在,而是理论思维意义上的哲学存在,是形而上的存在,是以牺牲时间先在的因果自然律为代价的逻辑先在的存在。马克思所创立的唯物史观认为,这种"理论存在"的解释原则就是"当作人的感性活动,当作实践去理解"③。"理论存在"本身就是"普遍意识的活动本身"。这种普遍意识的活动的出发点当然仍然是"人的感性活动""实践"。只有把实践当成普遍意识、普遍价值的基础,才可能揭示普遍意识、普遍价值之谜。这种"理论存在"所揭示的内容只能是"社会存在物"。马克思确认了社会存在物的"有"性或存在性,并进一步确认了这种社会存在物的可知性、可以被人用"理论"的方式所掌握。更重要的是马克思对于存在、存在物和理论存在的社会根本属性的确认,所谓社会性在唯物史观那里就是实践性、现实性、革命性,也就是科学性、真理性。

其次,"我的普遍意识的活动本身也是我作为社会存在物的理

---

① 《马克思恩格斯全集》第 42 卷,人民出版社 1979 年版,第 122 页。

② 同上,第 30～31 页。

③ 《马克思恩格斯选集》第 1 卷,人民出版社 1972 年版,第 16 页。

论存在"的论断表明：第一，普遍意识及其普遍价值作为"社会意识"是社会存在的"必然升华物"，是"生活过程在意识形态上的反射和回声的发展"。第二，普遍意识及其普遍价值具有意识形态性，"是从对人类历史发展的观察中抽象出来的最一般的结果的综合……绝不提供可以适用于各个历史时代的药方或公式"①。以往人们对于普遍价值有一个误解：以为只要肯定或否定普遍价值，就可以解释现实中的问题。更可怕的是当这种解释被抽象化和绝对化之后，其危害就不是学理性的，而是理论的和实践的两重损害。笔者认为，普遍价值在形式上存在着"共同的形式"，在内容上存在着"共同的利益"。"共同的形式"与"共同的利益"的辩证统一构成普遍价值的存在合法性。普遍价值的基础就是人的共同的实践或共同劳动。

普遍价值的背后是"共同的利益"。共同利益是普遍价值的内容。因此，凡是绝对地否定普遍价值的理论须无例外地否定共同利益的存在。我们反对绝对的否定共同利益和普遍价值，特别是以抽象的形而上学的方式否定普遍价值，也反对绝对地肯定普遍价值、企图以普遍价值替代具体价值、代替对价值的具体分析。就像利益可以分为"特殊利益""个别利益""公共利益""共同利益"一样，价值也分为"个别价值""社会价值""具体价值"和"普遍价值"等。共同利益作为普遍价值的内容制约决定着普遍价值的形式。

"这种共同的利益不是仅仅作为一种'普遍的东西'存在于观念之中，而且首先是作为彼此分工的个人之间的相互依存存在于现实之中。"第一，这种共同利益不是以往理论思想家所谓的抽象利益。这种共同利益存在于人们之间的生产关系、社会关系之中，是一种关系存在。离开了现实的生产关系、社会关系，就不存在这种共同利益。第二，这种共同利益是各种现实的利益矛盾冲突的结果。"由于私人利益和公共利益之间的这种矛盾，公共利益才以国

---

① 《马克思恩格斯选集》第 1 卷，人民出版社 1979 年版，第 30～31 页。

家的姿态而采取一种和实际利益（不论是单个的还是共同的）脱离的独立形式，也就是说采取一种虚幻的共同体的形式。"现实的利益矛盾冲突也是各阶级、各阶层、各国家、各民族矛盾冲突的主要内容。各阶级、各阶层、各国家、各民族都会有自己的"特殊利益"，"这些特殊利益始终在真正地反对共同利益和虚幻的共同利益，这些特殊利益的实际斗争使得以国家姿态出现的虚幻的'普遍'利益对特殊利益进行实际的干涉和约束成为必要"①。第三，共同利益可以构成"利益的共同体的形式"。这种利益的共同体使国家及国家机器的存在成为必要和可能，并可使国家在一这下程度上"实际的干涉和约束成为必要"。正是由于共同利益的这种作用，使得普遍价值不仅在国家内部的和国家之间的存在和提倡成为可能，而且在现实的意义上，国家的或国家之间的、各地区的、各民族的普遍价值不仅是必要的，而且是必需的。

　　而对于已经成为统治阶级的无产阶级而言，承认并且正确运用这种唯物史观意义上的共同利益、普遍价值十分重要。第一，无产阶级有必要把自己的思想"赋予""普遍性的形式"。"事情是这样的，每一个企图代替旧统治阶级的地位的新阶级，为了达到自己的目的就不得不把自己的利益说成是社会全体成员的共同利益，抽象地讲，就是赋予自己的思想以普遍性的形式，把它们描绘成唯一合理的、有普遍意义的思想。"中国共产党在进行新民主主义和社会主义革命时，总是不失时机地肯定各种具体的普遍价值，如在新民主主义时期提倡的反帝反封建；在社会主义初级阶段提倡的民主、爱国、团结、和谐等，都是一种具体的普遍价值。第二，无产阶级有必要把自己"作为全社会的代表"，从而也使自己成为全社会普遍价值的代表。无产阶级"从一开始就不是作为一个阶级，而是作为全社会的代表出现的；它俨然以社会全体群众的姿态……它之所以这样做，是因为它的利益在开始时的确同其余一切非统治阶级的

① 《马克思恩格斯全集》第42卷，人民出版社1979年版，第37～39页。

共同利益还有更多的联系"①。换言之，无产阶级不仅在共同利益上而且在普遍价值上同其他社会成员存在着更多的联系。

四、不能将普遍价值说成"价值意识"

肯定普遍价值并不等于肯定"普世价值"。恰恰相反，在严格准确地学理意义上，"普遍价值"与"普世价值"是有区别的，是不能混淆的。把普遍价值说成普世价值在理论上就丧失了唯物史观的党性原则，并且造成人们思想理论上的混乱。这种作法在实践上也是有害的，它把无产阶级的人类解放事业贬低到封建的和资产阶级民主主义革命的水平。普世价值在内容上无法包含普遍价值的丰富的时代的新鲜内容，在形式上又带有浓厚的宗教"救世""赎世"色彩，是应该被废弃的。

同时，我们也反对把普遍价值硬说成是"价值共识"等作法。笔者认为陈先达先生（参见"陈文"）②想用"价值共识"替代普世价值的初衷并没有成功。原因在于普遍价值、普世价值等是关于价值本身的一些根本规定性，而价值共识是人们对价值的认识的一些共相，二者不能互相替代。

第一，"价值共识"等于对价值共同认识，只属于认识论。通读"陈文"，感到其论证"价值共识"心有余力而语焉不详，感到其总和"普世价值"纠缠在一起，分辨不开。究其原因，我认为是"陈文"的"价值共识"的概念有问题。其中最致命的是它把"普遍价值"这样的客观的"普遍的东西"概念降低到了关于人的认识活动的认识论的水平。

陈先达先生的"价值共识"是属于认识论范围内的。"价值共识……是在人类文明进步中，在各民族文化交流中逐步形成的对某些基本价值的认可。"换言之，"价值共识"是对"价值"的认可和肯定，价值共识不能脱离人们的认识，它只是对于人们在价值研究

---

① 《马克思恩格斯全集》第 42 卷，人民出版社 1979 年版，第 53～54 页。

② 陈先达. 《论普世价值与价值共识》，载《哲学研究》，2009 年第 4 期。

和德性实践活动中所达成的某些共同认识，即价值共识等于对价值的共同认识认可。因此，它属于认识论，属于人们的认识活动领域。主要是认识主体和认识过程。表现的是人们在认识价值时可能达成的一些共识。这样一来，"价值共识"涉及的只是人们对价值的认识活动，与价值的存在与否无关。价值和普遍价值等是关于价值本身的一些基本规定和根本属性，而价值共识则是人们对价值的认识活动中形成的一些"共相"。因此，"陈文"想用"价值共识"替代"普世价值"的初衷是不可能成功的。

第二，基本概念意义不清。首先是对"普世价值"和"价值共识"两个最基本的概念的定义造成了混乱。"陈文"说"价值共识可以具有一定程度上的普遍性，而普世价值似乎是人人都应该认同的一种价值共识"。概念是一种判定，概念定义中不应出现"似乎"类的或然性词句，"似乎"是人感觉表象阶段的属性，还没有上升到概念，并且不能用"价值共识"去规定"普世价值"。"陈文"的中心思想是肯定"价值共识"，反对"普世价值"，但却又用"价值共识"去规定"普世价值"。这只会造成逻辑上的混乱和思想上的"抽象共相"，类似的错误在陈文中还有很多。例如，"价值共识的范围则可大可小，共识的程度可高可低，并且价值共识作为一种理论承诺，和它的实际状况并不都吻合"。既然"价值共识"的外延"可大可小""可高可低"，那它就是一种随意性或主观任意性，是真真正正的"幻相"。这样来规定"价值共识"简直形同儿戏。

还有如"抽象的绝对的普世价值……"提法，难道还有不抽象的相对的普世价值吗？难道在"抽象的绝对的普世价值"之外还有一个"普世价值"本身吗？这种随意设定批判目标的做法不是学术的、科学分析的做法。只会造成批判者随心所欲，被批判者朦胧恍惚，旁观者犯迷糊。

第三，结论缺乏科学根据。"陈文"认为"普世价值论的哲学基础有二：一是抽象人性论……二是形而上学的价值不变论……"据笔者了解，长期以来谈论普世价值的人和著作很多，但专著不多。"普世价值"是市民社会人道主义思潮的内容，在文艺复兴、资产阶级民主运动发挥重大作用。"普世价值"与"人性论"都曾是资产阶级反对封建统治、民族文化的有力武器。但这并不应该成为否定普世价值、人性论的理由，相反，我们应本着实事求是的原则，历史的、客观的认真研究普世价值、人性论这样一些问题。

普世价值的哲学理论基础是抽象人性论吗？这个问题作为理论问题是可以和应该研究的。但西方倡导和推崇普世价值的哲学家、理论家、思想家很多，普世价值的哲学理论基础并不只是抽象人性论和价值不变论，这是一定的，把普世价值的哲学基础只归为抽象人性论和价值不变论似乎过于轻率，缺少学理上的历史资料的有力支撑。

否定普世价值，肯定社会主义核心价值，在这二者之间存在着一个普遍性的、在理论和实践上都有重大作用的价值"空场"，这个"空场"的当然"填充物"只能是"普遍价值"，这是唯物史观的必然结论，也是高扬社会主义核心价值所必须。

On the Universal Value

—— A Discussion with Professor Chen Xianda

Dong Jinqian

Abstract：In many of his classical works, Marx expounds his standpoint of "human existence in the world history", affirming that "the universality" of human practice shares "the common form" with social consciousness, and that there is "common interest" between reality and the perceptual world. And that provides a solid foundation for the legitimacy of the existence of universal values. The universal value substantively differs from the general world values in both form and content. The universal value is objectively realistic and practically significant.

Key words： the universal value；general world values；value consensus

《新华文摘》2010 年第 16 期"论点摘编"

《普遍价值的理论和实践基础》

董晋骞在《辽宁大学学报》2010 年第 3 期撰文指出，"普遍价值"是指一些相对的，被大多数人们所认同的价值观念的集合，它可以在具体的良知和理性所认同的价值观念的基础上超越地域、宗教、国家、民族。普遍价值在形式和内容上与"普世价值"有根本区别。并且"普世价值"名称带有浓厚的宗教"救世"色彩，所以笔者认为，从概念的明晰和防止人们理性"虚妄"犯错误的角度出发，应大力倡导"普遍价值"。用"普遍价值"替代"普世价值"，强调"普遍的"价值，这在马克思主义研究中是有文本依据的。马克思恩格斯在《德意志意识形态》中肯定"普遍的东西"不仅"存在于观念之中"，而且"存在于现实之中"。马克思等在《共产党宣言》《德意志意识形态》《1844 年经济学哲学手稿》等经典著作中从其哲学存在论"人的世界历史性存在"的根本立场出发，从物质生产的普遍性、人的感性活动的"共同性"和社会意识的"共同形式"等方面肯定"普遍价值"的存在。人们的实践的共同性为社会意识的共同性、普遍性和普遍价值的存在提供了根本的坚实的基础。普遍价值的存在是一种客观的现实的历史的事实，它是社会保持稳定，构建和谐社会与人生的价值基础。我们不赞成将普遍价值绝对化的倾向。这种将普遍价值绝对化的倾向表现为两种截然相反、实质相似的现象：一种是将普遍价值绝对性的肯定；另一种是将普遍价值绝对性的否定。这两种现象在理论和实践上都是无益的。普遍价值问题在以往马克思主义研究中被严重"遗漏"和"遮蔽"了。

中国人民大学书报资料中心《哲学原理》2010. 9 "争鸣"

论普遍价值

——与陈先达先生商榷

【摘要】马克思在其许多经典著作中从"人的世界历史性存在"立场出发，肯定了人的实践的"共同性"和社会意识的"共同形式"，肯定现实感性的"共同的利益"的存在。为普遍价值存在的合法性提供了坚实的基础。普遍价值在形式和内容上都与"普世价值"有根本区别。普遍价值具有客观现实性和重大现实意义。

【关键词】普遍价值；普世价值；价值共识

【作者简介】董晋骞，男，辽宁大连人，辽宁大学哲学与公共管理学院教授，硕士生导师，主要研究方向：马克思主义哲学（辽宁 沈阳 110036）。

【原文出处】《辽宁大学学报》：哲学社会科学版（沈阳），2010. 3. 10～15

【基金项目】辽宁省社科联 2008 年项目"论实践与科学实践"；辽宁省宣传文化系统"四个一批"人才培养项目"从实践到科学实践的发展"。

　　"普遍价值"是指一些相对的，被大多数人们所认同的价值观念的集合，它可以在具体的良知和理性所认同的价值观念的基础上超越地域、宗教、国家、民族。普遍价值在形式和内容上与"普世价值"都有根本区别。并且"普世价值"名称带有浓厚的宗教"救世"色彩，所以笔者认为，从概念的明晰和防止人们理性"虚妄"犯错误的角度出发，应大力倡导"普遍价值"。用"普遍价值"替代"普世价值"，强调"普遍的"价值，这在马克思主义研究中是有文本依据的。马克思恩格斯在《德意志意识形态》中肯定"普遍的东西"不仅"存在于观念之中"，而且"存在于现实之中"。马克思等在《共产党宣言》《德意志意识形态》《1844年经济学哲学手稿》等经典著作中从其哲学存在论"人的世界历史性存在"的根本立场出发，从物质生产的普遍性、人的感性活动的"共同性"和社会意识的"共同形式"等方面肯定"普遍价值"的存在。人们的实践的共同性为社会意识的共同性、普遍性和普遍价值的存在提供了根本的坚实的基础。普遍价值的存在是一种客观的现实的历史的事实，它是社会保持稳定，构建和谐社会与人生的价值基础。我们不赞成将普遍价值绝对化的倾向。这种将普遍价值绝对化的倾向表现为两种截然相反、实质相似的现象：一种是将普遍价值绝对性的肯定；另一种是将普遍价值绝对性的否定。这两种现象在理论和实践上都是无益的。普遍价值问题在以往马克思主义研究中被严重"遗漏"和"遮蔽"了。

一、普遍价值存在的文本依据

　　世界上究竟有没有普遍价值？这些普遍价值存在的学理合法性和现实合理性在哪里？作为人类历史上最伟大的思想家的马克思恩格斯等经典作家一定会关注和研究这些问题。

　　马克思和恩格斯在《共产党宣言》中说："各个世纪的社会意识，尽管形形色色、千差万别，总是在某种共同的形式中运动的，这些形式，这些意识形式，只有当阶级对立完全消失的时候才会完全消失。"马克思恩格斯在这里提出了两个重要思想：第一，人类各个历史时期的社会意识是有差别的，存在着对立的；第二，这种"千差万别"的社会意识是在"某种共同的形式中运动"的。这种"共同的形式"思想对于理解马克思恩格斯肯定普遍价值的存在具有重要意义。

价值是反映人与自然、人与社会、人与人之间的意义关系的。它的本质不是客观规律绝对性的真；它的本质是善，是人们关于善的判断。普遍价值的定义可以有许多种，但其核心是承认和肯定价值具有一般善的属性和相对普遍性。普遍价值与价值的普遍性有联系，但也有区别，价值的普遍性是指任何价值只要它具有合理性、科学性，它就具有与其属性相适应的适用范围，这种适用范围当然超过人们有限的经验局限，而上升到理性范畴，从而获得理性超越意义上的普遍性。换言之，任何一种价值的合理性、科学性越多越大，它的普遍性也就越大；反之亦然。但这种价值的普遍性是针对价值的内容和应用、价值的价值评价而言的。与我们这里所说的普遍价值是根本不同的。普遍价值是对于价值本身的一种规定，是对于各个不同价值形状之间有无共通性和联系关节点，能否相互联系、相互借鉴吸收、相互促进发展的一种认知和确定，因而具有本体的，理性思维上的意义。离开了哲学理性思维意识，离开思维与存在根本关系的前提是无法研究普遍价值问题的。笔者认为，马克思恩格斯这里所说的"共同的形式"，正是建立在思维与存在关系的哲学意义上的。

显然，马克思恩格斯这里所说的"共同的形式"是指"社会意识"的"共同的形式"，不是社会物质、物质生产的共同形式，按照马克思恩格斯所创立的唯物史观的基本原理，包括哲学、价值在内的人类精神生产都有社会意识性，都属于社会意识。社会意识具有"共同的形式"是指各式各样的社会意识在各个不同的历史发展阶段中相互之间具有一些相同、相通、相似的属性特征或诉求。马克思恩格斯认为这种社会意识的共同形式不仅在人们的经验中，在实际生活中可以得到验证，而且在理论上也得以确认。

要在理论上证明普遍价值，只有运用马克思恩格斯所创立的唯物史观的基本原理才能做到。马克思恩格斯的《德意志意识形态》是马克思主义哲学的奠基经典。其中主要从六个方面为我们提供普遍价值存在的依据。这就是：第一，人的感性活动（"实践"）的共同性；第二，社会关系相互依存在的共同性；第三，社会意识产生于人们的物质交往和语言交流；第四，普遍价值的本质是"对人类历史发展的观察中抽象出来的最一般的结果的综合"（马克思恩格斯语）。第五，普遍价值在形式上有"共同"性，在内容上则是"共同的利益"。马克思恩格斯确认"这种共同的利益……存在于观念之中，而且首先……存在于现实之中"。真、善、美具有普遍价值，它们不仅具有"共同的形式"，而且具有"共同的利益"，像一加一等于二那样的科学知识，人的生命权、扬善惩恶，自然风光，诗情画意都具有普遍价值，这是从马克思主义研究普遍价值时所必须面对的"事情本身"。第六，普遍价值具有现实性、历史性。"这些抽象本身离开了现实的历史就没有任何价值。"（马克思恩格斯语）除了《德意志意识形态》《共产党宣言》外，在《1844年经济学哲学手稿》中也都包含着许多普遍价值的丰富思想。

二、普遍价值的基础是"共同的"实践活动

研究普遍价值最重要的还是社会实践的共同性问题。马克思恩格斯批评费尔巴哈"没有把感性世界理解为构成这一世界的个人的共同的、活生生的、感性的活动"。在这里，"感性世界"的"感性的活动"就是实践。这在学界是共识。这里的关键是"感性世界"的"感性的活动"用了3个重要语词标识出3个重要规定："个人的""共同的""活生生的"。"活生生的"表明实践的感觉性和具体性；"个人的"是唯物史观的重要原则。"这里所说的个人不是他们自己或别人想象中的那种个人，而是现实中的个人，也就是说，这些个人是从事活动的，进行物质生产的，因而是在一定的物质的、

不受他们任意支配的界限、前提和条件下能动地表现自己的"；而"共同的"则是文本上早就有，但一直没有得到足够的注意的关键规定性。一个不争的事实是"共同的"与"个人的""活生生的"并列，说明实践不仅具有"个人性""活生生性"，还具有"共同性"。而这种共同性的地位、作用和意义是与个人性、活生生性等量齐观的。这种"共同性"与马克思、恩格斯在《共产党宣言》中提出的社会意识具有"共同的形式"存在着客观必然的联系。但比"共同的形式"更基本、更本源，因为社会意识的共同形式毕竟是第二性的，社会实践才是第一性的、本源的、根本的。社会实践的共同性决定社会意识的共同形式，这是唯物史观的基本原则。社会实践的共同性包括实践主体的共同性、实践过程的共同性、实践结果的共同性；包括人与自然关系的共同性和人与社会、人与人关系的共同性；包括实践的、过去的、当下的和未来的共同性。

马克思在《1844 年经济学哲学手稿》提出"异化劳动"（实践）的基本属性（"它的第三个规定"）之一是劳动的普遍性和自由性："人把自身当作现有的、有生命的类来对待，当作普遍的因而也是自由的存在物来对待。……人比动物越有普遍性，人赖以生活的无机界的范围就越广阔。"人与动物的根本区别是劳动，人的劳动与动物的劳作的差别在于人的劳动具有普遍性，因而是自由的。动物是为了种的生存延续而劳作；而人不仅为了自身个体，也为了类的生存发展而劳动：人在劳动中不仅使自身获得了实践的普遍性，而且使劳动的对象、劳动的过程都具有普遍的意义。"动物只生产它自己或它的幼仔所直接需要的东西，动物的生产是片面的，而人的生产是全面的；动物只是在直接的肉体需要的支配下生产，而人甚至不受肉体需要的支配也进行生产，而且只有不受这种需要的支配时才进行真正的生产；动物只生产自身，而人再生产整个自然界；动物的产品直接同它的肉体相联系，而人则自由地对待自己的产品……正是在改造对象世界中，人才真正地证明自己是类存在物，这种生产是人的能动的类生活。""能动的类生活"表明人们现实生活的普遍性、自由性是一种本质性的规定和根本特性。"作为包括全部生活的一个本质的、重要的差别而存在……在这些形式的规定内，劳动还具有表面上的社会意义，实际的共同体的意义。"无论是"社会意义"，还是"实际的共同体的意义"，马克思都肯定了劳动在客观的社会的存在中，在形式上具有社会性，在内容上具有"共同体"属性，即劳动的共同体或共同劳动。"共同性只是劳动的共同性以及由共同的资本即为普遍的资本家的共同体支付的工资的平等。相互关系的两个方面被提高到想象的普遍性的程度：劳动是每个人的本分，而资本是共同体的公认的普遍性和力量。"这段话的内容包括：第一，劳动的共同性或共同劳动是客观存在的；第二，这种共同劳动具有普遍性；第三，这种共同劳动造成劳动成为个人的本分和普遍的资本家；第四，在市民社会和私有制下，资本是这种劳动共同体的普遍代表和决定力量。只有在确定了劳动的共同性、实践的共同性的基础上才能真正确认普遍价值的合法性存在。不仅如此，在马克思哲学的存在论思想，"人的世界历史性存在"也包含着社会实践的共同性的思想："整个所谓世界历史不外是人通过人的劳动而诞生的过程。"劳动的普遍性、人的普遍性的根据就在于"全部人的活动迄今都是劳动"，"工业的历史和工业的已经产生的对象性的存在，是一本打开的关于人的本质力量的书，是感性地摆在我们面前的人的心理学"。

社会实践的共同性决定了社会关系的共同性。这种社会关系共同性的突出表现是"相互依存关系"，即依存上的不可或缺性。"人不仅生产出他同作为异己的、敌对的力量的生产对象和生产行为的关系，而且生产出其他人同他的生产和他的产品的关系，以及他同这些人的关系。"而随着社会生产力发展，科技进步、人类文化文明的不断发展，"他者"的意义日益突出，包括他者在内的社会关系的共同体属性也日益为学界所重视。

三、普遍价值的形式与内容

普通价值存在的合法性的关键是确认社会意识的普遍性。也就是马克思、恩格斯所说的"普遍的存在":"我的普遍意识不过是以现实共同体、社会存在物为生动形式的那个东西的理论形式,而在今天,普遍意识是现实生活的抽象,并且作为这样的抽象是与现实生活相敌对的。因此,我的普遍意识的活动本身也是我作为社会存在物的理论存在。"如何理解马克思提出的"我的普遍意识的活动本身也是我作为社会存在物的理论存在"这一重要命题。这个命题是理解普遍价值的关键,因为文本的根据代表不了学理的分析。首先,唯物史观的基本原则是"意识在任何时候都只能是被意识到了的存在,而人们的存在就是他们的实际生活过程"。马克思哲学存在论不是"唯心主义者所认为的……想象的主体的想象的活动",也不是直观唯物主义者那样"僵死事实的搜集"。作为马克思哲学存在论的"理论存在"的"出发点是从事实际活动的人"。所谓"理论存在"当然不是经验存在,而是理论思维意义上的哲学存在,是形而上的存在,是以牺牲时间先在的因果自然律为代价的逻辑先在的存在。马克思所创立的唯物史观认为,这种"理论存在"的解释原则就是"当作人的感性活动,当作实践去理解"。"理论存在"本身就是"普遍意识的活动本身"。这种普遍意识的活动的出发点当然仍然是"人的感性活动""实践"。只有把实践当成普遍意识、普遍价值的基础,才可能揭示普遍意识、普遍价值之谜。这种"理论存在"所揭示的内容只能是"社会存在物"。马克思确认了社会存在物的"有"性或存在性,并进一步确认了这种社会存在物的可知性、可以被人用"理论"的方式所掌握。更重要的是马克思对于存在、存在物和理论存在的社会根本属性的确认,所谓社会性在唯物史观那里就是实践性、现实性、革命性,也就是科学性、真理性。

其次,"我的普遍意识的活动本身也是我作为社会存在物的理论存在"的论断表明:第一,普遍意识及其普遍价值作为"社会意识"是社会存在的"必然升华物",是"生活过程在意识形态上的反射和回声的发展",第二,普遍意识及其普遍价值具有意识形态性，"是从对人类历史发展的观察中抽象出来的最一般的结果的综合……绝不提供可以适用于各个历史时代的药方或公式"。以往人们对于普遍价值有一个误解：以为只要肯定或否定普遍价值，就可以解释现实中的问题。更可怕的是当这种解释被抽象化和绝对化之后，其危害就不是学理性的，而是理论的和实践的两重损害。笔者认为，普遍价值在形式上存在着"共同的形式"，在内容上存在着"共同的利益"。"共同的形式"与"共同的利益"的辩证统一构成普遍价值的存在合法性。普遍价值的基础就是人的共同的实践或共同劳动。

普遍价值的背后是"共同的利益"。共同利益是普遍价值的内容。因此，凡是绝对地否定普遍价值的理论须无例外地否定共同利益的存在。我们反对绝对的否定共同利益和普遍价值，特别是以抽象的形而上学的方式否定普遍价值，也反对绝对地肯定普遍价值、企图以普遍价值替代具体价值、代替对价值的具体分析。就像利益可以分为"特殊利益""个别利益""公共利益""共同利益"一样，价值也分为"个别价值""社会价值""具体价值"和"普遍价值"等。共同利益作为普遍价值的内容制约决定着普遍价值的形式。

"这种共同的利益不是仅仅作为一种'普遍的东西'存在于观念之中，而且首先是作为彼此分工的个人之间的相互依存存在于现实之中。"第一，这种共同利益不是以往理论思想家所谓的抽象利益。这种共同利益存在于人们之间的生产关系、社会关系之中，是一种关系存在。离开了现实的生产关系、社会关系，就不存在这种共同利益。第二，这种共同利益是各种现实的利益矛盾冲突的结果。"由于私人利益和公共利益之间的这种矛盾，公共利益才以国家的姿态而采取一种和实际利益（不论是单个的还是共同的）脱离的独立形式，也就是说采取一种虚幻的共同体的形式。"现实的利益矛盾冲突也是各阶级、各阶层、各国家、各民族矛盾冲突的主要内容。各阶级、各阶层、各国家、各民族都会有自己的"特殊利益"，"这些特殊利益始终在真正地反对共同利益和虚幻的共同利益，这些特殊利益的实际斗争使得以国家姿态出现的虚幻的'普遍'利益对特殊利益进行实际的干涉和约束成为必要"。第三，共同利益可以构成"利益的共同体的形式"。这种利益的共同体使国家及国家机器的存在成为必要和可能，并可使国家在一定程度上"实际的干涉和约束成为必要"。正是由于共同利益的这种作用，使得普遍价值不仅在国家内部的和国家之间的存在和提倡成为可能，而且在现实的意义上，国家的或国家之间的、各地区的、各民族的普遍价值不仅是必要的，而且是必需的。

而对于已经成为统治阶级的无产阶级而言，承认并且正确运用这种唯物史观意义上的共同利益、普遍价值十分重要。第一，无产阶级有必要把自己的思想"赋予""普遍性的形式"。"事情是这样的，每一个企图代替旧统治阶级的地位的新阶级，为了达到自己的目的就不得不把自己的利益说成是社会全体成员的共同利益，抽象地讲，就是赋予自己的思想以普遍性的形式，把它们描绘成唯一合理的、有普遍意义的思想。"中国共产党在进行新民主主义和社会主义革命时，总是不失时机地肯定各种具体的普遍价值，如在新民主主义时期提倡的反帝反封建；在社会主义初级阶段提倡的民主、爱国、团结、和谐等，都是一种具体的普遍价值。第二，无产阶级有必要把自己"作为全社会的代表"，从而也使自己成为全社会普遍价值的代表。无产阶级"从一开始就不是作为一个阶级，而是作为全社会的代表出现的；它俨然以社会全体群众的姿态……它之所以这样做，是因为它的利益在开始时的确同其余一切非统治阶级的共同利益还有更多的联系"。换言之，无产阶级不仅在共同利益上而且在普遍价值上同其他社会成员存在着更多的联系。

四、拒斥将普遍价值说成"价值共识"

肯定普遍价值并不等于肯定"普世价值"。恰恰相反，在严格准确地学理意义上，"普遍价值"与"普世价值"是有区别的，是不能混淆的。把普遍价值说成普世价值在理论上就丧失了唯物史观的党性原则，并且造成人们思想理论上的混乱。这种作法在实践上也是有害的，它把无产阶级的人类解放事业贬低到封建的和资产阶级民主主义革命的水平。普世价值在内容上无法包含普遍价值的丰富的时代的新鲜内容，在形式上又带有浓厚的宗教"救世""赎世"色彩，是应该被废弃的。

同时，我们也反对把普遍价值硬说成是"价值共识"等作法。笔者认为陈先达先生（参见"陈文"）想用"价值共识"替代普世价值的初衷并没有成功。原因在于普遍价值、普世价值等是关于价值本身的一些根本规定性，而价值共识是人们对价值的认识的一些共相，二者不能互相替代。

第一，"价值共识"等于对价值的共同认识，只属于认识论。通读"陈文"，感到其论证"价值共识"心有余力而语焉不详，感到其总和"普世价值"纠缠在一起，分辨不开。究其原因，我认为是"陈文"的"价值共识"的概念有问题。其中，最致命的是它把"普遍价值"这样的客观的"普遍的东西"概念降低到了关于人的认识活动的认识论的水平。

陈先达先生的"价值共识"是属于认识论范围内的。"价值共识……是在人类文明进步中，在各民族文化交流中逐步形成的对某些基本价值的认可。"换言之，"价值共识"是对"价值"的认可和肯定，价值共识不能脱离人们的认识，它只是对于人们在价值研究和德性实践活动中所达成的某些共同认识，即价值共识等于对价值的共同认识认可。因此，它属于认识论，属于人们的认识活动领域。主要是认识主体和认识过程。表现的是人们在认识价值时可能达成的一些共识。这样一来，"价值共识"涉及的只是人们对价值的认识活动，与价值的存在与否无关。价值和普遍价值等是关于价值本身的一些基本规定和根本属性，而价值共识则是人们对价值的认识活动中形成的一些"共相"。因此，"陈文"想用"价值共识"替代"普世价值"的初衷是不可能成功的。

第二，基本概念意义不清。首先是对"普世价值"和"价值共识"两个最基本的概念的定义就造成了混乱。"陈文"说"价值共识可以具有一定程度上的普遍性，而普世价值似乎是人人都应该认同的一种价值共识"。概念是一种判定，概念定义中不应出现"似乎"类的或然性词句，"似乎"是人感觉表象阶段的属性，还没有上升到概念，并且不能用"价值共识"去规定"普世价值"。"陈文"的中心思想是肯定"价值共识"，反对"普世价值"，但却又用"价值共识"去规定"普世价值"。这只会造成逻辑上的混乱和思想上的"抽象共相"，类似的错误在陈文中还有很多，如"价值共识的范围则可大可小，共识的程度可高可低，并且价值共识作为一种理论承诺，和它的实际状况并不都吻合"。既然"价值共识"的外延"可大可小""可高可低"，那它就是一种随意性或主观任意性，是真真正正的"幻相"。这样来规定"价值共识"简直形同儿戏。

还有如"抽象的绝对的普世价值……"提法，难道还有不抽象的相对的普世价值吗？难道在"抽象的绝对的普世价值"之外还有一个"普世价值"本身吗？这种随意设定批判目标的做法不是学术的、科学分析的做法。只会造成批判者随心所欲，被批判者朦胧恍惚，旁观者犯迷糊。

第三，结论缺乏科学根据。"陈文"认为"普世价值论的哲学基础有二：一是抽象人性论……二是形而上学的价值不变论……"。据笔者了解，长期以来谈论普世价值的人和著作很多，但专著不多。"普世价值"是市民社会人道主义思潮的内容，在文艺复兴、资产阶级民主运动发挥重大作用。"普世价值"与"人性论"都曾是资产阶级反对封建统治、民族文化的有力武器。但这并不应该成为否定普世价值、人性论的理由，相反，我们应本着实事求是的原则，历史的、客观的认真研究普世价值、人性论这样一些问题。

普世价值的哲学理论基础是抽象人性论吗？这个问题作为理论问题是可以和应该研究的。但西方倡导和推崇普世价值的哲学家、理论家、思想家很多，普世价值的哲学理论基础并不只是抽象人性论和价值不变论，这是一定的，把普世价值的哲学基础只归为抽象人性论和价值不变论似乎过于轻率，缺少学理上的历史资料的有力支撑。

否定普世价值，肯定社会主义核心价值，在这二者之间存在着一个普遍性的、在理论和实践上都有重大作用的价值"空场"，这个"空场"的当然"填充物"只能是"普遍价值"，这是唯物史观的必然结论，也是高扬社会主义核心价值所必需的。

On the Universal Value：A Discussion with Professor Chen Xianda

Dong Jinqian

Abstract：In many of his classical works，Marx expounds his standpoint of "human existence in the world history"，affirming that "the universality" of human practice shares "the common form" with social consciousness，and that there is "common interest" between reality and the perceptual world. And that provides a solid foundation for the legitimacy of the existence of universal values. The universal value substantively differs from the general world values in both form and content. The universal value is objectively realistic and practically significant.

Key words：the universal value; general world values; value consensus

论普遍价值的基础*

——马克思共同实践思想研究

　　摘要：马克思、恩格斯提出的"共同活动方式就是生产力"的命题不仅是马克思共同实践思想的重要内容，也是唯物史观的基本观点，但这一重要思想却被学界长期忽视。什么是"共同的"活动方式？如何认识"共同的"实践活动：这些基本问题对于全面深入理解马克思的普遍价值思想是十分重要的。在马克思自己的诸多著作中，马克思反复强调指出人的感性活动即实践是"共同的"，即人的实践具有"共同性"。这种"共同的"实践内容应包括现实世界实践关系的共同性、人类生产生活的共同性、人的形而上存在的共同性以及人的世界性和历史性的存在的共同性。明确实践活动的共同性也就是肯定实践法则具有共同性。马克思的"共同实践"思想为普遍价值奠定了基础，是对传统哲学关于抽象的理性或感性共同性的彻底翻转。通过理解"共同实践"可以在理论和实践上加深对普遍价值的认识，可以树立真正的"普遍价值观"，批判"普世价值"，反对将价值问题狭隘化或绝对化。

一、马克思的共同实践思想为普遍价值奠基

　　"共同活动方式"也就是共同实践内容和共同实践方式。共同实践问题在学理上就是实践的共同性问题，这个问题是马克思哲学的基本问题。它关涉到对马克思共同实践思想的基本理解，以及对

　　* 本文最初发表在《辽宁大学学报》2011 年第 5 期

实践准则和唯物史观的根本解释，也关涉到如何开启实践共同性的视域。这个问题制约着人们是否承认普遍价值的存在，如何抑制"普世价值"思潮，避免将价值问题狭隘化、绝对化，如何确定实践的客观标准等。

马克思、恩格斯在《费尔巴哈》中提出了"共同的实践"问题。马克思说："一定的生产方式或一定的工业阶段始终是与一定的共同活动的方式或一定的社会阶段联系着的，而这种共同活动方式本身就是生产力。"① "共同活动方式就是生产力"是马克思哲学的重要思想，是唯物史观的重要内容。这个命题在存在论的意义上不仅凸显人的现实存在的"活动"，即实践的能动性；也彰显人的现实存在的"共同"性，即人类实践的共同性和相对共同的实践准则。并在"方式"方法论的逻辑意义上肯定了生产力具有普遍性和理性结构。而"共同的活动"又是共同活动方式的基础和理论内容。关于"共同的活动"马克思在同一著作中进一步指出：费尔巴哈"把人只看作是'感性的对象'，而不是'感性的活动'……从来没有把感性世界理解为构成这一世界的个人的共同的、活生生的、感性的活动"②。很明显，1972 年版的《马克思恩格斯选集·第一卷》在翻译上述这段话时存在着思想思维和语言逻辑上的错误：在"个人的"之后应有"顿号"，而在"共同的"之后应是"逗号"或"分号"。细读译文，从思想逻辑和思维层次上看，"个人的"与"共同的"相对应，"活生生的"与"感性的"相对应，在语言方式和表达逻辑上，"个人的共同的"与"活生生的、感性的"是两组相对独立的逻辑对应关系组合。换言之，"个人的"之后缺少"顿号"显然在阐释理解上存在瑕疵、表述得不准确。而"共同的"之后"顿号"应改为"逗号"或"分号"。这当然要有原文本和进行语言逻辑分析之后才能得出的结论。

---

① 《马克思恩格斯选集》第 1 卷，人民出版社 1972 年版，第 34 页。
② 同上，第 50 页。

费尔巴哈肯定感性存在，黑格尔强调精神异化的活动，马克思哲学则从现实的个人出发，以实践（感性活动）标识自己的新哲学。在这里，马克思为实践确定了四个方面的规定性："个人的""共同的""活生生的"和"感性的"。过去人们多从马克思哲学与黑格尔哲学和费尔巴哈哲学的区别上着重研究和强调实践的"个人的""活生生的""感性的"方面；忽略和放弃了对于实践的"共同的"方面的研究，实践的共同性问题实际上被严重"漏读"和"忽视"了。

既然"共同活动方式就是生产力"，"共同活动方式"也就成为马克思唯物史观的基本概念，也是唯物史观的基本内容，由于生产力、生产方式被马克思确定为是革命的能动的因素，属于马克思哲学存在论的主构件。与其相联的共同活动方式也具有了革命的、能动的、感性的、客观社会存在的规定性和特性。

学习德国古典哲学和马克思哲学的人知道，马克思恩格斯的《费尔巴哈》是他们《德意志意识形态》的主要卷章，是对于费尔巴哈哲学等德国古典哲学的专门批判。费尔巴哈哲学是一种"爱的哲学"，强调"类"，把人的本质"理解为一种内在的、无声的，把许多个人纯粹自然地联系起来的共同性"。针对费尔巴哈的错误，马克思强调唯物史观的出发点是"现实的个人"。因此，"个人"与"共同"是逻辑对立关系，表明了马克思哲学与费尔巴哈哲学的重要差别。马克思所说的"活生生的"本意是"能动的"，指新的实践辩证法，而"感性的"明显是与"活生生的"相对立的无生气的感性质料，是对以费尔巴哈为代表的直观唯物主义底蕴的指称。至此，我们在理解马克思对于费尔巴哈直观唯物主义和黑格尔唯心辩证法的辨析批判中，凸显的是马克思以实践为基础，以共同的、个人的、活生生的、感性的"活动"为底蕴标识的"新哲学"。"这种活动、这种连续不断的感性劳动和创造，这种生产是整个现有感性世界的非常深刻的基础。"① "共同活动方式"或实践的共同性问题十分重要。

既然在存在论的意义上存在着共同实践，就存在着共同实践关系。价值在一般意义上是一种价值关系，人与人之间、人与外部世界之间的关系构成价值的基本关系。共同实践的共同性、共同实践关系的共同关系，使得实践也具有价值关系。共同价值关系的存在论思想，马克思用"共同活动方式"加澄明。其意义是巨大的。

二、共同实践活动方式是一种存在论结构

普遍价值的基础是共同实践。普遍价值的问题是存在论意义上的问题。普遍价值必须深入到共同实践的存在论方式之中。因此，有必要对共同实践的内在关系进行进一步研究。

共同实践即共同的感性活动，"共同的活动"和"共同活动方式"，这两个概念是马克思实践哲学即现实人的感性活动思想的重要认识，是对于实践的一种新的领悟。"共动""共同的活动"；"共同活动方式""共动方式"；"共同实践"都是强调实践或人的感性活动具有相对共同性、实践的法则具有相对共同性。在理论建构上，都属于马克思哲学的存在论结构。

首先，"共同的活动"以"共同的个人"为基础。"现实的个人"是《德意志意识形态》的哲学出发点。"我们的出发点是从事实际活动的人……从现实的、有生命的个人本身出发"，"从事实际活动的个人"具有相对的共同性。在哲学存在论的视域内，马克思把这种"共动"的个人定义为"世界历史性的存在"，这种"世界历史性存在"的个人也就是"共动"的个人。而个人实践的共同性体现出历时的和共时的维度，形成一个现实的综合多维结构："共时"的是"世界"的方面，即个人实践的共同性在于个人的"世界性"；"历时"的是"历史"的方面，即个人的共同性在于个人的

---

① 《马克思恩格斯选集》第 1 卷，人民出版社 1972 年版，第 49 页。

"历史性"。个人实践的共同性所包括的世界性和历史性又是"共时"的，在逻辑上是同时发生的。并且在逻辑上个人实践共同性的世界性与"地域性"相对立，是对个人实践"地域性"的克服；个人实践共同性的历史性"一开始就表明了人们之间是有物质联系的。这种联系是由需要和生产方式决定的"①。所以马克思的结论就是"各个个人的世界历史性的存在就意味着他们的存在是与世界历史直接联系的"②。而真正的"共动"个人的世界历史性存在在马克思看来要有两方面的基本联系，一是与物质、与社会现实生产力相联系；二是与社会变革、与人类解放承诺相联系。在马克思哲学和其所创立的唯物史观视野上，"共动的对象""共动的生产""共动的生活""共动的利益"都属于"共同活动方式"，都属于生产方式，都与"共动的个人"紧密相联，"费尔巴哈……把人只看作是'感性的对象'，而不是'感性的活动'"③，因而人们所谓的对象、生产、生活和利益都具有共同属性，在唯物史观视野中，这种共同活动方式的底蕴是"连续不断的感性劳动和创造"，即"物质生产"。由于具有初始性，这种"共同的活动"也是"共同的个人"的历史活动。"第一个历史活动就是生产满足这些需要的资料，即生产物质生活本身"④，"生命的生产——无论是自己生命的生产（通过劳动）或他人生命的生产（通过生育）——立即表现为双重关系：一方面是自然关系；另一方面是社会关系。社会关系的含义是指许多个人的合作"⑤。即共动性的关系性。

马克思强调"共同活动方式"的特性是这种"共动方式"要在"自然关系"和"社会关系"的"双重关系"中存在，是关系性的共动方式。并且"社会关系的含义是指许多个人的合作"，而"个

---

① 《马克思恩格斯选集》第 1 卷，人民出版社 1972 年版，第 30～34 页。
② 同上，第 41 页。
③ 同上，第 50 页。
④ 同上，第 32 页。
⑤ 同上，第 34 页。

人"的现实性本质"是一切社会关系的总和",而"个人"的现实性本质"是一切社会关系的总和"。因此，个人、社会关系、共动方式三者之间具有一种复式逻辑结构。这个复式逻辑结构的要素是"现实的个人，也就是说，这些个人是从事活动的，进行物质生产的，因而是在一定的物质的、不受他们任意支配的界限、前提和条件下能动地表现自己的"①。"共同活动方式"的个人，即进行生产和生产物质生活本身的个人。个人的现实性是个人的一般规定性，是个人的实在属性，是对于个人存在的规定性的确证；活动的个人是现实的个人的具体存在形式，现实的个人表现为活动的个人，即从事劳动、进行具体生产的个人，现实的个人具有普遍性，活动的个人具有生命和能动性，获得活生生的个体的存在合法性，现实的个人在逻辑上没有成为活动的个人之前是空虚和片面抽象的；现实的个人只有成为活动的个人，劳动或生产的个人才是真正存在意义上的现实的个人，才具有真正的现实性。对于马克思而言，个人的真正现实性不是抽象的现实性，而在于个人的关系性（包括自然与社会"双重关系"）及这种关系性始基而来的历史性。当然马克思看到了个人的"合作"关系是其社会关系的另一种表现。因此，"共动方式"或"共同活动方式"是"关系"方式。"凡是有某种关系存在的地方，这种关系都是为我而存在的；动物不对什么东西发生'关系'，而且根本没有'关系'；对于动物说来，它对他物的关系不是作为关系存在的。"② 马克思认为只有人，只有现实的个人才会有关系，才是关系存在，动物或自然界其他事物只是自然存在，它们不具有关系，不是关系存在，关系只为人，为"我"、为现实的个人存在。动物或自然界其他事物只有在实践中与人的感性活动发生关系才转为客观存在，"为我而存在"。因此，社会关系在马克思哲学中具有本源性和基础性的根本意义价值，具有哲学的普遍性

① 《马克思恩格斯选集》第 1 卷，人民出版社 1972 年版，第 30 页。
② 同上，第 35 页。

和一般意义。

马克思认为，正是这种现实性"双重"关系及其关系性规定从根本上决定了这种"共动方式"的相对共同性。存在于这种现实社会性"关系"中的"共动方式"的构成因素："个人""对象""生产""生活""利益"等才必然的不可避免地具有了相对共同性的特性，才成为"共同的个人""共同的对象""共同的生产""共同的生活""共同的利益"。其中"共同的个人"是马克思哲学的出发点。而个人的相对性和共同性有一个现实基础，这就是"以一定的方式进行生产活动的一定的个人，发生一定的社会关系和政治关系"①。这是理解"共同活动方式"或"共动方式"的根本底蕴。

共同活动方式所包含的共同的个人、共同的对象、共同的生产、共同的生活和共同的利益等都是马克思唯物史观的重要现实内容。马克思在《费尔巴哈》中进一步研究了共同活动方式及其内容的普遍性问题。马克思认为，"共同活动本身不是自愿地而是自发地形成的"，共同活动是自发的，是客观的，更主要的是"不同个人的共同活动产生了一种社会力量，即扩大了的生产力"，人类的基本活动是生产（生殖与劳动），是生产力；而人的共同活动是"扩大了的生产力"，马克思在这里充分肯定了这种"不同个人的共同活动"对于生产力的积极作用和对于生产力发展的促进作用，在唯物史观哲学意义上肯定了人的感性活动或实践的共同性的合理性和本体论意义上的合法性，找到了实践共同性的现实基础，揭示出实践法则的共同性与生产力之间的必然联系。不仅如此，"扩大了的生产力"也就是生产力的普遍发展，而普遍发展的生产力，才使得人们之间的普遍交往成为可能。"随着生产力的这种普遍发展，人们之间的普遍交往才能建立起来。"② 马克思构建了一个关于共同活动方式普遍性的严密论证结构：自发的共同活动→生产力→不同

---

① 《马克思恩格斯选集》第1卷，人民出版社1972年版，第29页。
② 同上，第239页。

个人的共同活动→扩大了的生产力→生产力的普遍性（生产力的普遍发展）→生产关系的普遍性（人们之间的普遍交往）→人的世界历史性存在。这是一个逐次上升的逻辑发展结构。把这个逻辑结构与共同活动方式的因素：个人、对象、生产、生活、利益等联系在一起，我们就会发现马克思"共同活动方式"理论是一个现实的开放的存在论结构。其中，一直被忽略和被"遗忘"的共同活动方式的普遍性问题、人的感性活动（实践）的共同性问题和实践法则的共同性问题等都是十分重要的。

马克思认为，"共同的个人""揭示社会结构和政治结构同生产的联系"，即个人共同活动的真正底蕴在于社会性和现实性。个人的共同活动的基础是生产活动，共同的个人是在共同活动方式中"进行生产活动的一定的个人"，并且"发生一定的社会关系和政治关系"，① "共同的个人"依赖存在论结构：首先，共同的个人只有在特定的、现实具体的"共同活动方式"中才能存在，即具有现实社会关系并在现实生产方式中的个人。而共同活动方式是现实结构特别是社会结构和政治结构的表现；其次，共同的个人一定是进行生产活动的个人，这从理论上排除了想象中的个人的想象的活动。共同的个人所从事的共同的活动的合法性是由个人所属的活动方式和个人所在的生产性质决定的，而不是空洞理性、抽象思辨的产物；再其次，共同的个人所从事的共同的活动必然要发生现实的社会关系。从对马克思关于"共同的个人"的逻辑结构分析中我们可以看到马克思哲学的本质特性，个人的存在与社会的现实的存在有客观必然联系。"此在"不是幻想主体的抽象、幻想的产物。"共同的个人"只能"在——生产活动和社会关系中——存在"。"生产本身又是以个人之间的交往为前提的。这种交往的形式又是由生产决定的。"② 生产及其交往的共同性规定共同的个人，即个人的共同性

① 《马克思恩格斯选集》第1卷，人民出版社1972年版，第29页。
② 同上，第25页。

规定。

马克思认为，共动的对象、共动的生产和共动的生活取决于物质生产的客观联系和共同规定性。人们在物质生产中建立的交往和社会关系是人们相互依存的底蕴性关系。这种相互依存关系和客观联系不仅在经验的层面上是可以验证的，而且在形而上学的意义上也具有存在论价值。因为不论是人的共同生产活动，还是生产的对象和生活都具有一般规定性。这种存在性的"相互依存关系"不是外在的，而是内在的；并且共同的对象、共同的生产和生活只在客观联系和社会关系中存在，而这种关系的内在性和形上性又从根本上决定了对象、生产和生活的共同性的普遍价值和一般意义，使得共同的对象、共同的生产和共同的生活中的"共同"规定不是外在的而是内在的，不是经验的实证而是普遍的存在。

共同利益或共同的利益是共同活动方式的有机组成部分。共同活动方式的重要内容之一是"共同的利益"或利益的共同性问题。利益的底蕴是人们的客观社会功利性，是人的社会功利关系的表现。共同的利益是一种利益的相对共同性。

马克思认为，共同利益是一个值得认真研究的重要问题。他和恩格斯在《费尔巴哈》中花了很大篇幅研究"共同的利益"问题。首先，马克思肯定"共同利益"的客观存在："这种共同的利益不是仅仅作为一种'普遍的东西'存在于观念之中，而且首先是作为彼此分工的个人之间的相互依存关系存在于现实之中。""共同的利益"具有普遍性，这种普遍性在马克思看来不在于"道德的律令"，也不在于"精神的实际存在"。"共同利益"的普遍性属于现实社会的规定性。共同利益的普遍性产生于物质生产的分工，"因为分工不仅使物质活动和精神活动、享受和劳动、生产和消费由各种不同的人来分担这种情况成为可能，而且成为现实"[①]。各种不同的人分担的不仅是生产和物质活动，也包括相关的利益，这就赋予了利益

---

① 《马克思恩格斯选集》第 1 卷，人民出版社 1972 年版，第 36～40 页。

以共同分享的性质，这种分享行为的普遍性和共同性来源于生产方式、生活方式等存在关系过程中的共同性和普遍性，即共同的活动方式。这一点在传统形而上学和唯心主义历史观那里是无法把握的，因为传统形而上学和唯心主义历史观运用的是二元对立的形而上学思维方式。马克思哲学由于将人类现实物质生产活动与人类普遍存在形式相结合，在人类思想史上第一次将人类历史发展形式与人类现实生活内容紧密结合起来，创立了唯物史观。共同利益（也有人称公共利益）才有可能成为马克思哲学研究的当然对象。

马克思认为，利益分为私人利益与公共利益。公共利益与实际利益（单个的实际利益和共同的实际利益）有差别，具有相对的独立形式，马克思称为"共同体的形式"；并且，公共利益也就是"普遍的"利益。马克思、恩格斯在《费尔巴哈》中特别提出，无产阶级在未来要成为统治阶级，要完成消灭整个旧社会形态，就必须把自己的利益说成是"普遍的"利益。可惜的是在马克思、恩格斯之后的诸多马克思主义者、共产主义运动者并没有理解和重视马克思、恩格斯的这一重要思想和忠告，20世纪的共产主义运动实践在形而上学二元对立思维和前苏联教科书机械唯物主义的双重影响下呈现出"单向度"片面抽象发展。这种片面的畸形发展的严重理论缺失是放弃了利益的普遍性原则，割裂了普遍利益与公共的共同体形式的有机联系。在《费尔巴哈》中，马克思、恩格斯进一步认为不仅要肯定和弘扬共同利益，而且为了保护共同利益和普遍利益有"必要""以国家姿态出现"，"进行实际的干涉和约束""单个"和"各阶级利益"，也包括无产阶级利益。换言之，无产阶级在夺取政权成为统治阶级后，当然仍然继续拥有自己的特殊的独特的利益，而这些特殊的独特的利益确实"始终在真正地反对共同利益和虚幻的共同利益"；另一方面，无产阶级的历史使命在很大程度上决定了无产阶级有责任消除这种单个利益与公共利益的自发性的分裂：即要肯定普遍利益，维护公共利益，代表普遍利益，发展公共利益。马克思、恩格斯在《共产党宣言》中将这一思想表述为："共产党人同其他无产阶级政党不同的地方只是：一方面，在各国无产者的斗争中，共产党人强调和坚持整个无产阶级的不分民族的共同利益；另一方面，在无产阶级和资产阶级的斗争所经历的各个发展阶段上，共产党人始终代表整个运动的利益。"①

共同利益的客观存在为普遍价值的存在提供了客观性的理论基础和现实性的实践内容。利益的共同性即价值的共同性，利益在共同性上的普遍性制约着价值的共同性的普遍性，共同利益决定普遍价值。普遍价值为共同利益的存在打开了存在论意义上的澄明性。只有承认普遍价值，共同利益才真正存在，得到真正保护，受到真正重视。

三、共同实践的客观普遍性的历史翻转作用

鉴于共同实践在普遍价值上的决定作用，有必要对于共同实践的历史作用作出明确的认识，特别是我们是在马克思主义哲学和唯物史观前提下对于共同实践和普遍价值的研究。共同实践的历史作用与共同实践的现实作用同样重要。

"共同活动方式"包括"共同活动的"方式和"共同的"活动方式两个各有倚重的意义方面。"共同活动的"方式强调方式的共同性和活动性，而"共同的"活动方式由强调活动方式的共同性。活动与活动方式是两个既有区别又有紧密联系的重要概念。马克思这里所说的活动就是指感性活动，也就是实践，活动即是实践；既然活动是实践活动，那么活动方式也就是实践活动方式或实践方式。"共同活动的"方式即共同实践的方式，而"共同的"活动方式也就是共同的实践方式。

实践具有法则的规定，这一点是可以理解的，因为实践既具有

---

① 《马克思恩格斯选集》第 1 卷，人民出版社 1972 年版，第 264 页。

共同性，也具有普遍性，而共同性和普遍性表明实践具有自身固有的客观性和规律性，实践法则的存在表明人的现实活动不仅符合主客统一原则，而且要遵守和适应客观法则，违背客观的实践活动是失去了普遍共同性和主客统一性的"妄动"，不具有合理性和合法性。

马克思恩格斯的《共产党宣言》中有这样一段话："生产的不断变革，一切社会关系不停的动荡，永远的不安定和变动，这就是资产阶级时代不同于过去一切时代的地方。……资产阶级，由于开拓了世界市场，使一切国家的生产和消费都成为世界性的了。……无产阶级却是大工业本身的产物。……无产阶级的运动是绝大多数人的、为绝大多数人谋利益的独立的运动。"[①] 资本主义生产的不断发展决定了现代物质生产实践的共同性和普遍性，也代表实践的客观法则；资产阶级生产消费的世界性经验也确证现代生活的共同性"私有财产的运动——生产和消费——是以往全部生产的运动的感性表现，也就是说，是人的实现或现实"[②]。表明到工业化资本主义时期，实践的客观法则具有世界历史性；大多数人的公共利益的存在表明共同实践法则的现实可能性，即共同的利益决定了共同的实践，共同的实践必定有共同的客观法则。

关于共同实践的法则问题，首先要解决的问题是如何理解共同实践的法则——理解共同实践法则的前提或出发点是什么的问题。关于这一点，马克思恩格斯的观点很明确，"不是从观念出发来解释实践，而是从物质实践出发来解释观念的东西"[③]。至于实践法则本身，马克思在《1844 年经济哲学手稿》中说："动物只是按照它所属的那个种的尺度和需要来建造，而人却懂得按照任何一个种的尺度来进行生产，并且懂得怎样处处都把内在的尺度运用到对象上

---

① 《马克思恩格斯选集》第 1 卷，人民出版社 1972 年版，第 254～262 页。
② 《马克思恩格斯全集》第 42 卷，人民出版社 1979 年版，第 121 页。
③ 《马克思恩格斯选集》第 1 卷，人民出版社 1972 年版，第 43 页。

去；因此，人也按照美的规律来建造。"① 在马克思哲学的广阔视域里，无论是"任何一个种的尺度"，还是"内在的尺度"或者"美的规律"都归属于实践的法则或实践的规律，这是确定无疑的。而生产或建造是人的物质生产和物质生活出发，以人的物质生产和物质生活为前提。共同的实践法则不是存在于抽象或想象的观念中，而在于能动的感性活动中，离开能动感性活动的实践法则是不存在的。

马克思的共同活动方式思想是对传统哲学理论的彻底翻转。这种彻底翻转的对象就是黑格尔的客观唯心论哲学和费尔巴哈的直观唯物主义，具体内容则表现在两个大的方面：第一方面是关于共同活动方式的前提或出发点的方面；第二方面是关于共同活动方式内容的方面。

马克思在创立自己的新哲学伊始就明确宣布自己新哲学的出发点是现实中的个人和现实的物质生产生活。马克思所说的个人不是抽象的或想象的人，而是进行物质生产生活的现实的个人，马克思所说的现实物质生产生活是以属人的两种生产和需要为前提的客观感性活动本身。

在黑格尔哲学中，共同活动方式是理念自我运动的表现，是理性思辨的一个环节和一个"异体"。黑格尔肯定理念具有绝对的自我发展和能动性，人类理性的思辨运动可以认识把握绝对理念的运动，理念具有客观性和普遍性，这是可以认识的，但却是自识。换言之，作为理念发展环节的共同或公共实践虽可以认识，但却是客观的自动，不是他动，只能把握而无法创造。理念具有共同性可以从几个方面得到证明，从主体的或主观的方面看，人们要认识理念及其运动，单纯从实证的或经验的领域是远远不够的，现实事物只是理念的表现，是理念发展的环节，必须要从超验的或形而上学的维度去认识把握理念，这样才可能真正把握理念的客观性、普遍性

---

① 《马克思恩格斯全集》第 42 卷，人民出版社 1979 年版，第 97 页。

和共同性，即实践的主体或主观的共同性不是实践主体在现实实践活动中得到的而是理念的先天赋予，这里的先天不是天生的，而是先实证的和超经验的，因而实践的共同性从主体或主观的方面看是理念的先天性和先验性。从客观的方面看，实践活动的共同性本应指实践对象的共同性、实践活动的共同性、实践内容（利害）的共同性和实践结果的共同性，但黑格尔不这样认为，他认为实践活动的共同性在于理念在自我发展中的普适性和永恒性。实践活动的共同性与实践活动的客观普遍性一样不是由现实实践活动本身决定的，还是理念的先验属性。不仅如此，由于黑格尔的理念运动是理念的绝对运动，因而共同活动方式不仅是普遍的，客观的，而且是绝对的。这种绝对性尽管来自理念的绝对化但由于理念的发展是一个自我异化过程，是一个不断上升和自觉的过程。因此，这种共同活动方式在一定时期和一定阶段又是"虚妄"的、不真实的，属于较低阶段。所以对于黑格尔哲学而言，真正意义上的共同感性活动方式或共同实践方式是不存在的。共同活动方式仍只是想象主体的想象的活动。黑格尔共同活动方式的唯心论属性表现在：首先，共同活动方式与客观物质（质料）无关，感性事物本身是被动的，感性事物既不会自动的活动，也不可能共同的活动；其次，共同活动方式是一种观念活动方式，而观念活动方式的共同性来自于观念的抽象性和绝对性，它不同于观念的普遍性和客观性。绝对性的观念只有理念，共同性的观念来源于理念，是理念的主体化；再其次，共同活动方式既是主体活动，也是实体活动，因而共同活动方式是观念异化活动的表现。

针对黑格尔的客观唯心论，马克思的共同活动方式思想从根本上进行了翻转。这个根本翻转主要表现在两个大的方面：一是确定了共同活动方式即共同的物质生产活动（实践）方式是全部人类存在的基础和出发点；二是明确共同活动方式的能动性、创生性。

马克思认为，包括黑格尔在内的传统哲学家的根本缺陷是他们在解释世界时都是从观念出发，而不是从现实生活和个人的现实物质活动出发。黑格尔等人从观念出发的哲学唯心论理论从根本上说都是想象主体的想象的活动，颠倒了物质与精神、感性与理性、社会存在与社会意识的关系。马克思认为只有从实践出发，从现实生活出发才能真正理解和解释世界的本质、生活的本质和人的本质；才能真正认识观念、意识形态的产生史和发展过程；才能真正把握现实生活的运动规律，引导生活向应然的未来发展。从现实生活出发是马克思哲学的基本观点，人的物质生产活动是人存在的物质前提和基础，离开这个基础，人类就不存在，更不会产生形而上学。关键的问题是要把人类物质生产活动（实践活动）不仅看成生物性和科学性的人存在的基础，而且要把以物质生产活动为根本的现实生活看成人的观念的、形而上学或哲学的存在论意义的基础，这一点只有马克思哲学做到了。因此，也只有马克思哲学才实现了对于以黑格尔为代表的从理念出发的唯心论哲学的彻底翻转。

马克思认为，人的物质感性活动（实践活动）不仅是感性客观的，而且是能动创生的。黑格尔作为理性主义哲学家在推崇理性、肯定理性的能动创生、将理性绝对化的同时，贬低和诋毁感性和人的感性活动。黑格尔判定人的感性活动是一种异化活动，只是理念发展的一个环节，属较低阶段，是一种被动的活动。与黑格尔相反，马克思不仅发展了其劳动对象化思想，而且从根本上翻转了黑格尔关于感性活动的理论。马克思认为人的感性活动、人们的物质生产和现实生活活动是一种真正意义上的能动活动，是真正的创造生命、创造生活、创造人本身的创生活动。马克思将黑格尔的唯心辩证法经过唯物辩证的批判改造，不仅肯定人的劳动是一种创造性的现实感性活动，而且肯定这种共同活动是一种既创造劳动对象，又创造劳动主体和劳动过程，既创造环境，又创造人的辩证的现实运动。从而将实践（感性活动）和公共活动方式（实践方式）置于新唯物主义的坚实基础之上。

马克思的共同活动方式思想在哲学上不仅彻底翻转了黑格尔哲学，而且也彻底翻转了费尔巴哈直观唯物主义哲学。

费尔巴哈的直观唯物主义是"建立在爱的真理性上，感觉的真理性上"。费尔巴哈肯定感性的真实性，"思维是通过感性而证实的"，因为"只有将实在事物、感性事物当成它自身的主体，只有给实在事物和感性事物以绝对独立的、神圣的、第一性的，不是从理念中派生出来的意义"。费尔巴哈在把感性存在肯定为第一性，加以神圣化绝对化的同时，也把感性存在抽象化了，将感性存在抽象化的结果就会使感性失去"主动"性，不仅如此，在感性的内容上费尔巴哈极力推崇"爱的宗教"，把爱当成他的新哲学的主要内容。并且费尔巴哈的"爱"完全是抽象和空洞的。"只有在感觉之中，只有在爱之中……才有绝对的价值，有限的东西才是无限的东西：……才有爱的无限的深刻性，爱的神圣性，爱的真理性。只有在爱里面，才有明察秋毫的上帝，才有真理和实在。"①在费尔巴哈那里，人的感性活动内容就是爱，在爱的活动中，爱不仅是一种情感，一种欲望的表现形式和意志的主观方式，它还是人的共同活动方式的根本规定，费尔巴哈用爱的绝对性和价值性来论证爱具有本体存在性意义，由上帝的爱变成爱的上帝，由真理的爱变成爱的真理，由实在的爱变成爱的实在。爱是绝对，爱的价值，爱是无限。总之，爱成为最大的概念和最大的理念，费尔巴哈在把爱抽象到绝对的同时也将爱空洞到极致，从而荒谬到极致。

马克思哲学是现实运动的产物，马克思的共同活动方式思想是建立在唯物史观基础之上的。既共同活动方式的底蕴不是抽象自我运动的理念，也不是感性被动的爱的宗教，共同活动方式的底蕴是现实人的共同实践活动。在此意义上，马克思的共同活动方式思想

---

① 费尔巴哈：《未来哲学原理》，《西方哲学原著选读》下卷，商务印书馆1982年版，第498～500页。

是一种新的思维范式，马克思共同活动方式思想的历史翻转是一种崭新范式的先进作用。

关于共同活动方式问题的探讨，对于研究马克思哲学和唯物史观思想是十分重要的。以前，人们在学习研究马克思哲学时往往将注意力放在关于实践、关于感性活动、关于感性活动方式等问题上，只注意在实践、实践方式、人的感性活动问题上马克思与黑格尔和费尔巴哈思想的区别，这样做本身没有错，但问题是这种研究是否全面？能否真正做到与时俱进？哲学是要与时俱进的，哲学是要发展的，哲学作为时代精神的精华要面对现实问题，解答现实问题。这一切都要求我们不能自满，更不能裹步不前。要使哲学真正做到"从现实中来，到现实中去"① 在此意义上，探讨共同活动方式问题、探讨共同实践问题、探讨实践的共同性、实践法则的共同性问题的现实意义是显而易见的。

On the Basis of Universal Values：Marx's Thought on Common Practice

Dong Jinqian

(*College of Philosophy and Public Administration*,
Liaoning University，*Shenyang* 110036，*China*)

Abstract：In Feuerbach, Marx and Engels puts forward the idea that "common activity is productivity", which is not only an important part of Marx's common practice thought, but also the basic idea of historical materialism, though it has long been ignored by academic circles. What is "common" activity? How to recognize the "common" practice activities? Solving such questions is very

---

① 李德顺《怎样看"普世价值"》，载《哲学研究》，2011 年第 1 期。

important for a comprehensive and in-depth understanding of Marx's theory of universal values. In many of Marx's own writings，Marx repeatedly stresses that human perceptual activity，i. e. practice，is "common". That is to say that man's common practice should include a real-world existence as a common foundation，the commonality of human production and life，the commonality of human existence，and man's worldwide and historical commonality. Confirming the commonality of practical activities is certainly verifying that of practicing rule. Marx's ideas about "common practice" lay the foundation for universal values，as a thorough turn-around of traditional philosophy's understanding about rational or e-motional commonality. It is significant to deepen understanding of u-niversal values theoretically and practically by comprehending the "common practice". Only in this way，can people establish real "universal values" and resist "general world values".

Key Words：universal values；common practice；common activities

中国人民大学书报资料中心《哲学原理》2012 年第 1 期

论普遍价值的基础

——马克思共同实践思想研究

【摘要】马克思恩格斯在《费尔巴哈》中提出的"共同活动方式就是生产力"的命题不仅是马克思共同实践思想的重要内容，

也是唯物史观的基本观点。但这一重要思想却被学界长期忽视。什么是"共同的"活动方式？如何认识"共同的"实践活动？这些基本问题对于全面深入理解马克思的普遍价值思想是十分重要的。在马克思自己的诸多著作中，马克思反复强调指出人的感性活动即实践是"共同的"，即人的实践具有"共同性"。这种"共同的"实践内容应包括现实世界实践关系的共同性、人类生产生活的共同性、人的形而上存在的共同性，以及人的世界性和历史性的存在的共同性。明确实践活动的共同性也就是肯定实践法则具有共同性。马克思的"共同实践"思想为普遍价值奠定了基础，是对传统哲学关于抽象的理性或感性共同性的彻底翻转。通过理解"共同实践"可以在理论和实践上加深对普遍价值的认识，可以树立真正的"普遍价值观"，抑制"普世价值"，反思将价值问题狭隘化或绝对化。

【关键词】普遍价值；共同实践；共同活动方式

【作者简介】董晋骞，男，辽宁大连人，辽宁大学哲学与公共管理学院教授，研究方向：马克思主义哲学、外国哲学（辽宁 沈阳 110036）。

【原文出处】《辽宁大学学报》：哲学社会科学版（沈阳），2011．5．11～18

【基金项目】辽宁省社会科学规划基金项目（L10BZX008）。

一、马克思的共同实践思想为普遍价值奠基

"共同活动方式"也就是共同实践内容和共同实践方式。共同实践问题在学理上就是实践的共同性问题，这个问题是马克思哲学的基本问题。它关涉到对马克思共同实践思想的基本理解，以及对实践准则和唯物史观的根本解释，也关涉到如何开启实践共同性的视域。这个问题制约着人们是否承认普遍价值的存在，如何抵制"普世价值"思潮、避免将价值问题狭隘化绝对化，如何确定实践的客观标准等。

马克思恩格斯在《费尔巴哈》中提出了"共同的实践"问题。马克思说:"一定的生产方式或一定的工业阶段始终是与一定的共同活动的方式或一这下的社会阶段联系着的,而这种共同活动方式本身就是生产力。"。"共同活动方式就是生产力"是马克思哲学的重要思想,是唯物史观的重要内容。这个命题在存在论的意义上不仅凸显人的现实存在的"活动",即实践的能动性;也彰显人的现实存在的"共同"性,即人类实践的共同性和相对共同的实践准则,并在"方式"方法论的逻辑意义上肯定了生产力具有普遍性和理性结构。而"共同的活动"又是共同活动方式的基础和理论内容。关于"共同的活动"马克思在同一著作中进一步指出:费尔巴哈"把人只看做是'感性的对象',而不是'感性的活动'……从来没有把感性世界理解为构成这一世界的个人的共同的、活生生的、感性的活动"。很明显,1972 年版的《马克思恩格斯选集·第一卷》在翻译上述这段话时存在着思想思维和语言逻辑上的错误:在"个人的"之后应有"顿号",而在"共同的"之后应是"逗号"或"分号"。细读译文,从思想逻辑和思维层次上看,"个人的"与"共同的"相对应,"活生生的"与"感性的"相对应,在语言方式和表达逻辑上,"个人的共同的"与"活生生的、感性的"是两组相对独立的逻辑对应关系组合。换言之,"个人的"之后缺少"顿号"显然在阐释理解上存在瑕疵、表述得不准确。而"共同的"之后"顿号"应改为"逗号"或"分号"。这当然要有原文本和进行语言逻辑分析之后才能得出的结论。

费尔巴哈肯定感性存在,黑格尔强调精神异化的活动,马克思哲学则从现实的个人出发,以实践(感性活动)标识自己的新哲学。在这里,马克思为实践确定了四个方面的规定性:"个人的""共同的""活生生的"和"感性的"。过去人们多从马克思哲学与黑格尔哲学和费尔巴哈哲学的区别上着重研究和强调实践的"个人的""活生生的""感性的"方面;忽略和放弃了对于实践的"共同的"方面的研究,实践的共同性问题实际上被严重"漏读"和"忽视"了。

既然"共同活动方式就是生产力","共同活动方式"也就成为马克思唯物史观的基本观念，也是唯物史观的基本内容，由于生产力、生产方式被马克思确定为是革命的能动的因素，属于马克思哲学存在论的主构件。与其相连共同活动方式也具有了革命的、能动的、感性的、客观社会存在的规定性和特性。

了解德国古典哲学和马克思哲学的人知道，马克思恩格斯的《费尔巴哈》是他们《德意志意识形态》的主要卷章，是对于费尔巴哈哲学等德国古典哲学的专门批判。费尔巴哈哲学是一种"爱的哲学"，强调"类"，把人的本质"理解为一种内在的、无声的，把许多个人纯粹自然地联系起来的共同性"。针对费尔巴哈的错误，马克思强调唯物史观的出发点是"现实的个人"。因此，"个人"与"共同"是逻辑对立关系，表明了马克思哲学与费尔巴哈哲学的重要差别。马克思所说的"活生生的"本意是"能动的"，指新的实践辩证法，而"感性的"明显是与"活生生的"相对立的无生气的感性质料，是对以费尔巴哈为代表的直观唯物主义底蕴的指称。至此，我们在理解马克思对于费尔巴哈直观唯物主义和黑格尔唯心辩证法的辨析批判中，凸显的是马克思以实践为基础，以共同的、个人的、活生生的、感性的"活动"为底蕴标识的"新哲学"。"这种活动、这种连续不断的感性劳动和创造，这种生产是整个现有感生世界的非常深刻的基础。""共同活动方式"或实践的共同性问题十分重要。

二、共同实践活动方式是一种存在论结构

"共动"即"共同的活动"，"共动方式"即"共同活动方式"。这两个概念是马克思实践哲学即现实人的感性活动思想的重要认识，是对于实践的一种新的领悟。"共动""共同的活动"；"共同活动方式""共动方式"；"共同实践"都是强调实践或人的感性活动具有相对共同性、实践的法则具有相对共同性。在理论建构上，都

属于马克思哲学的存在论结构。

首先，"共动"或"共同的活动"以"共同的个人"为基础。"现实的个人"是《德意志意识形态》的哲学出发点。"我们的出发点是从事实际活动的人……从现实的、有生命的个人本身出发"，"从事实际活动的个人"具有相对的共同性。在哲学存在论的视域内，马克思把这种"共动"的个人定义为"世界历史性的存在"，这种"世界历史性存在"的个人也就是"共动"的个人。而个人实践的共同性体现出历时的和共时的维度，形成一个现实的综合多维结构："共时"的是"世界"的方面，即个人实践的共同性在于个人的"世界性"；"历时"的是"历史"的方面，即个人的共同性在于个人的"历史性"。个人实践的共同性所包括的世界性和历史性又是"共时"的，在逻辑上是同时发生的。并且在逻辑上个人实践共同性的世界性与"地域性"相对立，是对个人实践"地域性"的克服；个人实践共同性的历史性"一开始就表明了人们之间是有物质联系的。这种联系是由需要和生产方式决定的"。所以马克思的结论就是"各个个人的世界历史性的存在就意味着他们的存在是与世界历史直接联系的"。而真正的"共动"个人的世界历史性存在在马克思看来要有两方面的基本联系，一是与物质、与社会现实生产力相联系；二是与社会变革、与人类解放承诺相联系。在马克思哲学和其所创立的唯物史观视野上，"共动的对象""共动的生产""共动的生活""共动的利益"都属于"共同活动方式"，都属于生产方式，都与"共动的个人"紧密相联，"费尔巴哈……把人只看作是'感性的对象'，而不是'感性的活动'"，因而人们所谓的对象、生产、生活和利益都具有共同属性，在唯物史观视野中，这种共同活动方式的底蕴是"连续不断的感性劳动和创造"，即"物质生产"。由于具有初始性，这种"共同的活动"也是"共同的个人"的历史活动。"第一个历史活动就是生产满足这些需要的资料，即生产物质生活本身"，"生命的生产——无论是自己生命的生产（通过劳动）或他人生命的生产（通过生育）——立即表现为双重关系：一方面是自然关系；另一方面是社会关系。社会关系的含义是指许多个人的合作"。即共动性的关系性。

马克思强调"共同活动方式"的特性是这种"共动方式"要在"自然关系"和"社会关系"的"双重关系"中存在，是关系性的共动方式。并且"社会关系的含义是指许多个人的合作"，而"个人"的现实性本质"是一切社会关系的总和"，而"个人"的现实性本质"是一切社会关系的总和"，因而个人、社会关系、共动方式三者之间具有一种复式逻辑结构。这个复式逻辑结构的要素是"现实的个人，也就是说，这些个人是从事活动的，进行物质生产的，因而是在一定的物质的、不受他们任意支配的界限、前提和条件下能动地表现自己的"。"共同活动方式"的个人，即进行生产和生产物质生活本身的个人。个人的现实性是个人的一般规定性，是个人的实在属性，是对于个人存在的规定性的确证；活动的个人是现实的个人的具体存在形式，现实的个人表现为活动的个人，即从事劳动、进行具体生产的个人，现实的个人具有普遍性，活动的个人具有生命和能动性，获得活生生的个体的存在合法性，现实的个人在逻辑上没有成为活动的个人之前是空虚和片面抽象的；现实的个人只有成为活动的个人，劳动或生产的个人才是真正存在意义上的现实的个人，才具有真正的现实性。对于马克思而言，个人的真正现实性不是抽象的现实性，而在于个人的关系性（包括自然与社会"双重关系"）及这种关系性始基而来的历史性。当然马克思看到了个人的"合作"关系是其社会关系的另一种表现。因此，"共动方式"或"共同活动方式"是"关系"方式。"凡是有某种关系存在的地方，这种关系都是为我而存在的；动物不对什么东西发生'关系'，而且根本没有'关系'；对于动物说来，它对他物的关系不是作为关系存在的。"马克思认为只有人，只有现实的个人才会有关系，才是关系存在，动物或自然界其他事物只是自然存在，它们不具有关系，不是关系存在，关系只为人，为"我"、为现实的个人存在。动物或自然界其他事物只有在实践中与人的感性活动发生关系才转为客观存在，"为我而存在"。因此，社会关系在马克思哲学中具有本源性和基础性的根本意义价值，具有哲学的普遍性和一般意义。

马克思认为，正是这种现实性"双重"关系及其关系性规定从根本上决定了这种"共动方式"的相对共同性。存在于这种现实社会性"关系"中的"共动方式"的构成因素："个人""对象""生产""生活""利益"等才必然的不可避免地具有了相对共同性的特性，才成为"共同的个人""共同的对象""共同的生产""共同的生活""共同的利益"。其中，"共同的个人"是马克思哲学的出发点。而个人的相对性和共同性有一个现实基础，这就是"以一定的方式进行生产活动的一定的个人，发生一定的社会关系和政治关系"。这是理解"共同活动方式"或"共动方式"的根本底蕴。

共同活动方式所包含的共同的个人、共同的对象、共同的生产、共同的生活和共同的利益等都是马克思唯物史观的重要现实内容。马克思在《费尔巴哈》中进一步研究了共同活动方式及其内容的普遍性问题。马克思认为，"共同活动本身不是自愿地而是自发地形成的"，共同活动是自发的，是客观的，更主要的是"不同个人的共同活动产生了一种社会力量，即扩大了的生产力"，人类的基本活动是生产（生殖与劳动），是生产力；而人的共同活动是"扩大了的生产力"，马克思在这里充分肯定了这种"不同个人的共同活动"对于生产力的积极作用和对于生产力发展的促进作用，在唯物史观哲学意义上肯定了人的感性活动或实践的共同性的合理性和本体论意义上的合法性，找到了实践共同性的现实基础，揭示出实践法则的共同性与生产力之间的必然联系。不仅如此，"扩大了的生产力"也就是生产力的普遍发展，而普遍发展的生产力，才使得人们之间的普遍交往成为可能。"随着生产力的这种普遍发展，人们之间的普遍交往才能建立起来。"马克思构建了一个关于共同活动方式普遍性的严密论证结构：自发的共同活动→生产力→不同个人的共同活动→扩大了的生产力→生产力的普遍性（生产力的普遍发展）→生产关系的普遍性（人们之间的普遍交往）→人的世界历史性存在。这是一个逐次上升的逻辑发展结构。把这个逻辑结构与共同活动方式的因素：个人、对象、生产、生活、利益等联系在一起，我们就会发现马克思"共同活动方式"理论是一个现实的开放的存在论结构。其中，一直被忽略和被"遗忘"的共同活动方式的普遍性问题、人的感性活动（实践）的共同性问题和实践法则的共同性问题等都是十分重要的。

马克思认为，"共同的个人""揭示社会结构和政治结构同生产的联系"，即个人共同活动的真正底蕴在于社会性和现实性。个人的共同活动的基础是生产活动，共同的个人是在共同活动方式中"进行生产活动的一定的个人"，并且"发生一定的社会关系和政治关系"，"共同的个人"依赖存在论结构：首先，共同的个人只有在特定的、现实具体的"共同活动方式"中才能存在，即具有现实社会关系并在现实生产方式中的个人。而共同活动方式是现实结构特别是社会结构和政治结构的表现。其次，共同的个人一定是进行生产活动的个人，这从理论上排除了想象中的个人的想象的活动。共同的个人所从事的共同的活动的合法性是由个人所属的活动方式和个人所在的生产性质决定的，而不是空洞理性、抽象思辨的产物。再其次，共同的个人所从事的共同的活动必然要发生现实的社会关系。从对马克思关于"共同的个人"的逻辑结构分析中我们可以看到马克思哲学的本质特性，个人的存在与社会的现实的存在有客观必然联系。"此在"不是幻想主体的抽象、幻想的产物。"共同的个人"只能"在——生产活动和社会关系中——存在"。"生产本身又是以个人之间的交往为前提的。这种交往的形式又是由生产决定的。"生产及其交往的共同性规定共同的个人，即个人的共同性规定。

马克思认为，共动的对象、共动的生产和共动的生活取决于物质生产的客观联系和共同规定性。人们在物质生产中建立的交往和社会关系是人们相互依存的底蕴性关系。这种相互依存关系和客观联系不仅在经验的层面上是可以验证的，而且在形而上学的意义上也具有存在论价值。因为不论是人的共同生产活动，还是生产的对象和生活都具有一般规定性。这种存在性的"相互依存关系"不是外在的，而是内在的；并且共同的对象、共同的生产和生活只在客观联系和社会关系中存在，而这种关系的内在性和形上性又从根本上决定了对象、生产和生活的共同性的普遍价值和一般意义，使得共同的对象、共同的生产和共同的生活中的"共同"规定不是外在的而是内在的，不是经验的实证而是普遍的存在。

共同利益或共同的利益是共同活动方式的有机组成部分。共同活动方式的重要内容之一是"共同的利益"，或利益的共同性问题。利益的底蕴是人们的客观社会功利性，是人的社会功利关系的表现。共同的利益是一种利益的相对共同性。

马克思认为，共同利益是一个值得认真研究的重要问题。他和恩格斯在《费尔巴哈》中花了很大篇幅研究"共同的利益"问题。首先，马克思肯定"共同利益"的客观存在："这种共同的利益不是仅仅作为一种'普遍的东西'存在于观念之中，而且首先是作为彼此分工的个人之间的相互依存关系存在于现实之中。""共同的利益"具有普遍性，这种普遍性在马克思看来不在于"道德的律令"，也不在于"精神的实际存在"。"共同利益"的普遍性属于现实社会的规定性。共同利益的普遍性产生于物质生产的分工，"因为分工不仅使物质活动和精神活动、享受和劳动、生产和消费由各种不同的人来分担这种情况成为可能，而且成为现实"。各种不同的人分担的不仅是生产和物质活动，也包括相关的利益，这就赋予了利益以共同分享的性质，这种分享行为的普遍性和共同性来源于生产方式、生活方式等存在关系过程中的共同性和普遍性，即共同的活动方式。这一点在传统形而上学和唯心主义历史观那里是无法把握的，因为传统形而上学和唯心主义历史观运用的是二元对立的形而上学思维方式。马克思哲学由于将人类现实物质生产活动与人类普遍存在形式相结合，在人类思想史上第一次将人类历史发展形式与人类现实生活内容紧密结合起来，创立了唯物史观。共同利益（也有人称公共利益）才有可能成为马克思哲学研究的当然对象。

马克思认为，利益分为私人利益与公共利益。公共利益与实际利益（单个的实际利益和共同的实际利益）有差别，具有相对的独立形式，马克思称为"共同体的形式"；并且，公共利益也就是"普遍的"利益。马克思恩格斯在《费尔巴哈》中特别提出，无产阶级在未来要成为统治阶级，要完成消灭整个旧社会形态，就必须把自己的利益说成是"普遍的"利益。可惜的是在马克思恩格斯之后的诸多马克思主义者、共产主义运动者并没有理解和重视马克思恩格斯的这一重要思想和忠告，20世纪的共产主义运动实践在形而上学二元对立思维和苏联教科书机械唯物主义的双重影响下呈现出"单向度"片面抽象发展。这种片面的畸形发展的严重理论缺失是放弃了利益的普遍性原则，割裂了普遍利益与公共的共同体形式的有机联系。在《费尔巴哈》中，马克思恩格斯进一步认为不仅要肯定和弘扬共同利益，而且为了保护共同利益和普遍利益有"必要""以国家姿态出现"，"进行实际的干涉和约束""单个"和"各阶级利益"，也包括无产阶级利益。换言之，无产阶级在夺取政权成为统治阶级后，当然仍然继续拥有自己的特殊的独特的利益，而这些特殊的独特的利益确实"始终在真正地反对共同利益和虚幻的共同利益"；另一方面，无产阶级的历史使命在很大程度上决定了无产阶级有责任消除这种单个利益与公共利益的自发性的分裂：即要肯定普遍利益，维护公共利益；代表普遍利益，发展公共利益。马克思恩格斯在《共产党宣言》中将这一思想表述为："共产党人同其他无产阶级政党不同的地方只是：一方面，在各国无产者的斗争中，共产党人强调和坚持整个无产阶级的不分民族的共同利益；另一方面，在无产阶级和资产阶级的斗争所经历的各个发展阶段上，共产党人始终代表整个运动的利益。"

三、共同实践的客观普遍性的历史翻转作用

"共同活动方式"包括"共同活动的"方式和"共同的"活动方式两个各有倚重的意义方面。"共同活动的"方式强调方式的共同性和活动性，而"共同的"活动方式由强调活动方式的共同性。活动与活动方式是两个既有区别又有紧密联系的重要概念。马克思这里所说的活动就是指感性活动，也就是实践，活动即是实践；既然活动是实践活动，那么活动方式也就是实践活动方式或实践方式。"共同活动的"方式即共同实践的方式，而"共同的"活动方式也就是共同的实践方式。

实践具有法则的规定，这一点是可以理解的，因为实践既具有共同性，也具有普遍性，而共同性和普遍性表明实践具有自身固有的客观性和规律性，实践法则的存在表明人的现实活动不仅符合主客统一原则，而且要遵守和适应客观法则，违背客观的实践活动是失去了普遍共同性和主客统一性的"妄动"，不具有合理性和合法性。

马克思恩格斯的《共产党宣言》中有这样一段话："生产的不断变革，一切社会关系不停的动荡，永远的不安定和变动，这就是资产阶级时代不同于过去一切时代的地方。……资产阶级，由于开拓了世界市场，使一切国家的生产和消费都成为世界性的了。……无产阶级却是大工业本身的产物。……无产阶级的运动是绝大多数人的、为绝大多数人谋利益的独立的运动。"资本主义生产的不断发展决定了现代物质生产实践的共同性和普遍性，也代表实践的客观法则；资产阶级生产消费的世界性经验也确证现代生活的共同性"私有财产的运动——生产和消费——是以往全部生产的运动的感性表现，也就是说，是人的实现或现实"。这表明到工

业化资本主义时期，实践的客观法则具有世界历史性；大多数人的公共利益的存在表明共同实践法则的现实可能性，即共同的利益决定了共同的实践，共同的实践必定有共同的客观法则。

关于共同实践的法则问题，首先要解决的问题是如何理解共同实践的法则——理解共同实践法则的前提或出发点是什么的问题。关于这一点，马克思、恩格斯的观点很明确，"不是从观念出发来解释实践，而是从物质实践出发来解释观念的东西"。而至于实践法则本身，马克思在《1844年经济学哲学手稿》中说："动物只是按照它所属的那个种的尺度和需要来建造，而人却懂得按照任何一个种的尺度来进行生产，并且懂得怎样处处都把内在的尺度运用到对象上去；因此，人也按照美的规律来建造。"在马克思哲学的广阔视域里，无论是"任何一个种的尺度"，还是"内在的尺度"或者"美的规律"都归属于实践的法则或实践的规律，这是确定无疑的。而生产或建造是人的物质活动，是物质实践，从实践出发就是从人的物质生产和物质生活出发，以人的物质生产和物质生活为前提。共同的实践法则不是存在于抽象或想象的观念中，而在于参动的感性活动中。离开能动感性活动的实践法则是不存在的。

马克思的共同活动方式思想是对传统哲学理论的彻底翻转。这种彻底翻转的对象就是黑格尔的客观唯心哲学和费尔巴哈的直观唯物主义，具体内容则表现在两个大的方面：第一方面是关于共同活动方式的前提或出发点的方面；第二方面是关于共同活动方式内容的方面。

马克思在创立自己的新哲学伊始就明确宣布自己新哲学的出发点是现实中的个人和现实的物质生产生活。马克思所说的个人不是抽象的或想象的人，而是进行物质生产生活的现实的个人，马克思所说的现实物质生产生活是以属人的两种生产和需要为前提的客观感性活动本身。

在黑格尔哲学中，共同活动方式是理念自我运动的表现，是理性思辨的一个环节和一个"异体"。黑格尔肯定理念具有绝对的自我发展和能动性，人类理性的思辨运动可以认识把握绝对理念的运动，理念具有客观性和普遍性，这是可以认识的，但却是自识。换言之，作为理念发展环节的共同或公共实践虽可以认识，但却是客观的自动，不是他动，只能把握而无法创造。理念具有共同性可以从几个方面得到证明，从主体的或主观的方面看，人们要认识理念及其运动，单纯从实证的或经验的领域是远远不够的，现实事物只是理念的表现，是理念发展的环节，必须要从超验的或形而上学的维度去认识把握理论，这样才可能真正把握理念的客观性、普遍性和共同性，即实践的主体或主观的共同性不是实践主体在现实实践活动中得到的而是理论的先天赋予，这里的先天不是天生的，而是先实证的和超经验的，因而实践的共同性从主体或主观的方面看是理念的先天性和先验性。从客观的方面看，实践活动的共同性本应指实践对象的共同性、实践活动的共同性、实践内容（利害）的共同性和实践结果的共同性，但黑格尔不这样认为，他认为实践活动的共同性在于理念在自我发展中的普适性和永恒性。实践活动的共同性与实践活动的客观普遍性一样不是由现实实践活动本身决定的，还是理念的先验属性。不仅如此，由于黑格尔的理念运动是理念的绝对运动，因而共同活动方式不仅是普遍的、客观的，而且是绝对的。这种绝对性尽管来自理念的绝对化但由于理念的发展是一个自我异化过程，是一个不断上升和自觉的过程。因此，这种共同活动方式在一定时期和一定阶段又是"虚妄"的，不真实的，属于较低阶段。所以对于黑格尔哲学而言，真正意义上的共同感性活动方式或共同实践方式是不存在的。共同活动方式仍只是想象主体的想象的活动。黑格尔共同活动方式的唯心论属性表现在：首先，共同活动方式与客观物质（质料）无关，感性事物本身是被动的，感性事物既不会自动的活动，也不可能共同的活动；其次，共同活动方式是一种观念活动方式，而观念活动方式的共同性来自于观念的抽象性和绝对性，它不同于观念的普遍性和客观性。绝对性的观念只有理念，共同性的观念来源于理论，是理念的主体化；再其次，共同活动方式既是主体活动，也是实体活动，因而共同活动方式是观念异化活动的表现。

针对黑格尔的客观唯心论，马克思的共同活动方式思想从根本上进行了翻转。这个根本翻转主要表现在两个大的方面：一是确定了共同活动方式即共同的物质生产活动（实践）方式是全部人类存在的基础和出发点；二是明确共同活动方式的能动性、创生性。

马克思认为，包括黑格尔在内的传统哲学家的根本缺陷是他们在解释世界时都是从观念出发，而不是从现实生活和个人的现实物质活动出发。黑格尔等人从观念出发的哲学唯心论理论从根本上说都是想象主体的想象的活动，颠倒了物质与精神、感性与理性、社会存在与社会意识的关系。马克思认为只有从实践出发，从现实生活出发才能真正理解和解释世界的本质、生活的本质和人的本质；才能真正认识观念、意识形态的产生史和发展过程；才能真正把握现实生活的运动规律，引导生活向应然的未来发展。从现实生活出发是马克思哲学的基本观点，人的物质生产活动是人存在的物质前提和基础，离开这个基础，人类就不存在，更不会产生形而上学。关键的问题是要把人类物质生产活动（实践活动）不仅看成生物性和科学性的人存在的基础，而且要把以物质生产活动为根本的现实生活看成人的观念的、形而上学或哲学的存在论意义的基础，这一点只有马克思哲学做到了。因此，也只有马克思哲学才实现了对于以黑格尔为代表的从理念出发的唯心论哲学的彻底翻转。

马克思认为，人的物质感性活动（实践活动）不仅是感性客观的，而且是能动创生的。黑格尔作为理性主义哲学家在推崇理性、肯定理性的能动创生、将理性绝对化的同时，贬低和诋毁感性和人的感性活动。黑格尔判定人的感性活动是一种异化活动，只是理念发展的一个环节，属较低阶段，是一种被动的活动。与黑格尔相反，马克思不仅发展了其劳动对象化思想，而且从根本上翻转了黑格尔关于感性活动的理论。马克思认为人的感性活动、人们的物质生产和现实生活活动是一种真正意义上的能动活动，是真正的创造生命、创造生活、创造人本身的创生活动。马克思将黑格尔的唯心辩证法经过唯物辩证的批判改造，不仅肯定人的劳动是一种创造性的现实感性活动，而且肯定这种共同活动是一种既创造劳动对象，又创造劳动主体和劳动过程，既创造环境，又创造人的辩证的现实运动。从而将实践（感性活动）和公共活动方式（实践方式）置于新唯物主义的坚实基础之上。

马克思的共同活动方式思想在哲学上不仅彻底翻转了黑格尔哲学，而且也彻底翻转了费尔巴哈直观唯物主义哲学。

费尔巴哈的直观唯物主义是"建立在爱的真理性上，感觉的真理性上"。费尔巴哈肯定感性的真实性，思维是通过感性而证实的，因为"只有将实在事物、感性事物当成它自身的主体，只有给实在事物和感性事物以绝对独立的、神圣的、第一性的，不是从理念中派生出来的意义"[25]。费尔巴哈在把感性存在肯定为第一性，加以神圣化绝对化的同时，也把感性存在抽象化了，将感性存在抽象化的结果就会使感性失去"主动"性，不仅如此，在感性的内容上费尔巴哈极力推崇"爱的宗教"，把爱当成他的新哲学的主要内容。并且费尔巴哈的"爱"完全是抽象和空洞的。"只有在感觉之中，只有在爱之中……才有绝对的价值，有限的东西才是无限的东西：……才有爱的无限的深刻性，爱的神圣性，爱的真理性。只有在爱里面，才有明察秋毫的上帝，才有真理的实在。"[26]在费尔巴哈那里，人的感性活动内容就是爱，在爱的活动中，爱不仅是一种情感，一种欲望的表现形式和意志的主观方式，它还是人的共同活动方式的根本规定，费尔巴哈用爱的绝对性和价值性来论证爱具有本体存在性意义，由上帝的爱变在爱的上帝，由真理的爱变成爱的真理，由实在的爱变成爱的实在。爱是绝对，爱是价值，爱是无限。总之，爱成为最大的概念和最大的理念，费尔巴哈在把爱抽象到绝对的同时也将爱空洞到极致，从而荒谬到极致。

马克思哲学是现实运动的产物，马克思的共同活动方式思想是建立在唯物史观基础之上的，即共同活动方式的底蕴不是抽象自我运动的理念，也不是感性被动的爱的宗教，共同活动方式的底蕴是现实人的共同实践活动。在此意义上，马克思的共同活动方式思想是一种新的思维范式，马克思共同活动方式思想的历史翻转是一种崭新范式的先进作用。

关于共同活动方式问题的探讨，对于研究马克思哲学和唯物史观思想是十分重要的。以前，人们在学习研究马克思哲学时往往将注意力放在关于实践、关于感性活动、关于感性活动方式等问题上，只注意在实践、实践方式、人的感性活动问题上马克思与黑格尔和费尔巴哈思想的区别，这样做本身没有错，但问题是这种研究是否全面？能否真正做到与时俱进？哲学是要与时俱进的，哲学是要发展的，哲学作为时代精神的精华要面对现实问题，解答现实问题。这一切都要求我们不能自满，更不能裹步不前。要使哲学真正做到"从现实中来，到现实中去"[27]。在此意义上，探讨共同活动方式问题、探讨共同实践问题、探讨实践的共同性、实践法则的共同性问题的现实意义是显而易见的。

On the Basis of Universal Values：
Marx's Thought on Common Practice

Dong Jinqian

Abstract：In *Feuerbach*，Marx and Engels put forward the idea that "common activity is productivity"，which is not only an important of Marx's common practice thought，but also the basic idea of historical materialism，though it has long been ignored by academic circles. What is "common" activity？How to recognize the "common" practice activities？Solving such questions is very important for a comprehensive and in—depth under—man perceptual activity，i. e. practice，is "common". That is to say that man's common practice should include a real—world existence as common foundation, the commonality of human production and life, the commonality of human existence, and man's worldwide and historical commonality. Confirming the commonality of practical activities is certainly verifying that of practicing rule. Marx's ideas about "common practice" lay the foundation for universal values, as a thorough turnaround of traditional philosophy's understanding about rational or emotional commonality. It is significant to deepen understanding of universal values theoretically and practically by comprehending the "common practice". Only in this way, peoole can establish real "universal values" and resist "general world values".

Key Words: universal values; common practice; common activities

自然的先在性并不等于自然的决定性

——与叶汝贤先生商榷

叶汝贤先生在 2008 年《哲学研究》第 2 期发表的《现实的人及其历史发展的科学》（以下简称《科学》）一文读后受益匪浅。但其中关于自然与实践的关系，自然的先在性与决定性的论述不能苟同。《科学》的原文是"自然界对于人的这种优先地位不仅指人是自然的产物，而且指自然条件直到今天仍然决定着人类的发展或不发展。……《形态》（指《德意志意识形态》——本文作者注）主张自然的先在性、决定性是完全正确的。这是必须指出，这并非是回到费尔巴哈的自然崇拜。《形态》是指自然界的基础地位，但又强调人的实践能力的创造性、人对自然的改造与利用。《形态》只是指出不能把人的能力绝对化，在阐明其本质与功能的同时，指出人的实践活动、能力不能超越自然界所设定的前提、界限和条件。人类的力量不是表现在对自然的征服与统治，而是表现在对自然的热爱、敬畏、协调与和谐，表现在能够认识和正确利用自然规律——这才是'人与自然'的正确的关系。"《科学》的这段话至少提出如下问题：

1. 《德意志意识形态》《以下简称《形态》》在确定自然的先在性、优先地位的同时，是否肯定了自然的决定性？自然的先在性是否等同于自然的决定性？

2. 人的实践能力能否超越自然界的前提、界限和条件？

3. 人与自然的正确关系是什么？在人与自然的正确关系中，征服、统治与热爱、敬畏、协调、和谐之间是什么关系？

这些问题不仅涉及到对《形态》和对马克思主义哲学的基本理解，而且涉及到哲学的基本问题。有必要讨论清楚。

一

《德意志意识形态》（以下简称《形态》）是马克思、恩格斯于1846年共同完成的，它第一次系统阐述了马克思崭新的唯物史观和实践思想。《形态》所表述的唯物史观是以马克思的崭新实践观为理论基础的。而马克思的实践思想又肯定了物质自然的基础前提地位。马克思说："全人类历史的第一个前提无疑是有生命的个人的存在。因此，第一个需要确认的事实就是这些个人的肉体组织以及由此产生的个人与其他自然的关系。当然，我们在这里既不能深入研究人们自身的生理特性，也不能深入研究人们所遇到的各种自然条件——地质条件、山岳水文条件、气候条件以及其他条件。任何历史记载都应当从这些自然基础以及它们在历史过程中由于人们的活动而发生的变更出发。"① 马克思的这段话至少包括下列基本思想：第一，研究人类历史的第一前提是个人的存在；第二，个人存在的前提是个人的肉体组织的存在，这是事实；第三，个人肉体组织的存在离不开地质条件、山岳水文、气候等自然条件；第四，马克思确定他的《形态》一书并不研究人自身的生理特性，因为这是生理科学的研究范围，也不研究人所处的自然条件及其变化，因为这是地理科学、气象科学的研究范围。生理科学、地理科学、气象科学不是《形态》的研究领域，也不是马克思的唯物史观和历史哲学的研究领域，它们只是马克思唯物史观研究的自然物质基础而受到马克思的肯定。《形态》在这里肯定了自然的存在先于人类的存在和历史的存在，表明马克思已经明确把自然的存在与人类历史的存在，自然的先在作用与自然的决定作用严格区分开来。这是马克思的新唯物主义与一切旧唯物主义的根本差别之一。马克思的唯物

① 《费尔巴哈》，人民出版社1988年版，第10页。

史观肯定的是自然先于人类历史的存在的事实，并没有肯定自然在人类历史过程中的决定性。肯定自然的先在性与肯定自然在决定性是截然不同的两回事。决不能把二者混淆起来、等同起来。

明确这一点，也就理解了《形态》的下一段话："这些条件不仅决定着人们最初的、自然形成的肉体组织，特别是他们之间的种族差别，而且直到如今还决定着肉体组织的整个进一步发展或不发展。"① 显然，马克思所明确肯定的是自然对于人的肉体（甚至种族）物质形态的存在发展的决定作用。肯定自然存在对于人类肉体的决定作用并不意味马克思肯定自然在人类历史中的决定作用。恰恰相反，马克思为了与生物唯物论划清界限，只在严格的生理学的意义上明确自然存在对于人的"肉体"的作用。我们知道，人类不仅是肉体存在，更是社会存在，人类的肉体性同人类的社会性相比只是提供了人类存在的物质基础。人类的肉体存在还主要不是人类存在本身。否则的话，人与运动就无法区别了。

为了佐证我们的观点，我们再引《形态》的另一段话："在思辨终止的地方，在现实生活面前，正是描述人们实践活动和实际发展的真正的实证科学开始的地方。"② 马克思明确指出自己"真正的实证科学"的逻辑出发点是人们的实践活动，而不是人们的生物性"肉体"存在。只有从人们的实践出发，而不是从包括生物学在内的自然科学观念出发，才能真正描述人类历史的实际发展过程。

长期以来，在马克思主义哲学研究中，自然的先在性与实践的决定性经常困扰着人们。从现有的文本资料来看，马克思所肯定的都只是自然的先在性，从来没有肯定自然的决定性。相反，马克思从实践观点出发，一直强调实践的决定性作用，这一点是无法否认的。自然决定性的实质是物质决定性，这是一般旧唯物主义或机械唯物主义的普遍观念，在马克思哲学诞生之后，这种观点从根本上

---

① 《费尔巴哈》，人民出版社 1988 年版，第 10 页。
② 同上，第 17 页。

失去了继续存在的合法性。自然物质决定论让位于实践决定论，这是现代哲学发展的必然结果。

二

叶先生的文章实质上再一次提出了人的实践能力能否超越自然界的前提、界限和条件的问题。这个问题对于真正理解马克思的实践思想、掌握唯物史观的实质非常重要。

有一点我们可以确定，无论是人们的实践，还是我们在此讨论的唯物史观，都是在人类可能经验的界限之内。按照康德的观点，人类的知性只在人们的可能经验界限内有效。超出经验界限，进入上帝、不朽和自由等信仰，人类的知性能力是无效的。因此，我们在探讨人的实践能力能否超越自然界的界限之前，有必要区别自然界的界限与人类实践能力的界限。显然，叶先生所犯的一个错误是把二者混同了起来。总起来说，自然界是有界限的，但这是自然科学研究的领域；人类的实践能力是无限的。所谓无限就是可以不受限制地超出当前自然的界限，这就是实践对于自然的超越性。人类实践能力的基本特征正是它的超越性，包括对自然的超越性、对人自身的超越性、对人类历史的超越性。

马克思在《形态》中正是在这三个层面上完整提出了人的实践能力的超越性问题。

首先是第一层面的超越，"费尔巴哈对感性世界的'理解'一方面仅仅局限于对这一世界的单纯的直观，另一方面仅仅局限于单纯的感觉"①。费尔巴哈是直观的唯物主义者，他不懂实践，没有从主体的能动的方面理解实践，他同康德等人一样，对现实生活的理解只限于直观的感性层面上。"他没有看到，他周围的感性世界决不是某种开天辟地以来就已存在的，始终如一的东西，而是工业和

---

① 《费尔巴哈》，人民出版社 1988 年版，第 19 页。

社会状况的产物，是历史的产物，是世世代代活动的结果。"① 马克思在批判黑格尔唯心辩证法的同时，肯定了黑格尔发现劳动的本质的巨大意义。从而在实践辩证法的意义上揭示了实践的双重超越的真正意义：在实践中，人与自然客观对象处于互相生成、相互确证的超越之中，正是实践的这种超越性决定了自然的属人本性。正是在马克思真正揭示了实践的超越本性之后，自然决定论才让位给实践决定论。

近年来，随着后工业时代的到来、生态学马克思主义的兴起。人们的环境意识、尊重自然的观念大幅提高。但这是否就验证着《科学》的判断："人类的力量不是表现在对自然的征服与统治，而是表现在对自然的热爱、敬畏、协调与和谐，表现在能够认识和正确地利用自然规律——这才是'人与自然'的正确的关系。"显然，叶先生对于人与自然"正确的关系"的理解是片面的：难道人对自然的征服和统治不是在利用自然规律？不利用自然规律就意味着人对自然的征服和统治的失败，意味着人的生存的失败；难道人对自然的热爱、敬畏、协调与和谐就不是另一种形式的对自然的征服和统治？无论是对自然的热爱、敬畏、还是协调与和谐都离不开这个问题的前提基础：人要生存下去。人失去了生存，还谈什么对自然的热爱敬畏和与自然的协调和谐。我们认为，"人类的力量"是一个发展过程，它既可以表现为对自然的征服与统治，也可以表现为对自然的热爱敬畏、协调和谐。人类的力量的发展过程实际上正是人的实践能力、实践水平、实践目的的发展过程。在不同历史阶段上人类的力量、人类的实践能力是有差别的，程度是不一样的。如果把这个问题抽象化、只能得出偏颇的结论，不利于人们现实地调整人与自然的根本关系。

其次是第二层面的超越问题。"我们的出发点是从事实活动的人，而且从他们的现实生活过程中还可以描绘出这一生活过程在意

---

① 《费尔巴哈》，人民出版社 1988 年版，第 20 页。

识形态上的反射和反响的发展。"① 人通过自己的活动，把自己的生命活动变成意志和意识的对象，从而进入自由的存在。这就是实践对人自身超越的具体现实性的呈现。

在古希腊，哲学家们把现实世界的一切归为"理念"或"第一推动力"。人的真正生命是"理念"的显现或"第一推动力"把纯粹的潜在之物转成现实的存在：到爱代，人们认识到人的超越本性是人存在的根据。康德认为人超越自己的东西就是道德化的人格。黑格尔把人的超越性规定为自在的和自为的两个不同发展阶段。其中自因由于能自身发生作用并分离出它物，使得人对自身的超越是一种自在自为的超越。马克思在批判黑格尔、费尔巴哈等人理论的同时，充分肯定了实践活动在人的生命活动中是一个突破自身、超越它物又超越自身的主体存在。人的存在就是人与自然、人与人以及人与自身完成了的否定性的统一。

最后是第三层面的超越。"实际上，而且对实践的唯物主义者即共产主义者来说，全部问题都在于使现存世界革命化，实际地反对并改变现存的事物。"② 这是《形态》最光辉之所在，也是马克思唯物史观的精髓。马克思的实践注重现实的变革运动，注重人类自身的解放。"这样说来，如果千百万无产者根本不满意他们的生活条件，如果他们的'存在'同他们的'本质'完全不符合——那么……在实践中，即通过革命使自己的'存在'同自己的'本质'协调一致。"③ 马克思所强调的实践能力的超越性重点就是要使千百万无产者通过革命变革"使自己的'存在'同自己的'本质'协调一致"。

上述实践的三种超越性都是在人们可能实践能力的范围内对自然的前提的丰富，对自然的界限的突破、对自然的条件的突破。人的实践过程是一个开放的不断拓展的过程，旧的前提被打破了，又

---

① 《费尔巴哈》，人民出版社 1988 年版，第 16 页。

② 同上，第 19 页。

③ 同上，第 42 页。

会出现新的前提，旧的界限被突破了，又会有新的界限，旧的条件被克服了，又产生新的条件。而在这个发展过程中，始终不变的是实践的创造性，是人的实践能力的无限发展性。这一点则是我们在研究人与自然的关系、区别自然行在性与决定关系时要牢记的。

把自然的先在性与自然的决定性等同起来，用自然的先在性证明或肯定自然的决定性的理论观点，在理论上也会遇到很多困难。首先，自然决定论从根本上否定了实践在马克思主义哲学中的核心作用，否定了实践在确定人的存在、人与自然的关系、人与人的社会存在，人类发展中的决定性作用。其次，自然决定论以表面上尊重自然、肯定自然的核心作用。其实不然，由于它从根本上否定实践，它所谓的自然是没有实践作用、实践参与的"无人"世界。这样的自然只存在于人类诞生之前，从根本上说是没有意义的，是"无"。再其次，如果自然决定论者不否认实践的决定作用，那么在理论上就会陷入"双重决定"的矛盾境地。而我们知道，在自然与实践的关系中，人的实践起着关键的、决定的作用，"双重决定"论的结果是既否定了实践的关键作用，也将自然本体化、实体化了。是一种发展了的独断论。

"实践思维"与"形上之思"*

摘要： "实践思维"即"关于实践观点的思维方式"，是"形上之思"未分化独立之前作为现代哲学思维的主要形式之一，"形之上思"作为现代哲学的理论理解样式，是对形而上学传统思维的超越，是在"解构"逻辑理性中心主义的同时积极建构人类未来意识形式。作为"形上之思"初始阶段的重要思维方式，"实践思维"试图揭示人类的哲学意蕴，认为实践的本性就是人的本性，也就是哲学的本性，因而"类哲学"的产生有其必然性；"形上之思"是传统哲学的形而上学思维方式的新发展，是对古代本体论的思维方式、近代认识论的思维方式的彻底颠覆，由"形上之思"作为核心与基础的现代哲学也是古代实体哲学、近代意识哲学的必然性发展。"实践思维"与"形上之思"二者，由于前者直接来自于马克思思想，后者则是大陆哲学（主要是现象学）与分析哲学的产物，呈现出各自不同特点，从学理上看，实践思维是"从大到小"，而形上之思是"从小到大"；从合法性上看，实践思维认为哲学就是人学，形上之思则把自身看成哲学的当然样式。

"实践思维"可以歧义地理解为"实践的思维""关于实践的思维""对实践的思维""属实践的思维"。这里我们所说的"实践思维"则专指由高清海先生提出的"关于实践观点的思维方式"，它在哲学发展史上是继"对象意识""超对象意识""反思意识"之后

---

* 本文最初发表在《辽宁大学学报》2004 年第 3 期。

的关于实践的新型理论意识方式，是高清海"类哲学"的特有思想方式。高先生的"实践思维"理论提出于 20 世纪 90 年代中期，在当时进一步清除"教科书哲学"影响和实践本体的二元哲学的语境下，它的产生具有无法替代的重大历史意义。

所谓"形上之思"是相对于传统哲学的形而上学思维方式而言的，它的意思不是"形而上学的思维"，而是"对于形而上学的意识（或'思'）——或者是对于形而上学思维的思维。"形上之思"是现代哲学的思维方式，它是在否定传统哲学（形而上学）知性思维的抽象形式和独霸西哲史两千多年的理性中心主义的基础上，再一次对哲学的形而上学本性的积极肯定。"实践思维"与"形上之思"二者就它们否定传统哲学的思维方式、积极寻找现代哲学的发展方向、道路和进行真正的哲学研究等方面是一致的。但也有很大区别，最根本的不同是："实践思维"是关于主体（实践的人）的理性的新观念；"形上之思"则是关于人（现象的主体）的意识活动的理论话语。在学理上研究"实践思维"与"形上之思"的问题对于新世纪哲学具有很大意义。

一

高清海先生提出"关于实践观点的思维方式"是从理论的两个方向进行"哲人"之思的。这就是"新问题式"意义上的——以马克思哲学关于实践、关于人性在现实实践中的双重超越和逐渐生成，表明人的"类""意味着本质的统一性的意思"——和理论的另一部分——关于类哲学就是马克思哲学与共产主义理论相一致等诸多理论来建筑自己的思想大厦。在理论的另一个方向即对哲学史的考察中，高先生从实践思维的维度出发，认为古代哲学实际上是一种建立在"自然态度"之上的实体化的"对象意识"，是哲学与科学未分化的原生态哲学，它所面对的实质上是外在对象。它的致命性在于试图探寻世界的本源和人的自然本质，由于其认识上的外在性和高扬人的理性所导致的逻辑化，从而遮蔽了"真理"。因此，古代哲学是一种"物性人"的哲学；而中世纪哲学是一种"超对象意识"，哲学面对的是幻想对象，表现的是"神性人"观念；近代哲学发展到德国古典哲学则完成了一个圆圈式发展，它以"反思意识"的对二极化对立的知性思维的超越为特征，用抽象的理性辩证法或感性直观的颠覆性方式终结了以亚里斯多德为代表的古代形而上学的哲学。但是，正当19世纪的人们为黑格尔哲学所陶醉的时候，人们已经感到"新体系"中的绝对精神是一个新的形而上学怪物，费尔巴哈是一位伟大的骑士，他用《黑格尔哲学批判》击中了近代意识哲学的要害。尽管费尔巴哈哲学仍有许多旧哲学的成分，但随后产生的马克思哲学则在费尔巴哈的基础上再次超越了旧哲学。一百多年后，高清海先生破天荒地重新阐释马克思思想，创立了以实践的人的本质"生成性"为核心范畴的新哲学。高先生的"类哲学"提出：真正哲学的世界是现实世界，这个现实世界是以人的自身生存的两重矛盾关系为基础的，它不同以往哲学所面对的"时空物理世界""神学世界"和"应然世界"；哲学的主体是现实的人，是不同于以往任何对象的自创对象。在这个意义上，哲学就是人学。

实践思维是类哲学的理论前提和逻辑基础。高先生对于类哲学的理论及其哲学史的视界的揭示寓意是要在马克思哲学的"实践本质"中创生"实践思维"的新鲜价值，从而在哲学的或人的本性中凸显"生成性"和"自创"的新观念。他在那些严密的理性阐述和完美的逻辑形式中使人们仿佛看到了"此岸"的哲学在未来背景中的清晰图景，完成了具有历史意义的学理上的跨越。为了从根本上揭开哲学的奥秘——因而也是人的奥秘——的问题，同时也是对于未来的自信的承诺。高先生又在马克思《政治经济学批判》中关于人性的生成、展开、完成的社会三阶段理论上充分诠释人的类本性的哲学意蕴：人的本性是一个从种向类的生成过程，它依次以群体为主体和本位、以个体为主体和本位、以自由个性（自觉的类）为主体和本位的不同的要素和环节组成了人性的整个历史过程。至此，高先生将马克思思想中关于共产主义的理论的承诺进一步阐释为关于哲学本性的一种理性映照。而促使高先生完成这一工作的主观动因则是一种"神秘的感觉"，也就是哲学家"对内容的渴望"。

但是，同历史上伟大的哲学家一样，高先生的哲学思想在撞击人们心灵，打破人们的思想禁锢、开启人们的思维之光的同时，也带来一系列的新课题和重大问题。这些新课题和重大问题促进了中国当代哲学的进一步发展。

二

"形上之思"彻底反对传统哲学的形而上学思维，作为对现代哲学（特别是大陆哲学）思维方式的概括，形上之思是日常生活世界哲学和现代哲学活动的基本物质。从哲学的形而上学本性和思维方式上的反形而上学形式的双重价值出发，"形上之思"根本突破哲学传统上的二元对立的理性逻辑的唯一呈现方式，针对属哲学的实践而言，形上之思是现代哲学的意识本质特征。

形上之思是相对于传统哲学的形而上学的思维方式而言的。按照海德格尔的考证，处于始源状态的哲学与后来的哲学有着很大的不同，始源哲学是一种不脱离直觉的理智回顾和反思批判意识，是包含着原本理性的由各种意识要素自然活动的整体运动。但自从巴门尼德、柏拉图、亚里士多德以后，哲学就从其本原状态脱落了。特别是亚里士多德《形而上学》之后，哲学走上了抽象化、逻辑化、科学化的单行道。后来哲学几千年的发展实质上是哲学用单一的逻辑理性和科学的形式艰难地表现着哲学的形而上学的本性，而且随着抽象的绝对化和科学理性的片面化，哲学发展到德国古典哲学阶段时走到了尽头，完成了"哲学的终结"。作为集大成者的黑格尔，一方面无法自制地构筑了历史上最宏大的绝对精神的哲学体系大厦；另一方面又为未来的形而上学的发展出路问题提供了一个聪明的解决方法，这就是辩证法。黑格尔辩证法的主旨是要解决知性思维或形而上学的概念的存在合法性问题，即企图解决在二元对立前提下哲学内容的客观一元性问题。但事与愿违，黑格尔的在逻辑理性范围内能够解决形而上学的片面性和抽象性的愿望并没有成功，相反，他的理念哲学将哲学的形而上学本性在抽象化和绝对逻辑化的双重"遮蔽"下根本不存在（不在场）了。总之，传统哲学的形而上学思维方式与哲学的形而上学本性形成了尖锐对立，近代哲学的二元对立的认识论使哲学走进了死胡同。

真切地看到传统哲学的悲剧性质的人是费尔巴哈。费尔巴哈从1830年发表《黑格尔哲学批判》开始，就非常明确地断定黑格尔走的是一条绝路：在理性或逻辑的范围内哲学的形而上学本性无法得到全面、真正的表现，它除了被不断的歪曲的抽象化之外，没有第二条出路。所以，费尔巴哈在哲学史上真正地打起"感性哲学"（又自称为"自然主义""人本主义"等）大旗，强调直观在哲学中基础的普遍的不可替代的作用。这是费尔巴哈哲学的最重要的历史价值意义。① 马克思则在费尔巴哈感性哲学的基础上，进一步明确了实践，特别是生产实践的哲学意义。马克思思想的先进性正是在实践思维的条件下寓意哲学现实的历史深刻内容，从而使马克思哲学成为不同于历史上任何一种哲学。在这中间，马克思思想中的现实的历史内容（甚至包括历史唯物主义）都同费尔巴哈哲学有直接联系。没有费尔巴哈哲学，就不会有马克思哲学；没有费尔巴哈对感性、直观的确证，就不会产生马克思的实践哲学；没有费尔巴哈关于人人的存在与实际生活是包含着理性和直观等各种"质料"的非纯粹意识活动的思想，也就不会出现马克思思想中关于具体的现实的实践意识的内容。

但是，在马克思哲学产生之后的一百多年里哲学的发展并不能令人满意，造成这种书面的最重要原因，从哲学发展本身而言是由于政治和意识形态对哲学发展本身的严重影响，使得人们在马克思

① 关于费尔巴哈哲学的现代哲学意义可参看拙文：《费尔巴哈哲学：现代哲学的重要开端》载《社会科学辑刊》2003年第6期；《费尔巴哈哲学的现代哲学性质及其唯物史观萌芽》，载《辽宁大学学报》2003年第6期。

去世一百多年之后，还不得不尽力去全面诠释马克思思想的本意。而实际的收效并没有达到人们的预期，人们不仅无法全面准确地理解马克思的思想，甚至丢掉了费尔巴哈感性哲学中最有价值的东西——突破对哲学的形而上学本性的理性片面化、科学抽象化的理解和把哲学的形而上学本性重新理解为不脱离直观感性的意识活动——将这些东西以极其轻浮的态度丢掉了，从而使哲学倒退到德国古典哲学以前的近代哲学的水平。其最突出的表现一是仍将哲学局限在科学理性和形式逻辑的范围内，仍把哲学看成科学和各门具体科学的基础；二是在哲学的思维活动中仍局限在二元对立（或"二极化"）的思维方式，仍把哲学看成概念的游戏。许多哲学文章和著作仍停留在近代哲学或德国古典哲学的水平上，在内容上不仅没有达到马克思哲学的程度，也没有达到费尔巴哈哲学的程度。

　　"形上之思"是现代哲学特有的意识方式，哲学是一种以意识活动为对象的理论认识。人们承认感觉、知觉、表象、概念、推理、判断的认识方式。但在传统哲学那里，感觉、知觉、表象被归为感性认识；概念、推论、判断被归于理性认识。从亚里士多德到黑格尔，绝大多数哲学家都是肯定理性认识，否定感性认识在哲学中的合法性。由于推理是概念的推理，判断是概念的判断，因而哲学也就成了二极化意义上的概念的游戏。这种认识，一方面是把哲学的思维方式和表现形式抽象化、概念化、片面化了；另一方面是把哲学建立在了主客对立的传统思维的基础上。更无法让人接受的是这种感性与理性对立的思维方式又是来自于对人的本质、对人的本性绝对二重化，把人的物质和精神绝对对立起来这样一种"范式"。哲学是一种对于存在自身的意识和认识，但自从亚里士多德《形而上学》之后，哲学对于存在本身的追问就被曲解为对于存在者（物理、有形之物）的"形下之学"，其标准形态也变成抽象理性和逻辑推理的唯一形式。

　　改变哲学理论形态的单一性成为 19 世纪、20 世纪哲学的历史任务。最初，黑格尔用概念辩证法在理性范围内改变哲学的知性思维方式，并且试图用绝对精神的产生、展开、完成来消除二元对立思维的绝境，但结果并不成功。费尔巴哈另辟新径，他天才地感受到未来哲学的出路是在现实世界中，是在久违了的感性世界和感性活动中。因此，他义无反顾地推崇感知（实则是知觉）、直观。费尔巴哈等人的勇敢探索为 19 世纪、20 世纪哲学的"转向"打下了坚实的基础。在此条件下，现代哲学的产生发展就是必然的了。作为最早最有影响的现代哲学无疑是胡塞尔的"现象学"。现象学就是意识批判学，现象学哲学通过本质还原在根本上区别于经验科学和实践描述心理学。其核心观念"意向性"理论使得争论已久的唯心主义、唯物主义诸范畴及其对立成为"假问题""伪问题"，为 20 世纪分析哲学发展做了一件想做但只能"沉默"的重大工作。而现象学哲学对于哲学思维的方式的最根本影响就是将传统哲学的形而上学思维变成现代哲学的"形上之思"。在形上之思中，意识质料与意向性、意向对象与意向本质、先验形式与客观内容、人与世界等之间整体地统一起来，从而解决了反思活动与反思对象、主观与客观、哲学与科学、人与世界的二元化问题。

"形上之思"的"思"是真正的哲学思维。人们之所以区分"形而上学思维"和"形上之思"，则是完全出于对于有别于传统哲学的现代哲学思维方式的理解，目的就是想将这两种截然不同、势同水火的思维方式严格区别开来。

三

"实践思维"与"形上之思"都是产生于 20 世纪的关于哲学思维方式的两种既有联系又有明显差异的思维方式。总起来说，"实践思维"是马克思哲学的"新问题式"物质的综合表达，它抛弃了"教科书哲学"的庸俗化，又超越了实践本体论理论，以人在实践中的两重性及其现实的、社会的、历史的超越为理论基础。"实践思维"理论的诞生带有明显的时代性、社会性特点，它通过凸显人的类本质辩证发展的三种形态完成了在理论上彰显完美人格的未来承诺。因此，它所表现的是对哲学即人学的形而上学本性的肯定。而"形上之思"更着重于对于哲学思维方式的固有本质特征的研究，它以完全有别于概念的、逻辑的反传统哲学精神努力开创哲学的新纪元，进而开创人类整体历史发展的新纪元。在一定意义上，实践思维是"从大到小"，而"形上之思"是"从小到大"。

"实践思维"与"形上之思"都坚决反对预设的、概念、逻辑单一样式的传统哲学，抛弃将人的物质性与精神性、感性与理性、理论与实践、主体与客体绝对化的二元对立观念。这是它们的共同点。而二者的不同也同样明显，其中一个根本的区别就是在什么是哲学或哲学是什么这一合法性问题上。以形上之思为特征的现象学哲学认为哲学就是现象学。"现象学：……典型哲学的思维态度和典型哲学的方法""认识批判的方法是现象学的方法，现象学是一般本质学说"；而以实践思维为新鲜内容的类哲学则认为哲学就是人的类本性的学说："哲学实质也就是以类（人的真正本性，这种本性同时包括了人所生活和面对的世界）为核心内容和根本性质的'类哲学'"。由此而带来的关于哲学的形而上学本性理解的具体内容也有很大差异：形上之思所进行的哲学反思就是"面向事情本身"，即"所有超越之物（没有内在地给予我们东西）都必须给以无效的标志，即它们的存在，它们的有效性不能作为存在和有效性本身，至多能作为有效性现象"。而"实践观点的思维方式"则认为"类哲学是注重于从人与外部世界、人与他人和人与自身的本质性的一体关系，也就是以'否定性的统一'观点去看待和认识"。换言之，实践思维是以哲学本性、人本性的"生成性"为根本前提的。

"实践思维"和"形上之思"这两种明显带着共同的现代哲学烙印而又相互之间有很大区别的哲学思维方式已经呈现在人们面前。我们不能简单地判定二者孰是孰非，因为现代哲学的一项重要成果就是对哲学的多样性的肯定，就是对哲学形而上学本性的进步理解，而各种样式哲学的价值也有待哲学理论的和历史的验证。但有一点是肯定的，实践思维与形上之思都从各自的维度"表征"着我们这个时代的哲学精神。

Thought of Practice And Thinking Meta－metaphysic

Dong Jinqian

(*Liaoning University Press*，*Shenyang* 110036，*China*)

Abstract："thought of practice" is gaoqinghai's "made of thinking of attitade in practice"；"thinking meta－metaphysic" is a consciousuess of metaphysic a mede of thinking in philosophia. Thought of practice want to show The substance of practice the nature character of practice is the nature instincts of muman being also the essence of philosophia；thinking meta－metaphysic is the made of thinking in modern philosophia. In learning，the thought of practice is from general to specific；and the thinking up metaphysic is from specific to general.

Key Words：thought practice，thinking meta － metaphysic；modern philosophia

《新华文摘》2004 年第 16 期"论点摘编"

"实践思维"与"形上之思"

董晋骞在《辽宁大学学报》2004 年第 3 期撰文指出，"实践思维"即"关于实践观点的思维方式"，是"形上之思"未分化独立之前作为现代哲学思维的主要形式之一，"形上之思"作为现代哲学的理解样式，是对形而上学传统思维的超越，是在"解构"逻辑理性中心主义的同时积极建构人类未来意识形式。作为"形上之思"初始阶段的重要思维方式，"实践思维"试图揭示人类的哲学意蕴，认为实践的本性就是人的本性，也就是哲学的本性，因而"形上之思"是传统哲学的形而上学思维方式的新发展，是对古代本体论的思维方式、近代认识论的思维方式的彻底颠覆，由"形上之思"作为核心与基础的现代哲学也是古代实体哲学、近代意识哲学的必然性发展。"实践思维"与"形上之思"二者，由于前者直接来自于马克思思想，后者则是大陆哲学（主要是现象学）与分析哲学的产物，呈现出各自不同特点，从学理上看，"实践思维"是"从大到小"，而形上之思是"从小到大"；从合法性上看，实践思维认为哲学就是人学，形上之思则把自身看成哲学的当然样式。"实践思维"和"形上之思"实际上是两种明显带着现代哲学烙印，而又从各自的维度"表征"着我们这个时代的哲学精神。

论书评的审美特性[*]

书评的审美特性问题，是书评的基本问题之一。书评美对于发挥书评的认识作用、伦理教育作用、功利导向作用、审美感兴作用具有重大意义。它的特点是感性与理性、个别与一般、形式与内容的和谐统一。检验书评是否美的标准只有客观的社会实践。我们相信，通过循环往复以至无穷的实践运动，我国的书评水平和图书质量会不断提高、日臻完善，我国的社会主义精神文明建设一定会蓬勃健康地发展下去。

一、书评美是书评的基本属性

图书评论中的审美活动是主客观矛盾统一的过程。被写作和出版的图书是客观方面，书评家是主观方面，主观与客观是矛盾着的两个方面，在这对矛盾中，从唯物论的根本观点看，图书是矛盾的主导方面，具有决定性的意义；书评家是非主导方面，是从属的性质。从辩证法的观点看，书评家是能动的方面，是再评价再创造的主体，图书是被动的方面，是评论的对象。评论家与图书既是矛盾的，同时也是相互依存的。

图书是作者劳动的结晶，没有它，书评家就没有评论的对象和可能，但是若没有书评家的补充、丰富和发挥，图书的作用和价值也会是残缺的、不完整的。这是因为图书是具体与一般、有限与无限、个性与共性的统一。个性、具体性和有限是作者选择、剔除、

---

* 本文发表在《辽宁大学学报》1990 年第 5 期。

提炼的结果，在细节上不可能超过现实对象的细致和逼真，这要由书评家根据图书内容予以更为具体细致的补充。更重要的是，在这些个别、具体和有限形式中所揭示的一般、共性和无限，也只有通过书评家根据图书所提供的材料、趋向和范围，进行创造性的思维，把图书所规定了的但尚未表现出来的东西找到，对其进行补充和丰富，达到对图书全面而深刻的把握和认识。因此，图书评论是一种高级精神活动，是有意识的社会实践活动过程。

图书评论活动也符合人类一般审美活动规律。马克思说："人不仅通过思维，而且也用一切感觉在对象世界中肯定自己。……动物只生产自己，而人则自由地和自己的产品相对立，运动只是按照它所属的物种的尺度和需要来造成东西，可是人善于按照任何物种的尺度来生产，并且到处善于对对象使用适当的尺度；因此，人也是按照美的规律来造成东西的。"① 所谓"按照美的规律来造成东西"说明审美活动是人类所特有的，是同人的本质特征相系的。高尔基说过："人无论在什么地方，总是希望把'美'带到他的生活中去。……他已经在自己周围创造了被称为文化的第二自然。"② 图书是人类文化活动的载体，书评是人类意识活动的一个组成部分。人们从事的书评活动是客观的美的规律同人类的审美理想的统一。图书写作和图书评论的共同点之一是二者都要按照美的规律进行。在美的规律作用下，人们所作的书评活动体现着主观与客观、自由和必然的和谐统一。这样，存在于图书和评论两方面的审美特性，自然地成为书评的基本属性之一。

任何好的书评总是具有明显的审美特征。马克思、恩格斯和鲁迅等人一生中所撰写的大量书评，总是焕发着特有的美丽光彩，都是具有审美价值的不朽之作，如鲁迅的《〈淑姿的信〉序》："夫嘉葩失荫，薄寒夺其芳菲，矢坚石以偕行，向曼远之将来，扬辉煌之

---

① 《马克思恩格斯论艺术》1 卷 104，225～226 页。

② 《文学论文选》71 页。

梦。……绮颜于一棺，腐芳心于抔土。"情真意切，声情并茂，给人以审美的享受。在充分肯定十年来书评工作的空前活跃繁荣的前提下，当前的书评工作也还有一些问题需要解决。例如，有些书评存在着自相矛盾、过甚其词、舍本逐末，喧宾夺主、自以为是、主观片面、又长又空、人云亦云等现象，这些问题分析起来，都与书评的审美属性有直接关系。从反面证明书评的审美功能的重大作用。

二、书评美的本质是真、善、美的统一

书评之所以美，是由于其中体现了人类的才能、胆量、见识、力量，表现出人在实践中自由创造的本质特性。自由是对客观必然性的认识和把握；自由创造就是按照人所认识到的客观规律，改造外在世界，实现人类的目的和理想。书评也是人自由创造的一种形式，包括真、善、美等方面的内容。所谓真，主要指书评家对图书的认识，这种认识从现象到本质，逐步深入地揭示图书的内容性质，使图书这一外在之物化为主观的为我之物。所谓善，是指图书评论是有意识、有目的的活动。通过人的努力，体现人的目的、利益和要求。人在社会实践基础上进行的图书评论活动既有关于内容方面的真理性的认识，又符合人的利益、实现了人的目的愿望。并且，也打上了人的烙印、人的理性、人的本质力量。人的自由创造本质通过具体感性的形式表现了出来，所以书评也在屡审美的对象，成为人们审美观照的对象。从上面的分析看出，书评中的真、善、美是统一不可分的，他们共同构成了书评的本质。

真是书评的基础。关于书评的真实性问题，肯伊认为表现在两个方面："首先应给人们指出图书的内容要点，再者就是对图书进行评论，指出它的优点和缺点。"[1] 即真实地反映图书的本来面目和真实地表现书评家的真情实感。简言之，就是要"实事求是"。书

---

① 《引自中国图书评论》89 年 2 期 162 页。

评家在表扬时要注意不过分夸大，批评时防止失之偏颇，褒贬得宜，使书评成为历史和现实文化发展的一面镜子。但是，现实中有些书评或过分夸奖，或胡乱指责，妄下结论，或读起来朦朦胧胧，缺乏真实感。这些问题的症结所在就是对书评的真实性没有足够的认识。

善是书评的生命。善的问题对书评尤其重要。古今中外的大量事实说明，书评内容的重点是在善的方面。马克思和恩格斯一生中撰写了许多书评。收入《马克思恩格斯全集》的有30多篇。他们把书评同他们所从事的共产主义事业联系起来。他们借助书评使"消极的批判成了积极的批判；论战转变为马克思和我所主张的辩证方法和共产主义世界观的比较连贯的阐述"。[1] 列宁正式把书评当成"党的正规工作"[2]，要求图书评论工作要符合党的路线和方针政策。真正起到引导出版、指导读者、推动社会主义精神文明建设健康发展的作用。正是从书评要与人为善的目的出发，当前许多人提出书评的导向问题。其实，从书评诞生那天起，就存在着书评导向问题，它是书评的善和倾向性的表现。书评导向从性质上分为政治导向和文化导向，又叫社会导向和意识导向；从表现上可分为隐性导向和显性导向。当然，这种划分是相对的。书评导向问题十分引人注意，它对图书出版部门和读者有较大的主导作用，是社会舆论的重要组成部分。

书评的"善"与书评家自身的"善"有密切关系，古人讲"书如其人"，文品即人品一类的话，就是这个意思。马克思、恩格斯、列宁、鲁迅等人的书评活动是我们学习的楷模。近些年来，尽管我国书评有了长足的发展，取得很大成绩，但也有一些不尽如人意的地方：有的人搞书评不唯实、只唯上，谋求个人私欲的满足。或自吹自擂、互相捧场；或沽名钓誉，窃夺他人成果；或以文谋私、不

---

① 恩格斯《反杜林论》三版序言。
② 参见列宁致卢那察尔斯基的信。

阀治学；或见风使舵，反复无常；或文过饰非，不负责任；或拉帮结伙，搞哥们义气。这些不良风气严重影响了书评的健康发展。

美是书评的肌肤。书评具备真、善的内容，不一定就是好的书评。只有具有审美特性，将书评内容用具体可感的恰当形式表现出来才称得上是好的优秀书评。刘勰说："志足而言文，情信而辞巧"[①]，认为"虎豹无文，则廓同犬羊，犀兕有皮，而色资丹漆，质待文也"。[②] 美离不开真善，但真善不就是美。好的书评反映了图书的内容和书评家的真实思想，也就是真，并把它同现实实践结合起来，发挥书评的社会作用，促进人类精神文明建设，实现了善。而且通体表现得生动感人，使读者在"感兴"之间获得理性的锤炼，在"怡情"之中得到理论上的修养，寓教于乐。古人云："知之者不如好之者，好之者不如乐之者也"，强调审美感受的重要性。

当前，要求发挥书评社会作用的呼声越来越高，因而提高对书评审美特性的认识就显得更加重要。因为书评除缜密的逻辑、详实的论据资料之外，还要有循循善诱的格调、生动活泼的形式，通俗感人的语言。好的书评可以指导读者选书，可以扩大书的社会影响，可以督促图书质量的提高；可以培养读者的阅读欣赏能力等，实现这一切的前提条件是书评要具备审美价值，具有可读性和吸引力。否则的话，必然使书评或咄咄逼人，使人敬而远之；或如蜡乏味，难以阅读。结果必然影响书评作用的发挥。

三、书评美的特征是感性与理性的高度统一

图书评论活动是一种理性思维活动，是与艺术创造不同的精神活动。从根本上说，书评美是一种理性美。它给予人的是一种深刻有力的理性感染力。马克思说："整体，当它在头脑中作为被思维的整体而出现时，是思维着的头脑的产物，这个头脑用它专有的方

---

① 刘勰《文心雕龙·征圣》
② 刘勰《文心雕龙·情采》

式掌握世界，而这个方式是不同于对世界的艺术的、宗教的、实践——精神的掌握的。"书评家在评论图书的过程中，借助于概念、判断、推理，对图书的内容形式、本质规律、内部联系、价值作用进行抽象概括，同时，面对着无比丰富的现实生活，书评家把自己的思想感情渗透到书评活动中，把客观的真与主观的真结合起来，因而从发生学上来说，书评美的一个基本特征是以理性为指导的感性与理性相统一的活动，其中的理性是渗透着感性的，以感性为传播媒介的理性。二者统一性活动的表现形式是"高级审美直觉"。

所谓高级审美直觉是比普通审美对象所给予的一般审美直觉更趋向理性化、更深刻强烈的一种特殊审美直觉，它是一种经过长期经验积累的、实际上是经过了理性认识阶段的直觉，是人类理性活动达到极致的一种表现。它能够在一瞬间，似乎并没有经过多少抽象的分析、概念的推理、使人迅速作出相应的美的情感反应。这种高级审美经验的取得全靠平日钻研、琢磨和思考及反复实践。例如，有人面对着马克思写作《资本论》时坐过的椅子，在刹那间产生强烈的美感："科学是多么严肃的工作啊！"这其中包含着日常积累起来的对马克思生平事迹的了解，以及长期造成的对革命导师的无限崇敬。鲁迅的《二月》小引："冲锋的战士，天真的孤儿，年轻的寡妇，热情的女士，各有主义的新式公子们。"其中充满着逻辑的力量、理性的感染力。

感性与理性的高度统一，对书评美是十分重要的。当前存在着两种不好的书评现象：一是书评的浅入浅出。表现为平庸和俗气，堆砌一些空调的词句，内容上千篇一律。二是书评的浅入深出，不懂装懂，故作高深。书评离开理性，就失去了真实性，书评离开感性，就失去了存在形式，达不预期的目的。只有当书评家把感性和理性完美地统一起来，使书评既思维周密，结构严谨、措词恰当、完整准确地表现思想观点，又情理融合，意趣盎然，感染力和可读性强，才会有真正意义上的书评佳作。

四、书评美的标准特性是一般与个别、内容与形式的统一

书评美的标准也就是书评美的理想。

书评体现着人类精神生产的一般规律，是个别与一般的统一。一方面它具有丰富的多样性和个性差异，最忌强求一致。另一方面它又存在着客观标准。这是因为书评的内容具有客观性，是被一定社会生活所决定的。另外，图书是有客观标准的，书评也应该有客观标准。检验书评高低优劣的标准就是社会实践。社会实践是改造客观世界的物质运动，它具有变主观为客观的特性，是检验真理的客观标准。以社会实践作为书评美的标准，这就要求个别服从一般、个别与一般的统一。个别的趣味爱好由于是社会全体大众趣味爱好的一部分，反映本质的一个方面，是一般的存在方式，因而获得存在的必要性；同时，个别的趣味爱好要符合客观的规定，遵从社会生活的根本要求。在书评活动中，主体可以获得自由，感受到自由创造的喜悦。书评家从个别到一般再到个别的过程，从有限进入到无限的审美境界，其先决条件是正确处理个别与一般这一对矛盾。

当前，为了更好地发挥书评的重大社会作用，在书评美的理想标准问题尤其应该强调书评的内容与形式的完美统一问题。其原因从接受美学的理论来说，书评的作用表现为唤醒读者对以往生活经验、思维成果，感受积累的记忆，将他们带入一种特定的精神状态中，使读者产生对图书的期待，进而达到书评的综合目的。因此，书评首先要解决的是可读性、吸引力、感染力的问题。对书评而言，真实可信的内容、爱憎分明的态度、真切细微的感受以及明确的目的、重大的作用等都依赖如何表现问题的解决，都需要书评家正确而熟练地处理好内容与形式这一矛盾。只有这样，实现书评美的理想也才有保障。

另外，书评的理想标准作为一个历史范畴也不是一成不变的。今天社会实践证明不了的问题，以后的实践终究会证明。列宁说：

"实践标准实质上决不能完全地证实或驳倒人类的任何表象。这个标准也是这样的'不确定',以便不至于使人的知识变成'绝对',同时它又是这样的确定,以便同唯心主义和不可知论的一切变种进行无情的斗争。"[1] 现实生活是不断发展的,书评也在发展。历史将证明,经过我们的不懈努力,一定会产生一大批高质量高水平的优秀书评。

---

[1] 《列宁选集》2卷142页。

中编　马克思思论

实践与马克思主义哲学的开放性[*]

马克思在哲学上的一个根本性变革，就是科学地解释了实践，并把它作为自己全部理论的基础。150 多年以来，马克思主义哲学保持着旺盛的生命力，它指导着亿万人民的革命实践，自身也在不断地创新和发展。

为什么只有奠基在实践之上才能变革传统哲学？才能使理论不断地创新和发展？要说清楚这些问题，就需要对实践的本质特征作进一步的深入考察。笔者认为，这不仅因为实践是直接地变革现实的物质改造活动，而且因为实践充分体现了"作为推动原则和创造原则的否定性"的辩证法。正是基于实践的这种开放性特征，才使得马克思哲学有着独特的威力和强大的生命力。本文拟对这个问题谈几点粗浅认识，以就教于学界同仁。

一、"走出"意识的内在性

克罗纳认为，困扰德国古典哲学的一个重要问题是主体如何能够走出他的内在世界而进入到外在的客体中去。① 我国学者吴晓明也认为，近代形而上学基本建制的核心是"意识的内在性"；他进一步指出，马克思哲学变革的任务就在于"走出"意识的内在性。② 本文认为吴晓明的看法是深刻的，因为它抓住了近代形而上学局限

---

* 本文发表在《哲学研究》2008 年第 8 期。

① 朱葆伟《论哲学的问题研究》，载《现代哲学》2003 年第 1 期。

② 吴晓明《马克思哲学中的主体性问题》，载《复旦学报》（社会科学版），2005 年第 5 期。

性的实质，同时也明确了马克思哲学变革的方向。

那么，马克思是怎样"走出"意识的内在性的？要说明这个问题，首先需要了解近代哲学的"意识内在性"存在着怎样的逻辑困境。近代形而上学始于笛卡尔，他通过怀疑的方法找到了"我思"。"我思"是这样一种东西：它自己就能实现自我确证，但是它不能做到对自我的思维之外的一切东西是否存在达到确证，从而对自我思维之外的一切东西只能保持怀疑。这在客观上就必然产生一个后果，即"我思"变成了一个封闭的、孤立领域。这个封闭的孤立的"我思"就是一个"意识内在性"领域。由于这个意识内在性领域是自我封闭的，所以它无法与外部世界之间建立有效的联系。显然，这个以我思为基础的哲学理论不足以解释以认识外部世界为己任的科学认识活动。笛卡尔哲学的初始意图是要为科学奠基，而这种哲学理论与他的初始意图之间是相矛盾的。

海德格尔看到了这一矛盾点，他指出："要人们从我思（Ego cogito）出发，便根本无法再来贯穿对象领域；因为根据我思的基本建制（正如根据莱布尼茨的单子之基本建制），它根本没有某物得以进出的窗户。就此而言，我思是一个封闭的区域。从该封闭的区域'出来'这一想法是自相矛盾的"。① 在海德格尔的《存在与时间》中这一矛盾被表述为："这个进行的认识主体怎么从他的内在'范围'出来并进入'一个不同的外在的'范围？认识究竟怎么能有一个对象？必须怎样来设想一个对象才能使主体认识这个对象而且不必冒跃入另一个范围之险？……认识究竟如何能从这个'内在范围''出去'，如何获得'超越'？"②

因此，就像吴晓明指出的，马克思哲学变革的实质正是以在"感性活动"或"对象性活动"统摄下的"感性—对象性关系"范式来代替建立在意识优先性基础上的近代主体哲学的抽象关系范

---

① 海德格尔《晚期海德格尔的三天讨论班纪要》，F. 费迪耶等辑录，丁耘摘译，载《哲学译丛》2001 年第 3 期。

② 海德格尔《存在与时间》陈嘉映、王庆节译，三联书店 1999 年版，第 9 页。

式，从而解决了这一逻辑困境。① 也有学者把马克思的实践观点理解为一个"实践场域"：在"实践场域"中，人可以让工具按照人可以理解的方式与外部事物发生作用，从而就可以扬弃外部事物的"自在性"和"外在性"。② 还有作者指出，马克思哲学对近代哲学的变革主要体现在哲学立场的根本转变，这一转变体现在从意识内在性的哲学立场到物质生产劳动的哲学立场的转变。③ 这些认识都是很有见地的。从本文的视角看，也可以说它们从不同方面反映了马克思视野中的实践活动的开放性特征。

马克思把人的实践活动理解为感性活动。这种感性活动是客观的物质活动，是运用物质性工具来具体作用于外部对象，从而直接地变革现实、改造世界；它既区别于"直观唯物主义"的单纯直观活动，又区别于唯心主义的抽象理性活动，从而完成了单纯的直观活动和抽象的理性活动根本无法做到的事情。以往的哲学家只是用不同的方式解释世界，而"对实践的唯物主义者，即共产主义者来说，全部问题都在于使现存世界革命化，实际地反对和改变事物的现状"。④ 改变世界的哲学必须把自己的理论奠基于实践之上。

实践是能动的、创造的，它实际地改变外在物的存在形式，使之适合于人的目的和需要；它使旧事物消亡和新事物出现，推动着社会的发展和历史的进步。这种"实际地反对和改变事物的现状"是实践的本质所在，也是辩证法的否定性即批判精神的真正基础。马克思非常重视黑格尔的"作为推动原则和创造原则的否定性"辩证法。他批判地继承黑格尔辩证法的合理内核，把否定性看成是实践本身的辩证法、历史活动本身的辩证法。基于实践的这种否定性机能，哲学才能不断地突破封闭的哲学体系和教条主义的束缚，由

---

① 吴晓明《马克思对主体哲学的批判与当代哲学的语言学转向》，载《复旦学报》（社会科学版），2006 年第 3 期。

② 阎孟伟《马克思主义哲学与现代纯粹哲学》，载《哲学研究》2008 年第 4 期。

③ 王国坛《马克思哲学劳动主题引论》，载《天津社会科学》2006 年第 6 期。

④ 《马克思恩格斯选集》第 1 卷，人民出版社 1972 年版，第 48 页。

此也才能彻底地变革传统哲学，并实现其自身的创新和发展。

二、实践之综合机能的开放性

由于近代形而上学脱离实际、脱离感性物质活动，把自己封闭在孤立的"自我意识"中，它不仅限制了理论的创新和发展，而且也经常产生一些理论上难以克服的矛盾。分析和综合的矛盾即是其中之一。

在西方哲学传统中，知识的形成主要通过两种判断机能来实现，一是分析判断，二是综合判断，这两种机能首先在康德那里得到明确。康德认为，在一切有主宾关系的判断中，主要有两种方法：一是宾词预先蕴含在主词之中；二是主词与宾词之间有联系，但宾词却在主词之外。前者属于分析判断，后者属于综合判断。康德进一步认为，分析判断的主词和宾词是属于相同事物之间的联接，所以在分析判断中，宾词对于主词没有任何内容上的增加，它只是负责把主词之概念中所蕴含的若干概念内容给揭示出来。所以分析判断虽然保持了知识的必然性或必真性，但它却不能使知识有所增益和扩展，进一步说，不能使知识有所创新和发展。与此相反，综合判断虽然不能保证必然性，但它却能使知识有所扩展，因为综合判断的主词和宾词之间是两个不同事物之间的联接，也就是说，宾词并不是预先包含在主词之中，它是外来的，所以综合判断能够增加或扩展知识的内容。① 由于分析判断和综合判断各自的优缺点，康德主张不要单独地使用其中的某个判断，而要把二者结合起来使用。所以他认为，一切知识都是"先天综合判断"。

康德把知识理解为"判断"，这既是贡献，也有局限性。所谓贡献在于：批评了亚里士多德以来的"推理知识"：推理知识是一种间接性知识，比如演绎推理就是间接获得知识，推理的结论作为知识是从推理的大前提中获得的，然而大前提是怎么得来的却没有

---

① 康德《纯粹理性批判》，蓝公武译，商务印书馆 1960 年版，第 35 页。

交代。康德认为，知识的主要问题在于首先确定大前提，而大前提本身就是知识；知识的基础或基础性知识就是判断，而判断是一种直接性知识。直接性知识比间接性知识的优越之处在于它具有更大的真实性。康德判断性知识的局限性则在于：它不能反映事物的本质和规律。因为一切事物都是运动发展的，都有自身的发展过程。所以只有用一个概念体系或逻辑体系才能反映事物本质和规律。正如黑格尔所说的，"真理是全体"① "真理只有作为体系才是现实的"。② 仅局限于判断难以达到真理。

　　黑格尔的辩证法创造性地运用了康德的综合方法，从而把他物或对立面纳入到自身概念中来，使概念自身的内容不断得到扩充、丰富和发展。问题在于，他物或对立面怎样才能被纳入到自身的概念中来？这就是一直困扰着近代哲学的难题。黑格尔在解决这个问题时引入了费希特的自我主体能动性概念，即自我是一种具有能动性的精神主体：它既能够设定"非我"即他物，又能把这个非我扬弃于自身或统一于自身，从而实现了概念的自我运动和发展。经过概念的否定之否定运动，便形成了一个概念体系。这是黑格尔对康德的分析方法和综合方法的创造性发展。

　　在解释精神劳动为什么会有这种能动性时，黑格尔认为，这是一种"精神的魔力"。他说："精神之所以是这种力量，乃是因为它敢于面对面地正视否定的东西并停留在那里。精神在否定的东西那里停留，这就是一种魔力，这种魔力就把否定的东西转化为存在。"③ 在这里，黑格尔对主体的能动性给出了一个十分精彩的描述，但是这个精彩的描述并不是对主体能动性的一个很好的解释，甚至可以说，称之为"魔力"乃是在揭示主体能动性问题上的无奈的表现。这其中的根源就在于黑格尔哲学的唯心主义的抽象性。

---

　　① 　黑格尔《精神现象学》上卷，贺麟、王玖兴译，商务印书馆 1979 年版，第 12 页。

　　② 　同上，第 15 页。

　　③ 　同上，第 21 页。

马克思指出，黑格尔的主体是一种"抽象的无人身的理性"，即他把人等同于自我意识。这种主体只能是一个抽象的、孤立的、封闭的主体，这样一个主体是不可能有自己的外部对象的。一个没有自己对象的存在物就是非对象性存在物，而"非对象性存在物就是非存在物"。① 这就是说，黑格尔所说的主体实际上是不存在的，由这个抽象的主体所设定的他物也不是真正的他物，他的自我与他物的联系只是自身与自身相联系，所以黑格尔的自我意识的概念运动只能局限在"自身内部的纯粹的、不停息的圆圈"中，② 即他的运动结果总是在其前提中已经得到预先规定的东西。③ 从这个意义上来说，黑格尔使得综合方法变得抽象化了。

马克思对黑格尔唯心主义进行颠倒的基本方式是把人理解为现实的、具体的人，而不是抽象的自我意识；把劳动理解为感性活动或物质生产劳动，而不是抽象的精神劳动；从而把感性活动或实践看成是人及其周围世界存在的基础。从根本上说，实践是一种真正的"综合"活动，是人借助于物质工具对于外部感性材料的实在综合，而不仅是思维借助于范畴对于感官材料的观念的综合。也只有在感性活动基础上，才能真正理解和实现分析与综合的统一，也才能够使综合方法显示出巨大的现实意义。现实的人在感性活动中成为对象性的存在物。一方面，人在劳动中创造了自己的对象世界，并且在自己的对象世界中展示着自己的本质力量，从而能够在自己的对象中直观到自己的本质。这其中具有分析的性质。另一方面，就在这同一个活动中，还体现了综合的性质，这就是人与自然之间既有区别又有必然联系：自然对象是人的"他物"或对立面；但人与自然对象之间又有必然联系，人作为感性的存在者，他既需要自然对象又能够与自然对象发生直接联系。所以人的本质中必然包含

---

① 马克思《1844 年经济学哲学手稿》，中央编译局译，人民出版社 2004 年版，第106 页。

② 同上，第 114 页。

③ 《马克思恩格斯选集》第 1 卷，人民出版社 1972 年版，第 193 页。

自然的本质："对象性的存在物进行对象性活动，如果它的本质规定中不包含对象性的东西，它就不进行对象性活动。它所以创造或设定对象，因为它是被对象设定的。"① 这就是说，人在实践活动中不仅把自己的本质外化于对象之中，而且对象的本质或自然的本质也被内化或扬弃于人之中，这样一来，自然的人的本质和人的自然本质就可以理解了。由此可见，综合性是实践的本质机能；只有在实践中，人才能真正地向现实世界开放，并在实践中既改变自己也改变世界。

哲学之所以能够走进现实的生活世界，关键在于实践的综合机能。理论能够创新和发展，其根源也在于实践的综合机能。马克思主义哲学之所以能生生不息地发展和创新，其关键正在于此。

三、实践之社会机能的开放性

由于近代哲学意识内有性的自我封闭性，它从另一个角度所折射出来的问题就是自我主体的孤立性和封闭性，也就是主体实际上被看作是社会和历史之外的偶然的、孤立的、片面的个人。马克思哲学变革近代哲学，所要解决的一个重要问题就是自我主体的孤立性和封闭性问题。由此，社会和历史才真正进入哲学的视野，或者反过来说，哲学才真正进入社会历史领域。甚至可以说，社会主义或共产主义运动成为现实，亦与这个问题的解决相关。

近代哲学都是关于市民社会的哲学，而市民社会的基本精神就是"利己主义"。② 从一定意义上说，近代哲学就是这种利己主义精神的表达。正如马克思所指出的："本身被抽象化和固定化的自我，是作为抽象的利己主义者的人，他被提升到自己的纯粹抽象、被提

---

① 马克思《1844 年经济学哲学手稿》，中央编译局译，人民出版社 2004 年版，第105 页。

② 《马克思恩格斯全集》第 1 卷，人民出版社 1956 年版，第 442 页。

升到思维的利己主义。"①

利己主义的主要特征就是自我封闭性，着重体现在个人利益的排他性上。这种排他性在哲学思维中是通过封闭的"自我"这种抽象形式表达出来的。所以，以自我为基础的近代哲学主要表达了资本主义的利己主义精神。在这个意义上可以说，它也是时代精神的一种表达，但却是以直观的、非辩证的方式表达出来的，因而不仅是表面的，而且是歪曲的。

这种表达把人对人的关系看成是自然关系。近代哲学首先是把"自我"与自然界分离开来。但问题在于，在近代哲学家那里，人与自然界分离之后，人与人之间就没有了彼此联系的纽带，最终导致了人与人之间的分离。就像笛卡尔的"我思"和莱布尼茨的"单子"，它们既不能与自然界发生联系，也不能与别人发生联系。因为它们都是自我封闭的主体。马克思通过揭示实践活动的社会历史性而最终解决了这一哲学难题。

马克思继承了费尔巴哈的思想，把人理解为感性的存在者，即现实的、具体的、活生生的人。人作为感性的存在者，既有与外部自然界联系的必要性，又有这种联系的现实可能性。但仅仅局限于此还远远不能解决问题，因为那只是达到了费尔巴哈的"直观唯物主义"水平；在这个水平上不仅没有超出利己主义的限囿，而且它本身就是利己主义的另一种表达形式，即个人的自然欲望支配一切。马克思把感性当作感性活动来理解，其意义不仅在于它能够使人"在他所创造的世界中直观自身"②，而且能够使人与人之间通过"对象世界"这个中介物彼此发生联系。"人对自然的关系直接就是人对人的关系，正像人对人的关系直接就是人对自然的关系。"③

人与自然的关系和人与人的社会关系是人类实践活动中的两种

---

① 马克思《1844 年经济学哲学手稿》，中央编译局译，人民出版社 2004 年版，第 102 页。
② 同上，第 58 页。
③ 同上，第 83 页。

基本关系，它们是互为中介的。在《1844 年经济学哲学手稿》等著作中，马克思对人与人之间的社会关系作了具体生动的阐述：假定我们作为人进行生产，那么在这种情况下，我们每一个人在自己的生产过程中就双重地肯定了自己和另一个人。因为任何社会生产活动都"部分地以个人的直接合作为前提，部分地以对他人的现实的和历史的成果利用为前提"①；而且，这种活动既是为我的又是为他的，每一个人既为自己也为他人存在和生产。因此，社会关系是人类特有的本质联系，它是人的实践活动的产物。它打开了封闭的自我，使个人向他人开放。

个人活动转化为社会活动是通过交往实现的。交往和生产一起，构成了社会实践活动中互为前提和不可分割的两个基本方面。社会即是人类在物质生产基础上形成的交往关系的产物。"交往的社会实践方面首先表现为参与共同活动并解决其任务的个人在历史行动中必要的组织和统一：它造成了集团性主体，也创造了能表达任何社会活动的公共性和意志，由此形成了生产力，也产生了文化"。②

交往使人们参与到一定的社会生活实践中，并接受历史上和现实中的他人的实践成果和经验。随着资本主义大生产的发展，历史开始了"向世界历史的转变"，狭隘的地域性个人为世界历史性的个人所代替。"各个个人的世界历史性的存在就意味着他们的存在是与世界历史直接联系的。"③ 全部文明成果成为各民族共享的东西。

正因为如此，各个单独的个人才能处于普遍的关系支配之下，才能够摆脱各种局限性（民族的、地方的）而同整个世界的生产（包括精神生产）发生实际联系，并且可能有力量来利用全球的全

---

① 《马克思恩格斯全集》第 25 卷，人民出版社 1960 年版，第 120 页。

② "哲学与文化"课题组《实践与文化——"哲学与文化"研究提纲》，载《哲学研究》1989 年第 1 期。

③ 《马克思恩格斯全集》第 3 卷，人民出版社 1956 年版，第 41 页。

面生产及人们所创造的一切文明成果。由此，各个单独的个人才不仅有可能向他人开放，而且有可能向历史，向人类全部物质的、精神文化的优秀成果开放。共产主义即是"以生产力的普遍发展和与此有关的世界交往的普遍发展为前提的"。①

从本质上说，这种"个人的世界历史性"是指向未来的。当然，这里仍体现了否定的辩证法：因为"世界历史性的个人"代替狭隘的地域性个人是一种历史的必然和进步，但它在很长时期内又是以异化方式实现的——它表现为孤立的、片面的、偶然的个人；而其否定的力量，作为克服异化的历史趋势，必将导致个人的全面发展和个性的实现，导致产生真正的人、自由自觉的人、全面发展的人。

由此也可以看出，正是因为站在了世界历史的高度，向生活实践开放，向历史、向人类全部物质和精神文化的优秀成果开放，在把握和解决时代提出的重大问题中来发展自己，才使得马克思主义哲学永葆其生命力，并且不断地创新和发展。

《新华文摘》2008 年第 21 期全文转载

实践与马克思主义哲学的开放性

马克思在哲学上的一个根本性变革，就是科学地解释了实践，并把它作为自己全部理论的基础。150 多年以来，马克思主义哲学保持着旺盛的生命力，它指导着亿万人民的革命实践，自身也在不

---

① 《马克思恩格斯全集》第 3 卷，人民出版社 1956 年版，第 39 页。

断地创新和发展。

为什么只有奠基在实践之上才能变革传统哲学？才能使理论不断地创新和发展？要说清楚这些问题，就需要对实践的本质特征作进一步的深入考察。笔者认为，这不仅因为实践是直接地变革现实的物质改造活动，而且因为实践充分体现了"作为推动原则和创造原则的否定性"的辩证法。正是基于实践的这种开放性特征，才使得马克思哲学有着独特的威力和强大的生命力。

一、"走出"意识的内在性

克罗纳认为，困扰德国古典哲学家的一个重要问题是，主体如何能够走出他的内在世界而进入到外在的客体中去。我国学者吴晓明也认为，近代形而上学基本建制的核心是"意识的内在性"；他进一步指出，马克思哲学变革的任务就在于"走出"意识的内在性。吴晓明的看法是深刻的，因为它抓住了近代形而上学局限性的实质，同时也明确了马克思哲学变革的方向。

那么，马克思是怎样"走出"意识的内在性的？要说明这个问题，首先需要了解近代哲学的"意识内在性"存在着怎样的逻辑困境。近代形而上学始于笛卡尔，他通过怀疑的方法找到了"我思"。"我思"是这样一种东西：它自己就能实现自我确证，但是它不能做到对自我的思维之外的一切东西是否存在达到确证，从而对自我思维之外的一切东西只能保持怀疑。这在客观上就必然产生一个后果，即"我思"变成了一个封闭的、孤立领域。这个封闭的孤立的"我思"就是一个"意识内在性"领域。由于这个意识内在性领域是自我封闭的，所以它无法与外部世界之间建立有效的联系。显然，这个以我思为基础的哲学理论不足以解释以认识外部世界为己任的科学认识活动。笛卡尔哲学的初始意图是要为科学奠基，而这种哲学理论与他的初始意图之间是相矛盾的。

海德格尔看到了这一矛盾点，他指出："要人们从我思（Ego cogito）出发，便根本无法再来贯穿对象领域；因为根据我思的基本建制（正如根据莱布尼茨的单子之基本建制），它根本没有某物得以进出的窗户。就此而言，我思是一个封闭的区域。从该封闭的区域'出来'这一想法是自相矛盾的"。在海德格尔的《存在与时间》中这一矛盾被表述为："这个进行的认识主体怎么从他的内在'范围'出来并进入'一个不同的外在的'范围？认识究竟怎么能有一个对象？必须怎样来设想一个对象才能使主体认识这个对象而且不必冒跃入另一个范围之险？……认识究竟如何能从这个'内在范围''出去'，如何获得'超越'？"

马克思哲学变革的实质正是以在"感性活动"或"对象性活动"统摄下的"感性—对象性关系"范式来代替建立在意识优先性基础上的近代主体哲学的抽象关系范式，从而解决了这一逻辑困境。也有学者把马克思的实践观点理解为一个"实践场域"：在"实践场域"中，人可以让工具按照人可以理解的方式与外部事物发生作用，从而就可以扬弃外部事物的"自在性"和"外在性"。还有作者指出，马克思哲学对近代哲学的变革主要体现在哲学立场的根本转变，这一转变体现在从意识内在性的哲学立场到物质生产劳动的哲学立场的转变。这些认识都是很有见地的。从本文的视角看，也可以说它们从不同方面反映了马克思视野中的实践活动的开放性特征。

马克思把人的实践活动理解为感性活动。这种感性活动是客观的物质活动，是运用物质性工具来具体作用于外部对象，从而直接地变革现实、改造世界；它既区别于"直观唯物主义"的单纯直观活动，又区别于唯心主义的抽象理性活动，从而完成了单纯的直观活动和抽象的理性活动根本无法做到的事情。以往的哲学家只是用不同的方式解释世界，而"对实践的唯物主义者，即共产主义者来说，全部问题都在于使现存世界革命化，实际地反对和改变事物的现状"。改变世界的哲学必须把自己的理论奠基于实践之上。

实践是能动的、创造的，它实际地改变外在物的存在形式，使之适合于人的目的和需要；它使旧事物消亡和新事物出现，推动着社会的发展和历史的进步。这种"实际地反对和改变事物的现状"是实践的本质所在，也是辩证法的否定性即批判精神的真正基础。马克思非常重视黑格尔的"作为推动原则和创造原则的否定性"辩证法。他批判地继承黑格尔辩证法的合理内核，把否定性看成是实践本身的辩证法、历史活动本身的辩证法。基于实践的这种否定性机能，哲学才能不断地突破封闭的哲学体系和教条主义的束缚，由此也才能彻底地变革传统哲学，并实现其自身的创新和发展。

二、实践之综合机能的开放性

由于近代形而上学脱离实际、脱离感性物质活动，把自己封闭在孤立的"自我意识"中，它不仅限制了理论的创新和发展，而且也经常产生一些理论上难以克服的矛盾。分析和综合的矛盾即是其中之一。

在西方哲学传统中，知识的形成主要通过两种判断机能来实现，一是分析判断，二是综合判断，这两种机能首先在康德那里得到明确。康德认为，在一切有主宾关系的判断中，主要有两种方法：一是宾词预先蕴含在主词之中；二是主词与宾词之间有联系，但宾词却在主词之外。前者属于分析判断，后者属于综合判断。康德进一步认为，分析判断的主词和宾词是属于相同事物之间的联接，所以在分析判断中，宾词对于主词没有任何内容上的增加，它只是负责把主词之概念中所蕴含的若干概念内容给揭示出来。所以分析判断虽然保持了知识的必然性或必真性，但它却不能使知识有所增益和扩展，进一步说，不能使知识有所创新和发展。与此相反，综合判断虽然不能保证必然性，但它却能使知识有所扩展，因为综合判断的主词和宾词之间是两个不同事物之间的联接，也就是说，宾词并不是预先包含在主词之中，它是外来的，所以综合判断能够增加或扩展知识的内容。由于分析判断和综合判断各自的优缺点，康德主张不要单独地使用其中的某个判断，而要把二者结合起来使用。所以他认为，一切知识都是"先天综合判断"。

康德把知识理解为"判断"，这既是贡献，也有局限性。所谓贡献在于：批评了亚里士多德以来的"推理知识"：推理知识是一种间接性知识，比如演绎推理就是间接获得知识，推理的结论作为知识是从推理的大前提中获得的，然而大前提是怎么得来的却没有交代。康德认为，知识的主要问题在于首先确定大前提，而大前提本身就是知识；知识的基础或基础性知识就是判断，而判断是一种直接性知识。直接性知识比间接性知识的优越之处在于它具有更大的真实性。康德判断性知识的局限性则在于：它不能反映事物的本质和规律。因为一切事物都是运动发展的，都有自身的发展过程。所以只有用一个概念体系或逻辑体系才能反映事物本质和规律。正如黑格尔所说的，"真理是全体"，"真理只有作为体系才是现实的"。仅局限于判断难以达到真理。

黑格尔的辩证法创造性地运用了康德的综合方法，从而把他物或对立面纳入到自身概念中来，使概念自身的内容不断得到扩充、丰富和发展。问题在于，他物或对立面怎样才能被纳入到自身的概念中来？这就是一直困扰着近代哲学的难题。黑格尔在解决这个问题时引入了费希特的自我主体能动性概念，即自我是一种具有能动性的精神主体：它既能够设定"非我"即他物，又能把这个非我扬弃于自身或统一于自身，从而实现了概念的自我运动和发展。经过概念的否定之否定运动，便形成了一个概念体系。这是黑格尔对康德的分析方法和综合方法的创造性发展。

在解释精神劳动为什么会有这种能动性时，黑格尔认为，这是一种"精神的魔力"。他说："精神之所以是这种力量，乃是因为它敢于面对面地正视否定的东西并停留在那里。精神在否定的东西那里停留，这就是一种魔力，这种魔力就把否定的东西转化为存在。"在这里，黑格尔对主体的能动性给出了一个十分精彩的描述，但是这个精彩的描述并不是对主体能动性的一个很好的解释，甚至可以说，称之为"魔力"乃是在揭示主体能动性问题上的无奈的表现。这其中的根源就在于黑格尔哲学的唯心主义的抽象性。

　　马克思指出，黑格尔的主体是一种"抽象的无人身的理性"，即他把人等同于自我意识。这种主体只能是一个抽象的、孤立的、封闭的主体，这样一个主体是不可能有自己的外部对象的。一个没有自己对象的存在物就是非对象性存在物，而"非对象性存在物就是非存在物"。这就是说，黑格尔所说的主体实际上是不存在的，由这个抽象的主体所设定的他物也不是真正的他物，他的自我与他物的联系只是自身与自身相联系，所以黑格尔的自我意识的概念运动只能局限在"自身内部的纯粹的、不停息的圆圈"中，即他的运动结果总是在其前提中已经得到预先规定的东西。从这个意义上来说，黑格尔使得综合方法变得抽象化了。

　　马克思对黑格尔唯心主义进行颠倒的基本方式是把人理解为现实的、具体的人，而不是抽象的自我意识；把劳动理解为感性活动或物质生产劳动，而不是抽象的精神劳动；从而把感性活动或实践看成是人及其周围世界存在的基础。从根本上说，实践是一种真正的"综合"活动，是人借助于物质工具对于外部感性材料的实在综合，而不仅是思维借助于范畴对于感官材料的观念的综合。也只有在感性活动基础上，才能真正理解和实现分析与综合的统一，也才能够使综合方法显示出巨大的现实意义。现实的人在感性活动中成为对象性的存在物。一方面，人在劳动中创造了自己的对象世界，并且在自己的对象世界中展示着自己的本质力量，从而能够在自己的对象中直观到自己的本质。这其中具有分析的性质。另一方面，就在这同一个活动中，还体现了综合的性质，这就是人与自然之间既有区别又有必然联系：自然对象是人的"他物"或对立面；但人与自然对象之间又有必然联系，人作为感性的存在者，他既需要自然对象又能够与自然对象发生直接联系。所以人的本质中必然包含自然的本质："对象性的存在物进行对象性活动，如果它的本质规定中不包含对象性的东西，它就不进行对象性活动。它所以创造或设定对象，因为它是被对象设定的。"这就是说，人在实践活动中不仅把自己的本质外化于对象之中，而且对象的本质或自然的本质也被内化或扬弃于人之中，这样一来，自然的人的本质和人的自然本质就可以理解了。由此可见，综合性是实践的本质机能；只有在实践中，人才能真正地向现实世界开放，并在实践中既改变自己也改变世界。

哲学之所以能够走进现实的生活世界，关键在于实践的综合机能。理论能够创新和发展，其根源也在于实践的综合机能。马克思主义哲学之所以能生生不息地发展和创新，其关键正在于此。

三、实践之社会机能的开放性

由于近代哲学意识内有性的自我封闭性，它从另一个角度所折射出来的问题就是自我主体的孤立性和封闭性，也就是主体实际上被看作是社会和历史之外的偶然的、孤立的、片面的个人。马克思哲学变革近代哲学，所要解决的一个重要问题就是自我主体的孤立性和封闭性问题。由此，社会和历史才真正进入哲学的视野，或者反过来说，哲学才真正进入社会历史领域。甚至可以说，社会主义或共产主义运动成为现实，亦与这个问题的解决相关。

近代哲学都是关于市民社会的哲学，而市民社会的基本精神就是"利己主义"。从一定意义上说，近代哲学就是这种利己主义精神的表达。正如马克思所指出的："本身被抽象化和固定化的自我，是作为抽象的利己主义者的人，他被提升到自己的纯粹抽象、被提升到思维的利己主义。"

利己主义的主要特征就是自我封闭性，着重体现在个人利益的排他性上。这种排他性在哲学思维中是通过封闭的"自我"这种抽象形式表达出来的。所以，以自我为基础的近代哲学主要表达了资本主义的利己主义精神。在这个意义上可以说，它也是时代精神的一种表达，但却是以直观的、非辩证的方式表达出来的，因而不仅是表面的，而且是歪曲的。

这种表达把人对人的关系看成是自然关系。近代哲学首先是把"自我"与自然界分离开来。但问题在于，在近代哲学家那里，人与自然界分离之后，人与人之间就没有了彼此联系的纽带，最终导致了人与人之间的分离。就像笛卡尔的"我思"和莱布尼茨的"单子"，它们既不能与自然界发生联系，也不能与别人发生联系。因为它们都是自我封闭的主体。马克思通过揭示实践活动的社会历史性而最终解决了这一哲学难题。

马克思继承了费尔巴哈的思想，把人理解为感性的存在者，即现实的、具体的、活生生的人。人作为感性的存在者，既有与外部自然界联系的必要性，又有这种联系的现实可能性。但仅仅局限于此还远远不能解决问题，因为那只是达到了费尔巴哈的"直观唯物主义"水平；在这个水平上不仅没有超出利己主义的限围，而且它本身就是利己主义的另一种表达形式，即个人的自然欲望支配一切。马克思把感性当作感性活动来理解，其意义不仅在于它能够使人"在他所创造的世界中直观自身"，而且能够使人与人之间通过"对象世界"这个中介物彼此发生联系。"人对自然的关系直接就是人对人的关系，正像人对人的关系直接就是人对自然的关系。"

人与自然的关系和人与人的社会关系是人类实践活动中的两种基本关系，它们是互为中介的。在《1844年经济学哲学手稿》等著作中，马克思对人与人之间的社会关系作了具体生动的阐述：假定我们作为人进行生产，那么在这种情况下，我们每一个人在自己的生产过程中就双重地肯定了自己和另一个人。因为任何社会生产活动都"部分地以个人的直接合作为前提，部分地以对他人的现实的和历史的成果利用为前提"；而且，这种活动既是为我的又是为他的，每一个人既为自己也为他人存在和生产。因此，社会关系是人类特有的本质联系，它是人的实践活动的产物。它打开了封闭的自我，使个人向他人开放。

个人活动转化为社会活动是通过交往实现的。交往和生产一起，构成了社会实践活动中互为前提和不可分割的两个基本方面。社会即是人类在物质生产基础上形成的交往关系的产物。"交往的社会实践方面首先表现为参与共同活动并解决其任务的个人在历史行动中必要的组织和统一：它造成了集团性主体，也创造了能表达任何社会活动的公共性和意志，由此形成了生产力，也产生了文化"。

交往使人们参与到一定的社会生活实践中，并接受历史上和现实中的他人的实践成果和经验。随着资本主义大生产的发展，历史开始了"向世界历史的转变"，狭隘的地域性个人为世界历史性的个人所代替。"各个个人的世界历史性的存在就意味着他们的存在是与世界历史直接联系的。"全部文明成果成为各民族共享的东西。

正因为如此，各个单独的个人才能处于普遍的关系支配之下，才能够摆脱各种局限性（民族的、地方的）而同整个世界的生产（包括精神生产）发生实际联系，并且可能有力量来利用全球的全面生产及人们所创造的一切文明成果。由此，各个单独的个人才不仅有可能向他人开放，而且有可能向历史，向人类全部物质的、精神文化的优秀成果开放。共产主义即是"以生产力的普遍发展和与此有关的世界交往的普遍发展为前提的"。

从本质上说，这种"个人的世界历史性"是指向未来的。当然，这里仍体现了否定的辩证法：因为"世界历史性的个人"代替狭隘的地域性个人是一种历史的必然和进步，但它在很长时期内又是以异化方式实现的——它表现为孤立的、片面的、偶然的个人；而其否定的力量，作为克服异化的历史趋势，必将导致个人的全面发展和个性的实现，导致产生真正的人、自由自觉的人、全面发展的人。

由此也可以看出，正是因为站在了世界历史的高度，向生活实践开放，向历史、向人类全部物质和精神文化的优秀成果开放，在把握和解决时代提出的重大问题中来发展自己，才使得马克思主义哲学永葆其生命力，并且不断地创新和发展。

异化实践论与异化劳动论的两次哲学翻转 *

——马克思异化思想新探

摘要：长期以来，国内学界存在着对于马克思异化思想的"误读""漏读"和"混读"现象。误把异化理论当成马克思哲学或马克思早期哲学思想加以研究、分析，进行学理上和运思上的肯定或否定。实际上，异化理论属于黑格尔和费尔巴哈等，马克思从来没有肯定过异化理论。马克思在《〈黑格尔法哲学批判〉导言》《1844年经济学哲学手稿》《关于费尔巴哈的提纲》《德意志意识形态》《资本论》《共产党宣言》等重要著作中集中阐明了自己异化劳动论和异化实践论思想。马克思深刻批判黑格尔唯心论和费尔巴哈直观唯物主义哲学、扬弃其唯心论或直观机械性，彻底翻转黑格尔和费尔巴哈等的异化理论。用自己全新的异化劳动和异化实践理论开启了唯物史观的全新视野。马克思的异化实践论是和异化劳动论有着内在的客观联系的。在其第一次哲学翻转中，马克思的异化劳动论从"工人同生产的关系"出发，目标是"消灭劳动"。马克思的异化劳动论是对于劳动或异化劳动的根本否定性理论。马克思在构建异化劳动论，完成其对黑格尔的唯心异化理论的第一次哲学翻转的同时，也在唯物史观、实践唯物主义的视野里构建了异化实践理论。马克思异化实践论从"现实的人的感性活动"出发，目标是"改变世界"，是关于异化实践或实践的未来肯定性理论。针对费尔

---

* 本文发表在《辽宁大学学报》2011年第1期。

关于"翻转"的提法，本文采用俞吾金先生在《形而上学发展史上的三次翻转》（《中国社会科学》2009年第6期）中"翻转"或"颠倒"（Umkehr/Reversal）的词意。

巴哈等直观唯物主义的缺陷，马克思的异化实践论发挥了历史唯物主义哲学的翻转作用。马克思的异化劳动论和异化实践论与黑格尔异化理论和费尔巴哈直观唯物主义之间有着本质区别。在学理上、理论上阐明马克思的异化劳动论异化实践论思想，对于马克思主义哲学研究和中国特色社会主义理论研究都有着很大的作用和意义。

自从 20 世纪 70 年代国内开展关于"异化问题"大讨论以来已过去 30 多年。30 多年来，国内马克思主义、马克思哲学的学习研究有了长足的进步，马克思的异化思想是国内学界的关注重点。异化问题从未寂寞，并且不断产生新的问题，不断涌现新的研究成果。但是长期以来，国内学界都把"异化""异化理论"当成马克思哲学或马克思早期哲学思想进行研究。其实，这是一种严重的"误读"。它的失误在于从两个对立的方面共同遮蔽了马克思关于异化的思想：倾向于把"异化""异化理论"当成马克思哲学思想的重要内容的学者，实际上是将马克思关于异化的思想同黑格尔的异化理论混同起来，将马克思的异化思想"黑格尔化"了。这是一种以"肯定"的形式把马克思的异化劳动论和异化实践论思想倒退到德国古典哲学水平的作法；而倾向于把"异化""异化理论"当成马克思早期哲学思想的学者则与传统教科书的立场一致，在形而上学地反对唯心论的冲动中，客观上不仅遮蔽了马克思的重要思想，也以一种简单否定的形式把马克思哲学降低到前德国古典哲学或者机械唯物主义哲学的水平。同时，就其没有依据真实的历史文本，没有适时发掘马克思异化劳动论和异化实践论等异化思想而言，又是一种严重的"漏读"。

当前国内学界的主要问题是没有将马克思"异化劳动论"和"异化实践论"的实践思想同黑格尔、费尔巴哈的异化理论区别开来，将二者严重"混读"。

一、马克思建构的是异化劳动论和异化实践论，否定黑格尔和费尔巴哈的异化理论

马克思完整系统地构建了自己的"异化劳动论"和"异化实践论"。二者是马克思实践唯物主义（或"唯物史观"）的有机组成部分。"异化劳动"（dieentfremdete Ardeit）理论的提出表明马克思对于黑格尔和费尔巴哈的异化理论进行根本性改造的完成。这是一个与存在有关的翻转"解构"与扬弃"建构"的双重过程：马克思将黑格尔和费尔巴哈用异化理论使之变形的劳动对象化和外化异化双重矛盾运动结构，加以真正地感性化、现实化、客观化的彻底翻转，从而使其"澄明"起来。因此，马克思的"异化劳动论"和"异化实践论"就具有存在论意义，是在现实的人的存在的根本意义上开启了唯物史观的新视野。

马克思针对黑格尔"抽象"研究劳动、把劳动只看成是人的本质的对象化表现和费尔巴哈"宗教上的自我异化"的错误，从"在实践中使之革命化"① 的立场出发，提出了"消灭劳动"的思想："无产者，为了保住自己的个性，就应当消灭他们至今所面临的生存条件，消灭这个同时也是整个旧社会生存的条件，即消灭劳动。因此，他们也就和国家这种形式（在这种形式下组成社会的各个个人迄今都表现为某种整体）处于直接的对立中，他们应当推翻国家，使自己作为个性的个人确立下来"②。《关于费尔巴哈的提纲》和《费尔巴哈》两部著作被认为是马克思的重要哲学著作。第一，马克思认为无产者（即劳动者）应当有"个性"，这种个性不是哲学家们的理论杜撰的产物，也不是无产者自发的思想或梦幻，而是一种客观化、现实化，并且在现实生活基础上的感性存在；第二，这种无产者"个性"的现实存在方式不在于"市民社会"和"国

---

① 《马克思恩格斯选集》第 1 卷，人民出版社 1972 年版，第 17 页。
② 同上，第 85 页。

家"（当然是资本主义国家），也不在于无产者的现存生活，而在于"推翻""国家""消灭"他们至今所面临的生存条件，也就是要"消灭""整个旧社会生存的条件"；第三，马克思认为："劳动"是"旧社会生存的条件"，要消灭"整个旧社会"，当然要首当其冲"消灭劳动"。这是马克思关于"劳动"的一个十分重要的思想。马克思所说的"劳动"就是他在《1844 年经济学哲学手稿》等著作中得到全面分析的"异化劳动"；第四，"消灭劳动"的直接理由是因为"劳动"是整个旧社会生存的条件，即马克思对于"劳动"的研究是在"生存"存在论意义上的始源性研究。劳动或异化劳动除了可以在实证的或确证的经验得到确证外，还具有了理论的普遍性的一般意义，"劳动研究"在这里就具有形而上学的本体论意义。因而关于劳动的研究就是"整个"或"整体"性的了；第五，与关于劳动或异化劳动的普遍的超实证的理论意义相一致，马克思这里所说的"无产者"个性不是具体的某一民族、某一国家或某一历史时期的群体或个人，也是"一般"的无产者或无产者的"一般"个性。在异化实践论中马克思明确这种"个性"就是"人的世界历史性存在"。

马克思"异化劳动论"所实现的第一次历史翻转的对象主体是黑格尔的异化劳动理论。因为在劳动的研究上，黑格尔是马克思之前最有成就的哲学家。黑格尔将唯心辩证法贯彻到底，把劳动当作人的本质的对象化、外化和异化，抽象地抓住了劳动的本质。他的最大理论错误是将劳动的对象化和异化混同起来，使劳动失去了现实性和社会感性。针对黑格尔的错误，马克思的异化劳动论主要研究劳动的现实性、社会性和感性。马克思认为："劳动本身，不仅在目前的条件下，而且一般只要它的目的仅仅在于增加财富，它就是有害的、造孽的。"具体而言，"劳动促进资本的积累，从而也促进社会福利的增长，同时即使工人越来越依附于资本家，引起工人间更剧烈的竞争，使工人卷入生产过剩的疯狂竞赛中去；而跟着生产过剩而来的是同样猛烈的生产衰落。"① 马克思在这里提出了一个"劳动造孽论"（或"劳动有害论"）：劳动在表面上增加财富，积累资本，而实质上却使工人失去劳动主动性和主体性，使工人丢掉他们之间作为人的正常关系而变成"竞争"对手和对立的关系，也使工人作为工具和"零部件"成为资产生产危机的一部分，并起着推波助澜的作用；劳动最大的危害是使"生产衰落"，即劳动由生产的积极促进因素变成妨碍生产发展、使生产倒退的消极制约因素。不仅如此，对劳动的主体工人而言，劳动也是有害的："工人自己的劳动越来越作为别人的财产同他相对立""一方面随着分工的扩大，另一方面随着资本的积累，工人日益完全依赖于劳动，依赖于一定的、极其片面的、机器般的劳动。"② 与"劳动造孽论"相呼应的是在这里马克思提出"劳动的对立性"问题：在资本逻辑的强大作用下，劳动对于工人而言的对立性更加突出。主要表现为两方面：一方面是工人更加依赖物而变成物的奴隶，从而使工人的主体性丧失，成为劳动的"机器"；另一方面劳动的片面性的加剧最终导致劳动变成"机器"般的劳动。这两方面构成劳动由一般意义上对人的本质的对象化的肯定变成在生产中对工人自身的异化的否定。由此，也就确定了马克思"异化劳动论"的社会合理性、现实规定性和实现的感性手段。

在这里需要关注的是马克思的异化劳动论及其消灭劳动的思想在后来又有进一步的发展。这种发展表现在以下几个方面：第一，1845 年以后马克思的研究活动中对劳动本身、劳动的一般规定性的研究更多地转到对于"社会劳动"的研究。例如，在《资本论》第 2 卷："所有商品共同的社会实体是什么呢？这就是劳动。……并且我不是简单说劳动，而是说社会劳动。"③ 在同一著作的另一个地方马克思更加明确地说："你们记得我曾经用过'社会劳动'这个用

---

① 《马克思恩格斯全集》第 42 卷，人民出版社 1979 年版，第 55 页。
② 同上，第 52 页。
③ 《马克思恩格斯选集》第 1 卷，人民出版社 1972 年版，第 52 页。

语，而'社会'这个用语的意义是非常大的。"① 与"劳动"相比，
"社会劳动"的特殊性表现在三个方面：其一，劳动是满足某种社
会需要的劳动；其二，劳动本身"应该是构成社会所耗费的劳动总
额中不可分割的一部分"；其三，"劳动应该服从于社会内部的分
工"。② 劳动的社会性是劳动本身的一般规定性，这使得马克思关于
劳动的研究在唯物史观的视野中获得有效空间和理论上的确证。第
二，马克思由最初的对"工人的劳动""人的劳动"研究推进到后
来的关于"劳动力"的研究；"工人所出卖的不直接是他的劳动，
而是他暂时转让给资本家支配的他的劳动力"③。"社会劳动力"理
论使得马克思哲学更有张力。第三，由开始的对"劳动的价值或价
格"推进到后来的对"劳动力的价值或价格"的研究。这种即"雇
佣劳动和其他历史形态的劳动不同的地方"④ 的研究完全变成马克
思剩余价值理论的一部分，从而成为唯物史观的重要组成部分。显
然，马克思的异化劳动理论是马克思实践唯物主义的最初理解，也
成为了马克思唯物史观的诞生样式，即马克思在解构黑格尔异化理
论，建构自己的异化劳动论的同时也开启了唯物史观的新地平线。
人们在研究马克思哲学时不能忽略对马克思异化劳动理论的研究。
必须肯定马克思异化劳动论对黑格尔异化理论的彻底颠覆作用，特
别是马克思的关于劳动的否定性异化本质的研究在历史唯物主义方
面所具有的始源性和方法论性的重要意义。

马克思完成了对于黑格尔异化劳动理论的第一次历史翻转。马
克思从一般无产者"所面临的生存条件"的新的维度上提出"消灭
劳动"，而且这种新哲学理论的基础是"工人同生产的关系"。这些
都从根本上与黑格尔的异化理论和绝对理念划清了界限。

黑格尔的异化理念是建立在唯心论的绝对理念的运动基础上

---

① 《马克思恩格斯选集》第 1 卷，人民出版社 1979 年版，第 174 页。
② 同上，第 172 页。
③ 同上，第 179 页。
④ 同上，第 184 页。

的。"绝对理念的内容就是我们迄今所有的全部生活经历（Decursus vitae）。那最后达到的见解就是：构成理念的内容和意义的，乃是整个展开的过程。"① 从绝对理念的展开过程而言，黑格尔异化理论所谓的"异化""对象化""同化"是在逻辑上理念克服自身抽象的本质，使其自身的统一"被设定为差别的自身扬弃""经过中介过程的扬弃才达到的"，因为概念的"本质最初是自身映现和自身中介。"② 为了更明确的区分黑格尔的异化理论与马克思异化劳动论和异化实践论的根本差别，我们需要掌握黑格尔异化理论中的一个很重要的概念："个体性"。"这种转向外面的活动就是个体性。因为个体性在主观目的阶段与特殊性是同一的，在特殊性以及它的内容之内，也包括有外在的客观性。这转向外面的活动是这样的个体性，它首先直接指向客体，把捉住客体，把它作为自己的工具。……于是整个中项成为概念的这种内在的活动力量。由于具有这种活动力量，客体才作为工具，直接与概念相结合，并从属于概念的活动力量"。③ 黑格尔认为异化的实质是概念的"个体性"，个体性是一种概念"转向外面的活动"，个体性的特性在于特殊性和客观性的统一，个体性的功能在于"直接指向客体"，个体性的作用在于"把捉住客体，把它作为自己的工具"。马克思评价黑格尔的关于"个体性"的思想，"人同作为类存在物的自身发生现实的、能动的关系，或者说，人使自身作为现实的类存在物即作为人的存在物实际表现出来，只有通过下述途径才是可能的：人实际上把自己的类的力量统统发挥出来……并且把这些力量当作对象来对待，而这首先又是只有通过异化的形式才有可能"。④ 而黑格尔"个体性"思想对马克思异化劳动和异化实践理论的有益启发在于"他扬弃了无限的东西，设定了现实的、感性的、实在的、有限的、特殊

---

① 《小逻辑》贺麟译，商务印书馆 1980 年版，第 423 页。
② 同上，第 265 页。
③ 《小逻辑》贺麟译，商务印书馆 1980 年版，第 392~393 页。
④ 《马克思恩格斯全集》第 42 卷，人民出版社 1979 年版，第 163 页。

的东西"，个体性是一种转向外面的活动，当然是一种相对于自身的异化活动；既然是"个体性"的"个体"，它就是有限的、特殊的，就与一般相区别；个体性作为一种异化，也就是对象化；对自身而言，个体性的这种异化意义上的对象化就是一种指向客体的行为；作为指向客体的行为，个体性就具有客观性。客观性是一种必然性，是一种必然力量，所以在个体性的特殊性中，又包含着普遍的实在内容。而从个体性能捉住客体而言，它是工具；作为工具就具有了感性、感性活动的属性，也就具有了现实性。而无论特殊性、客观性，还是感性，现实性，黑格尔"个体性"思想所强调的都是"个体性"的"自在自为"，即所有这一切都是概念个体性自身具有的，概念除个体性之外什么都不会发生。因此，黑格尔的异化理论"只是为那种历史的运动找到抽象的、逻辑的、思辨的表达，这种历史还不是作为既定的主体的人的现实的历史，而只是人的产生的活动、人的发生的历史"。① 黑格尔异化理论所说的"活动"是抽象、思辨的，与马克思所论的"感性活动"即实践根本不同，只是对实践、劳动的抽象的思辨的"表达"。黑格尔异化理论的所谓"异化""是人的本质以非人的方式同自身对立的对象化"；而马克思异化劳动论和异化实践论的所谓"异化"是"人的本质以不同于抽象思维方式并且同抽象思维对应的对象化"②。这是两种截然不同的"异化"思想的根本差别。

黑格尔异化理论"是人的本质以非人的方式同自身对立的对象化"，这种"非人的方式"包括以下几个规定性：第一，黑格尔的异化理论是以纯粹的思辨的思想的自我对象化，是自我意识的自我理解的自我对象化，属于精神现象界的精神性；第二，黑格尔的异化是抽象思维即思想外化的自然界和现实的人被抽象出来的思维活动，无论个体性的特殊性、客观性，还是指向客体，把握客体的工

---

① 《马克思恩格斯全集》第42卷，人民出版社1979年版，第158~159页。
② 同上，第161页。

具的活动都不是精神本身，而只是精神在获得自觉自为的存在之前的展开和过程，具有抽象过程性；第三，由于这种异化的对象化以抽象思维为绝对真理，人的本质、人的感性现实活动只能以非现实的、非感性的思辨意识的思想形式出现，所以，黑格尔的异化理论只具有理论的、逻辑的意义，即一般理性；第四，从以上分析可以看出，黑格尔异化理论的要害就是在唯心论辩证法支撑下的唯心论的彻底性。黑格尔的异化理论是一种彻底的唯心异化理论。

"思辨终止的地方，即在现实生活面前，正是描述人们的实践活动和实际发展过程的真正实证的科学开始的地方"。① 与黑格尔和费尔巴哈的异化理论不同，马克思异化思想的最大成果是异化劳动论和异化实践论。

二、第一次历史翻转：马克思以"工人同生产的关系"为立脚点的异化劳动论的构建

马克思异化劳动论的最终目标是"消灭劳动"。异化劳动论是在否定性辩证法的理论导引和人的世界历史性存在的现实实证性研究的复合结构中对于劳动的本质研究。黑格尔的异化理论由于是绝对精神的异化，因而其理论类型只能是含有否定环节的恒定性肯定结构体系，而马克思异化劳动论是真正彻底的劳动论，是在马克思实践辩证法的推动下关于劳动的否定性本质的实证和对异化劳动的感性否定，也是对现存生活的根本否定和未来人类解放承诺的肯定，即人的异化劳动在获得现实性之前，便在私有制度和分工的"座架"下被给予了"非人"本质，劳动所要表现人的本质在市民社会的现实世界中处于实际上的"空场"或被遮蔽状态；相反，在市民社会的异化劳动中，人的非人的本质——人的动物性规定（吃、住、性等）却是在场和上手状态。通过比较黑格尔和马克思两人对于人的本质的异化的两种截然不同的思想态度，也可看出马

---

① 《马克思恩格斯选集》第 1 卷，人民出版社 1972 年版，第 31 页。

克思与黑格尔二位哲学家品格的根本差别：黑格尔面对着异化现象所表现的是以绝对精神代言人自居的"悬置"和淡定，马克思则表现出一种哲学家的现实性向度和拯世的信心。

以往对于马克思异化劳动论的研究大多局限在《1844年经济学哲学手稿》所归纳出的异化劳动的四种具体形式：劳动产品与劳动者的异化、劳动过程与劳动者的异化、人与人之间关系的异化、人与自己的类本质关系的异化。其实，马克思异化劳动论不仅包括从实证性的经验情形的归纳，还应包括更多的内容：对于异化劳动本身更多的研究。因为异化劳动的实证性归纳替代不了对异化劳动的理性分析。异化劳动本身与异化劳动的表现之间是有区别的，人的理性的完整性与人的具体理智归纳之间的差别说明对于异化劳动的理性分析是一种开放性的和持续性的思维活动。马克思的异化劳动理论是对异化劳动全面完整的研究，上述异化劳动的四种表现形式只是异化劳动的现象形式的一部分和内容的一个方面，不是异化劳动的全部，更不是马克思异化劳动论的全部。

马克思的异化劳动理论是以"工人同生产的关系"为基础性和始源性关系而进行的关于劳动的现存现实性关系的整体研究。任何一种理论都有一个被确定的出发点，这个出发点起着制约作用，具有基础性和始源性的规定，因此，又叫起始点。马克思异化劳动论的起始点正是马克思自己确认的"工人同生产的关系"。因而异化劳动论是一种关系为起始点的理论。马克思的异化劳动论把异化劳动不是看成物，而是看成"关系"。马克思说："从异化劳动同私有财产的关系可以进一步得出这样的结论：社会从私有财产的解放、从奴役制的解放等，是通过工人解放这种政治形式表现出来的，而且这里不仅涉及工人的解放，因为工人的解放包含全人类的解放；之所以如此，是因为整个人类奴役制就包含在工人同生产的关系中（着重点是本文作者加的——本文作者注），而一切奴役关系只不过是这种关系的变形和后果罢了"。① 异化劳动论以"工人同生产的关系"——市民社会的异化劳动为基础和核心，包括对市民社会的私有财产、分工、生产等实证的研究，和对市民社会的法的、政治的"上层建筑"的研究在内，这种研究是与无产者解放、社会解放和人类解放相联系的全面研究。从《1844 年经济学哲学手稿》开始，马克思在哲学上就着重从现实社会的、政治的，特别是由工人同生产关系发展而来的资本逻辑的分析描述，使马克思科学地回答了人类解放的科学方法问题。所有这一切都是"工人同生产的关系"的"变形"和"后果"，都被"包含"在"工人同生产的关系"之中。因此，"工人同生产的关系"在马克思异化劳动论中是基始和本源。马克思哲学不是把私有财产、异化劳动当成物、当成现象去研究，而是要通过现象，把捉本质性现象，从关系上去研究。在这个意义上，马克思的异化劳动论实质上是"异化性劳动关系"理论。包括劳动产品与劳动者的关系、劳动过程与劳动者的关系、劳动者之间的关系、劳动者与自己类本质之间的关系；还包括劳动者与市民社会法的、政治的，等等关系，劳动者的现实遭遇与未来发展之间的关系等基本内容。而在所有这些"奴役的"异化关系中，"工人同生产的关系"起着关键性作用。"工人同生产"的异化关系是基本性的、本源性的。这与马克思等人所创建的唯物史观相互融合，从而，马克思的异化劳动论也是唯物史观的真正具体起点和重要组成部分。

马克思在《1844 年经济学哲学手稿》《资本论》《德意志意识形态》等著作中多次拓展性表述了他的异化劳动理论的理论起始点是"工人同生产的关系"，并且这是一种具有客观真理性和现实感性的"工人同生产"的对立异化关系。"我们从当前的经济事实出发吧：……这一事实不过表明：劳动所生产的对象，即劳动的产品，

① 《马克思恩格斯全集》第 42 卷，人民出版社 1979 年版，第 101 页。

作为一种异己的存在物，作为不依赖于生产者的力量，同劳动相对立"①。"我们已经从经济事实即工人及其产品的异化出发。我们表述了这一事实的概念：异化的、外化的劳动。"② 马克思后来在《资本论》中更加明确了工人同生产的关系是在其理论中的重要性："在社会中进行生产的个人，——因而，这些个人的一些社会性质的生产，自然是出发点。""生产的个人"与"个人的生产"作为马克思剩余价值理论和唯物史观的起始点，也成为马克思异化劳动成果，在逻辑上和理论推绎上是相互印证，互为呼应的。类似的话语还有"……因此，说到生产，总是指在一定社会发展阶段上的生产——社会个人的生产。"③ 从中我们可以得出的结论是：异化劳动论的"工人与生产的关系"与《资本论》提出的"生产的个人"、"个人的生产"之间关系既有理论发展阶段上的独特个性与特征，也有内部逻辑的和理论演化的联系。马克思异化劳动论的始源性关系"工人同生产的关系"与其后来在《费尔巴哈》中所强调的"我们的出发点是从事实际活动的人"④ 是一致的，都具有现实性、社会性、客观性和感性活动性的重要规定。异化劳动论的起始点"工人同生产的关系"，具有实践唯物主义或唯物史观的始源性意义。并且在《1844 年经济学哲学手稿》中马克思也把这种"工人同生产的关系"提高到了"形而上"的哲学维度："这种物质的、直接感性的私有财产，是异化了的、人的生命的物质的、感性的表现。私有财产的运动——生产和消费——是以往全部生产的运动的感性表现，也就是说，是人的实现或现实。"⑤ 马克思就异化劳动论的"工人同生产的关系"为起始点提出了两个重要观点：一是工人同生产的关系本质上是客观感性和社会性的；二是工人同生产的关系又是

① 《马克思恩格斯全集》第 42 卷，人民出版社 1979 年版，第 90～91 页。
② 同上，第 98 页。
③ 《马克思恩格斯选集》第 2 卷，人民出版社 1972 年版，第 86～88 页。
④ 《马克思恩格斯选集》第 1 卷，人民出版社 1972 年版，第 30 页。
⑤ 《马克思恩格斯全集》第 42 卷，人民出版社 1979 年版，第 121 页。

人的现实性的表现或人的社会现实性、感性客观性的基本确证。这两个基本观点与唯物史观是相通相融的："事情是这样的，以一定的方式进行生产活动的一定的个人，发生一定的社会关系和政治关系。……这些个人是从事活动的，进行物质生产的，因而是在一定的物质的、不受他的任意支配的界限、前提和条件下能动地表现自己的。"① 具体说来，马克思认为工人同生产的关系作为异化劳动论的基始在于：首先，马克思对于生产的一般真理性认识，马克思认为："人的生产是全面的……人再生产整个自然界……懂得按照任何一个种的尺度来进行生产……这种生产是人的能动的类生活。通过这种生产，自然界才在现为他的作品和他的现实。因此，劳动的对象是人的类生活的对象化；人不仅像在意识中那样理智地复现自己，而且能动地、现实的复现自己，从而在他们创造的世界中直观自身。"异化劳动论确定"工人同生产的关系"为起始点有赖于马克思对于人类生产的一般的理性与感性、主观与客观真正统一的认识。马克思把生产置于人与自然、人与社会、人与人之间的形上性关系的平台上，肯定"生产"是人性的对象化，确证人在生产中的主体性地位。确认真正的生产是人的生产，而人的生产是全面的（而不只是科学化片面性生产）、是现实的，是人的一般类本质的现实化。因而人的生产是真正能动的生产。只有在生产中人才能既"理智地复现自己"，又能"直观自身"，做到真正的理性与感性的统一。同时，人的真正生产也是按客观规律，"按照任何一个种的尺度"的"创造世界"；而不只是按照人的主观、一意孤行的毁灭自然界，因此，真正人的生产也是真正科学地生产。其次，与对于生产的一般认识相适应，马克思对于人的本质的认识也是全面深刻的。并且马克思把人的本质与"人的类生活"本质相联系，使得马克思思想中的人的本质在获得了客观性、现实性的品格同时，也获得了感性直观的理论性确认。这使得马克思对人的本质、人的类本

① 《马克思恩格斯选集》第 1 卷，人民出版社 1972 年版，第 29～30 页。

质研究不仅超越了黑格尔的抽象理念，也在根本上超越了费尔巴哈关于人的类本质思想。"这种生产是人的能动的类生活"。①

在马克思关于工人同生产的关系的论述中，他在实际上已经开启了一种新哲学视域，也就是后来被称为唯物史观的崭新视野。而开启唯物史观新视野的关键就是思想起始点的确认。"从现实的人"出发或从"社会生活本身出发"的唯物史观新视野的开启也从根本上规定了理解"工人同生产的关系"的基础或理论前提是唯物史观的基本原则，只能从唯物史观维度，用"以马解马"②的方式去分析研究马克思异化劳动论及其"工人同生产的关系"。

第一，异化劳动论开启了唯物史观的新视野。马克思的异化劳动论被马克思自己确定为是研究"非神圣形象中的自我异化"的哲学任务，即"彼岸世界的真理消逝以后，历史的任务就是确立此岸世界的真理。人的自我异化的神圣形象被揭露以后，揭露非神圣形象中的自我异化，就成了为历史服务的哲学的迫切任务"。③ 马克思在《1844年经济学哲学手稿》等著作中对于异化劳动的研究是马克思在哲学上进行"揭露非神圣形象中的自我异化"宏大计划的一部分，是马克思自己确定的新哲学的重要任务之一。异化劳动理论只是马克思较早动手研究它并取得丰硕成果的理论活动的组成部分。其他方面还应包括"对法的批判""对政治的批判"等。第二，异化劳动论对于异化劳动的研究不仅包括经验的、伦理的研究。这种研究本身包含着一个"形上"维度。马克思异化劳动论的重点不是在对于异化劳动四种形式的"经济事实"的分析，而是以"全部异化和货币制度之间的本质联系"为研究对象。所谓"全部"，就是"必须弄清楚私有制，贪欲同劳动、资本、地产三者的分离之间的本质联系，以及交换和竞争之间、人的价值和人的贬值之间、垄断

---

① 《马克思恩格斯全集》第42卷，人民出版社1979年版，第96～97页。
② 关于"以马解马"，可参见王东先生的相关论述。
③ 《马克思恩格斯选集》第2卷，人民出版社1972年版，第2页。

和竞争等等之间"。① 在马克思看来，异化劳动不仅同私有制有本质联系，而且与整个资本主义生产、与整个资本主义竞争社会、与人的社会价值的否定都有着本质的联系。对于异化劳动的真正研究不仅要有"形下"的感性实证的归纳推绎，还要有"形上"的理性分析理解。例如，关于人的本质的感性客观性理论研究。而这些是马克思哲学的显著特点，因为马克思哲学"是从现实的、有生命的个人本身出发。"② 显然，那种将《1844 年经济学哲学手稿》中的四种异化劳动形式看成马克思的异化理论主体的观点不仅从性质上"混读"了马克思异化劳动论与黑格尔异化理论，而且在内容上"漏读"了马克思异化劳动理论更多更重要部分。第三，马克思把异化劳动与私有制或分工联系起来。马克思的异化劳动论全面分析了异化劳动与私有制的本质联系。"私有财产一方面是外化劳动的产物，另一方面又是劳动借以外化的手段，是这一外化的实现。"③显然，马克思在这里从三个方面来确定异化劳动对于私有财产的制约作用："产物""手段"和"实现"。"产物"就是产品，就是结果。私有财产的源泉是异化劳动，马克思说："异化劳动是私有财产的产生原因"，因为异化劳动可以产生剩余价值。但是如果有些人据此就得出结论说马克思认为异化劳动是私有财产的直接原因（参见俞吾金），就是一种简单化的误读了。因为马克思很明确指出私有财产还是异化劳动的"手段"和"实现"。所谓"手段"是指异化劳动离不开私有财产的"帮忙"，二者形影相随；所谓"实现"是指私有财产是异化劳动的肯定。异化劳动与私有财产之间不是简单的因果关系，而是互为因果，相互作用。而在二者后面、制约决定二者的更大因素是私有制。私有制比私有财产具有更大的社会客观力量。第四，马克思的异化劳动论从工人同生产的始源性否定关系提出"消灭劳动"，表明马克思的实践辩证法思想的彻底性。马

---

① 《马克思恩格斯全集》第 42 卷，人民出版社 1979 年版，第 90 页。
② 《马克思恩格斯选集》第 1 卷，人民出版社 1972 年版，第 30 页。
③ 《马克思恩格斯全集》第 42 卷，人民出版社 1979 年版，第 100 页。

克思认为，异化劳动是一种"强制劳动"，也是"外在的劳动"，对于工人而言是"自我牺牲、自我折磨的劳动"，因而工人在可能条件下必然"逃避劳动"。① 逃避劳动就是否定异化劳动存在的合法性，也是对于劳动"自我牺牲、自我折磨"的再否定，是在未来向度上对于"人的机能"的整体肯定。"消灭劳动"首先指向市民社会的特殊劳动形式，指向与私有财产相互作用的异化劳动关系，指向以工人同生产的根本性异化关系，并且否定现实人的本质对象化的劳动的异化本质。在唯物史观视野上，"消灭劳动"与"消灭私有制"是互联互动的，表现的是同一种新世界观的理想和真理。第五，马克思异化劳动论在研究指针上的实践性特点。这种实践性特点表现在两方面：一是异化劳动论从现实性的人出发的实证科学导向；二是关于劳动，关于异化劳动的实践性研究方式。马克思认定，"批判的武器当然不能代替武器的批判"，具体就是要"使哲学变成现实"②。因此，"实现一个原则高度的实践"或者"人的高度的革命"的不是"批判的武器"，而是"只能用物质力量来摧毁"的武器的批判。相比之下，黑格尔异化理论是一种"关于现代国家的抽象的、脱离生活的思维""它的思维的抽象和自大总是同它的现实的片面性和低下并列"。所得出的最终结论只能是抽象的、无力的理论批判；而马克思的异化劳动论所得出的最终结论是革命，"在德国，不消灭一切奴役制，任何一种奴役制都不可能消灭。彻底的德国不从根本上开始进行革命，就不可能完成革命"③。"批判"是黑格尔异化理论内省的天堂；"实践"（或革命）则是马克思异化劳动论的最高境界。

马克思在《1844 年经济学哲学手稿》中向人们展示了他自己独创的这种实践性指针的现实性和辩证性特征：首先，"从当前的经济事实出发"——也就是异化劳动的四种现实性形式，而不是从异

① 《马克思恩格斯全集》第 42 卷，人民出版社 1979 年版，第 93～95 页。
② 《马克思恩格斯选集》第 1 卷，人民出版社 1972 年版，第 8～9 页。
③ 同上，第 15 页。

化概念出发，不同于黑格尔的概念思辨。其次，对于异化劳动的研究着眼于"运动的相互联系"，把异化劳动放到市民社会（资产阶级社会）的经济活动的现实关系和全过程中，"我们把私有财产，把劳动资本、土地的互相分离，工资、资本利润、地租的互相分离以及分工、竞争、交换价值概念等等当作前提"。再次，对于异化劳动的研究着眼于异化劳动的现实性客观性等感性活动的研究。特别是异化劳动"同劳动相对立"：一方面，"劳动的实现就是劳动的对象化"；另一方面，劳动的这种实现表现为工人的失去现实性，对象化表现为对象的丧失和被对象奴役，只能表现为异化、外化。[①]劳动的现实性与异化劳动的非现实性的矛盾运动构成异化劳动的基本现实表现结构。

上述对于马克思异化劳动论的整体的、历史性的综合描述，只是要比较马克思异化劳动论与黑格尔和费尔巴哈的异化理论的巨大差别。在这些描述和甄别中试图彰显马克思异化劳动论的特性特征。

三、第二次历史翻转：马克思的异化实践论的构建及其内容

马克思的异化劳动论的彻底性还表现在他所构建的异化实践理论上。马克思异化劳动论的结论是"消灭劳动"，而马克思异化实践论的结论是"改变世界"。二者之间既有内部的直接联系，也有相对区别。

马克思认为，异化劳动是市民社会在"国民经济学"情境下的普遍性现象。但在异化劳动的背后还存在着"一般"异化劳动——异化实践。换言之，异化劳动是异化实践具体的、特指的表现形象。作为"一般"异化劳动的异化实践也"一般"地制约把握着具体特指的异化劳动。马克思的异化劳动论和异化实践论是马克思唯物史观的重要组成部分。其中，异化劳动论是从消灭异化劳动的、

---

① 《马克思恩格斯全集》第 42 卷，人民出版社 1979 年版，第 89～91 页。

彻底否定的向度上对市民社会私有制条件下劳动的实证的和全面整体的分析概括；异化实践论则是从革命的、改变世界的、未来承诺的向度上对无产者推翻现政权、消灭异化劳动和私有制的形上性的综合洞见。马克思的异化实践论是其在异化劳动论的逻辑上的先在情境和时序上的升华结晶。只有完整准确地理解马克思异化实践论的要旨，才可能更好地理解马克思的异化劳动论。

马克思的异化实践理论具体包括：无产者的革命活动（实践过程）的异化性；无产者本身（实践主体）的异化性；无产者的革命对象（实践对象）的异化性；无产者的归宿（实践目标）的异化性；还包括现实运动（社会实践）的异化性，等等。马克思的这些极具有研究价值的思想大量保存在《1844年经济学哲学手稿》《关于费尔巴哈的提纲》《德意志意识形态》《共产党宣言》《资本论》等著作中。

马克思异化实践理论是有相当多的文本依据的。马克思在《1844年经济学哲学手稿》中说："在实践的、现实的世界中，自我异化只有通过同其他人的实践的、现实的关系才能表现出来。异化借以实现的手段本身就是实践的（着重号是本文作者加的——作者注）。因此，通过异化劳动，人不仅生产出他同作为异己的、敌对的力量的生产对象和生产行为的关系，而且生产出其他人同他的生产和他的产品的关系，以及他同这些人的关系。"① 在马克思看来，异化有理论的异化和实践的异化，黑格尔的异化是理论性的异化，马克思的异化是实践性的异化。而真正的异化一定是实践的。异化实践具有社会客观性，因为"实践的人的活动即劳动的异化行为""在这里，活动就是受动；力量就是虚弱；生殖就是去势"。② 因此，异化实践的源初始基是与异化劳动相通相融的，是对人的本质力量的客观性外化异化。但这只是马克思异化实践论逻辑的理论的前

---

① 《马克思恩格斯全集》第42卷，人民出版社1979年版，第99～100页。

② 同上，第94～95页。

提。马克思异化实践论集中描述异化实践主导异化劳动、异化劳动是异化实践的特有表现、异化劳动和异化实践共处于唯物史观视野等重要问题。并且，异化劳动论的感性否定是一般劳动指向过去时间视域里；而异化实践论的理性肯定则是一般劳动在敞开的未来时间视域里借助感性现实性的手段对于实践本质（感性活动本身）的积极肯定。具体说来，第一，马克思认为，自我异化的确证性不是理论性的、思辨性的，而是现实的、实践的。自我异化实际上是实践的异化，即异化实践；第二，这种异化实践只有在人与人之间的实践的、现实的关系中才真正存在，即异化实践是一种现实关系性的存在。离开实践的、现实的关系，就不存在异化实践（当然也不存在异化劳动），这也是马克思异化劳动论和异化实践论与黑格尔和费尔巴哈的异化理论的根本差别之一；第三，人的自我异化真正产生于劳动，人通过异化劳动，生产出异己的或敌对的生产对象和生产行为，异化劳动作为异化的"实现手段"，它的本质是实践。实践是异化劳动的本质，主导着异化劳动和人的自我异化；第四，由于"实践的人的活动即劳动的异化行为"①，实践（感性活动）是劳动或异化劳动的一般规定性，实践具有普遍性品格。因此，对于既有现存的趋向过去的异化劳动而言，实践与劳动、异化实践与异化劳动才存在着根本差别；对于异化劳动和异化实践的区别才是可能的和有意义的。只有在未来可能性的趋向未来时的一般普遍性上，实践或异化劳动的义域才会是相同的。

关于异化劳动和异化实践的区别，马克思认为："私有制使我们变得如此愚蠢而片面，以致一个对象，只有当它为我们拥有的时候，也就是说，当它对我们说来作为资本而存在，或者它被我们直接占有，被我们吃、喝、穿、住等等的时候，总之，在它被我们使用的时候，才是我们的，尽管私有制本身也把占有的这一切直接实现仅仅看作生活手段，而它们作为手段为之服务的那种生活是私有

① 《马克思恩格斯全集》第42卷，人民出版社1979年版，第94页。

制的生活——劳动和资本化"①。马克思在这里提出私有制、劳动和资本三者之间相互掣肘、互相影响作用：私有制变成控制劳动、决定劳动性质的根本力量；资本化的结果是使生活变成"私有制的生活"，变成一种异化生活；劳动的现实性就是它的异化性。在私有制和资本化条件下，劳动只能是异化劳动。异化劳动不同于异化实践，二者的差别根源于它们与私有制、资本的根本不同的关系。这种以客观现实性关系为基础所产生的根本差异导致马克思秉持着二种根本不同的否定异化劳动与肯定异化实践的理性态度。换言之，在资本逻辑和技术"座架"的冲突性制约下，由于异化劳动是人的本质的异化和否定化，由肯定人的本质的对象化活动变成为否定人的本质，否定人的作为人存在的价值和意义、人变成了非人，劳动变成了异化劳动、非劳动，人的属人的社会功能和需要变成动物性的；而人只有在纯粹生物需求，只满足动物本能的食、色等行为才感到一种应属的快乐。异化劳动成为了应被否定、应被消灭的对象；相反，由于异化实践是人的本质的对象性的感性活动，它是对人的本质力量，对人的属人的存在的价值意义的积极肯定，人的感性活动恢复了自己的本色（所以马克思才在理性上判定共产主义是人性的复归），人的异化实践活动成为肯定自身、肯定对象、肯定过程和结果的积极现实性社会活动或运动。正因如此，马克思才把人的感性活动、人的实践作为自己全部哲学大厦的基石。

马克思在《关于费尔巴哈的提纲》等著作中进一步发展成熟了自己的肯定异化实践与否定异化劳动的思想。例如，在《关于费尔巴哈的提纲》"第一条"中马克思表达了两个基本思想：第一是从实践的、用实践（"人的感性活动"）的思维方式去理解现实事物；第二是这种实践的本质规定性就是"革命的""实践批判的"，而不是"批判的"、"理性思辨的"。所谓"革命的"或"实践批判的"就是"使现有世界革命化，实际地反对和改变事物的现状"。如此

---

① 《马克思恩格斯全集》第 42 卷，人民出版社 1979 年版，第 124 页。

中编 马克思思论 | *191*

看来，马克思的"实践"就具有两个基本特性：一是"把感性世界理解为构成这一世界的个人的共同的、活生生的、感性的活动"①，即实践"理性"地构造世界；二是"反对和改变事物的现状"，即实践"实际"地改造世界。显然，异化实践或实践的异化本性属于"构成"和"反对和改变事物的现状"，实践构造和改变世界的视域。这种异化实践的革命性对于异化劳动的最高境界就是"消灭劳动"，消灭异化劳动本身；而对于异化实践的最高境界恰恰就是"改变世界"。异化实践和异化劳动存在着既"相对"又"相继"的双向复合关系。虽然异化劳动是异化实践的既有初级阶段和特式形态，但异化实践是异化劳动的高级阶段和完成形态。异化实践作为异化劳动的自我否定的成熟状态，存在着指向上与异化劳动的对立性和差异性。而在社会现实性上，异化劳动和异化实践之间也有本质区别：异化劳动论是马克思全面分析私有财产，消费、分工等市民社会的实证现象，是对现存世界的真实的否定性"理解"；而异化实践论是对现实世界的科学的肯定性"改造"。

与此相适应，"异化"一词含义在马克思的整个异化思想发展情境中也经历了不同情境下的两种不同寓意：在异化劳动情境下，马克思把异化与对象化区别开来，异化劳动不是人的本质的对象化，因而异化劳动与劳动之间是对立的、否定性关系；而在异化实践情境下，异化实践是现实的人的感性活动，是真正人的本质的表现，"异化"对于"实践"而言只是"外化""对象化"，具有肯定性属性。

出现这种差别的原因在于马克思在异化劳动论中认为劳动在私有制或分工的前提下本质上是一种异化劳动，因而马克思对于异化劳动是彻底否定的。而在异化实践论中，马克思把异于理性思辨的、纯粹批判的人的感性活动——即实践看成革命的、可以真正改变世界的决定力量，因而对于实践是根本肯定的。因此，马克思的

---

① 《马克思恩格斯选集》第 1 卷，人民出版社 1972 年版，第 48～50 页。

异化劳动论和异化实践论中的"异化"也就有了对立的截然相反的特殊规定性：马克思异化劳动论中的"异化"与"劳动"在马克思看来是同义词——他认为异化的真正对立不是黑格尔的理性的思辨的或理念的对立，而是现实客观性的和感性的对立，即现实的劳动。而劳动自从有了分工（马克思认为分工与私有制是一枚钱币的两面，是同时产生的）和私有制之后，劳动就是异化的或异化性的，也是对立或对立性的，劳动就是异化劳动，对立就是否定性的，绝对性的，就是对人及其感性活动的否定。所以马克思才提出"消灭劳动"来作为异化劳动论的结论。因为本质上否定人、同人的活动宗旨相对立的劳动应然属于被消灭之列。在异化劳动论中，异化就是劳动，劳动只有异化；异化是对人的否定，劳动也是对人的否定。人只有消灭异化和劳动，人才能完成异化和劳动。

如果马克思的研究止步于异化劳动，那么马克思还只是一个资本社会或市民社会的彻底批判者，在理论上也还只是一个现实感很强、很有张力的怀疑论者，就不会成为后来的马克思主义者或共产主义者。而实际情形是马克思在异化劳动论的基础上完整构建了自己的异化实践理论。当然，这一发展过程不是瞬间完成的，人们在《〈黑格尔法哲学批判〉导言》《神圣家族》《1844年经济学哲学手稿》《费尔巴哈》等著作中可以明显看到这一思想进程，而在《关于费尔巴哈的提纲》《德意志意识形态》《共产党宣言》等著作中则更多呈现出这一发展过程的重要成果。

具体说来，马克思的异化实践论包括实践主体（无产者）的异化、实践行为（个体）的异化、实践对象的异化、实践过程（社会）的异化、实践关系的异化、实践目标的异化。

马克思说："现实的即真实地出现的异化，就其潜藏在内部最深处的——并且只有哲学才能揭示出来的——本质说来，不过是真正的、人的本质即自我意识的异化的现象"①。马克思在这里所表达

---

① 《马克思恩格斯全集》第42卷，人民出版社1979年版，第165页。

的思想具有普遍意义：真正的异化是人的本质的异化。哲学即人学，从本质上、理性上把握人只有哲学才能做到。对于实践的主体"现实的个人"而言，实践主体的异化表现为实践主体的"世界历史性"存在和"全人类解放"的承诺两个方面。"现实的个人"作为实践的主体是马克思在《德意志意识形态》中提出的。异化实践的主体"创造着具有人的本质的这种全部丰富性的人，创造着具有丰富的、全面而深刻的感觉的人作为这个社会的恒久的现实"。这种"现实的个人"的"异化"现实性就是"人的对象化的本质力量以感性的、异己的、有用的对象的形式，以异化的形式呈现在我们面前"。① "感性的"也就是能动的，"异己的"也就是对象化的，"有用的"也就是对人本身是积极肯定的。并且，在马克思的异化实践论中，"现实的人"作为"实践主体"在实践中要把自己的本质力量以感性的方式表现出来，这种对象化的本质力量的感性表现在性质上由于经过了感性化和客观化，无疑是异己性的，不同于人本身的，但这种异己的本质力量对象化、感性化都是"有用的"且有价值的，即有益的异己化和肯定性的异化。因此，马克思在这里提出了在性质上两种截然不同的异化概念：积极的"肯定"的异化和消极的"否定"的异化。异化实践论中的异化是积极的"有用的"异化。同理，作为异化实践主体的人而言，其现实存在（马克思只研究"现实人的现实存在"）发展到马克思时期的市民社会时，就必备了"世界历史性"的确定性内容。而马克思提出的"人的世界历史性存在"在异化实践理论的视域里具有两个特点：一是它表现出的未来指向和与"地域性"相对立的世界性；二是对于实践、感性活动和实践主体的肯定。这是与异化劳动的"无产者"主体根本不同的。"资产阶级，由于开拓了世界市场，使一切国家的生产和消费都成为世界性的了""资产阶级不仅锻造了置自身于死地的

---

① 《马克思恩格斯全集》第 42 卷，人民出版社 1979 年版，第 125～127 页。

武器，它还产生了将要运用这种武器的人——现代的工人，即无产者"①，无产者作为世界历史性的存在，本身就是作为资产阶级的对立面——异化的产物，同时无产者对于即将到来的"革命批判的"的社会运动而言又是主体力量、中坚力量和肯定力量。这种"实践的唯物主义者"的现实运动成为实践的无产者的现实感性形式，二者是互为确证的促进性关系。尽管这也是异化，但这是无产者本质对象化的异化，是肯定性的异化，因而属于异化的肯定表现方式。无产者也成为这种指向未来的肯定性实践主体。与异化劳动中的工人是有根本区别的，异化劳动中的工人作为异化劳动的主体只能成为工人本质的异化（非对象化）或否定性存在。无产者作为实践主体在异化实践中成为无产者本质的对象化活动的主体。异化实践中的无产者主体是积极的，而异化劳动中的工人则是消极的。就现实性而言，前者具备积极进取的现实性，后者更多地表现为现实性的消极方面。马克思异化实践论中的实践主体是无产者。在《共产党宣言》等著作中，马克思主要从实践主体与实践过程（社会）进行论述，因为马克思的异化劳动论、异化实践论是在"现实的关系"中的异化劳动和异化实践论，异化实践"不仅生产出他同作为异己的、敌对的力量的生产对象和生产行为的关系，而且生产出其他人同他的生产和他的产品的关系，以及他同这些人的关系。"相对照的是，异化劳动生产出的是一种根本对立的否定性关系；异化实践生产出积极的肯定性关系。这是把握马克思异化劳动论和异化实践论的关键节点之一。

实践主体的"世界历史性存在"的另一个维度是人类解放。马克思确定了异化实践与无产者自身解放和全人类解放的同质同步性。马克思说："共产主义……是人的本质的现实的生成，是人的本质对人来说的真正的实现，是人的本质作为某种现实的东西的实

①《马克思恩格斯选集》第1卷，人民出版社1972年版，第254～257页。

现"① 而"工人的解放包含全人类的解放"②。第一，人类解放作为人类实践或异化实践的目标，是对于人的本质、人性的真正"生成"和真实肯定，是关于人的本质的现实性、客观性的确证。既然是确证，其性质只能是肯定性的。在逻辑学上，否定性反证不能证明事物存在的确实性；第二，共产主义的实现不仅意味着无产者（工人）自身的解放，也意味着全人类的解放。异化实践与无产者解放、全人类解放不仅是"同质"——具有同一属性，而且是同步——属于同一进程。这种同质同步性来源于无产者作为现实的人和实践主体所具有的"世界历史性的存在"方式。因此，马克思才在《德意志意识形态》中提出了两种相对立的"共产主义"："地域性的共产主义"与"世界历史性的"共产主义；相对应的另一种对立是"人的地域性存在"与"人的世界历史性存在"。马克思从异化实践理论的根本立场出发，肯定"世界历史性的"人类解放。

　　人类解放不仅是异化实践主体存在的一个重要维度，也是实践过程的异化的一个方面，更是实践目标的异化的重要表现形式。人类解放是在未来向度上对人本身、人的自由的肯定；人类解放作为一场宏大的现实性社会运动是实践过程的一部分，参与异化实践过程的社会运动本身就具备否定当下市民社会、肯定未来共产社会的双重意义，因而作为实践过程的异化就成为人类异化实践的当然载体；而作为实践目标的异化性，人类解放的实现也是异化实践目标的外化、实现，是对象化意义上的实践目标的异化性。在马克思的异化实践论中，关于实践主体的异化性、实践行为（个体）的异化性、实践对象的异化性；实践过程（社会）的异化性和实践目标的异化性，都具有特定的、确定的所指。《德意志意识形态》着重研究的是实践个体的异化性，《关于费尔巴哈的提纲》《共产党宣言》着重阐明实践对象（改造世界）、社会实践（社会变革）和实践目标（人类解放）的异化性。

---

① 《马克思恩格斯全集》第 42 卷，人民出版社 1979 年版，第 175 页。
② 同上，第 101 页。

　　综上所述，笔者认为：第一，许多年来国内学界对于马克思异化思想的研究是薄弱和严重不够的。存在着对马克思异化思想与黑格尔和费尔巴哈的异化理论，特别是与黑格尔异化理论的"混读"、对马克思的异化劳动论的"漏读"和对异化实践论的"误读"现象。出现"混读""漏读""误读"的原因大致有三个方面：一是受外国特别是"西马"的影响，二是受前苏联理论体系即"教科书"哲学的禁锢，三是国内学界缺少独立思考、创新研究的勇气和氛围。基于此，本文认为：马克思的异化思想是由异化劳动论和异化实践论构成的。除此之外，马克思从来肯定或构建其他异化理论。相反，马克思正是在批判黑格尔唯心论和费尔巴哈直观唯物主义哲学，扬弃黑格尔精神抽象和费尔巴哈感性直观的异化理论之后，构建了自己的以异化劳动论和异化实践论为内容的异化思想体系。第二，马克思的异化劳动论以工人同生产的关系为起源和基始，通过对劳动的现实感性的实证分析和人的本质力量异化的形上描述，显现出异化劳动的否定性实质。与黑格尔精神劳动混淆人的本质力量对象化与异化的区别：马克思构建的异化劳动论具有现实感性和社会客观性，从而完成了对异化劳动的彻底否定。消灭异化劳动与对无产者及人类自由理想的蓬勃追求构成开启唯物史观新哲学视野的两大抓手。第三，马克思的异化实践论是异化劳动论的必然发展。异化实践论从现实活动的个人出发，以改变世界为根本目标。而现实活动的个人具有世界历史性存在的维度。因此，马克思所说的实践已不再是传统哲学中实践，只是人类理性活动的一个环节，其根本是理性思辨的附属物。马克思的异化实践论确证了实践的本源性、基础性、开放性特质，并且以实践主体、实践过程、实践对象、实践结果、实践目标等各个角度将"社会存在决定社会意识"的唯物史观原则贯彻到底，肯定实践的革新作用。第四，马克思的异化劳动论的历史翻转意义在于：一是明确现实性的工人同生产的关系使得劳动的人的本质对象化翻转为现实性的工人同生产的关系的异化对立属性，从根本上翻转了黑格尔抽象的精神异化理论，用对于异化劳动的根本否定翻转了黑格尔的对劳动的抽象的精神的肯定；二是马克思的异化劳动论翻转了对于劳动、异化劳动的抽象精神的研究方式。明确从现实关系出发，进行实证研究的必要性；三是确定的以"实践""人的感性活动"为解释原则和改变世界的哲学思维方式彻底翻转了西方长期以来的理性主义哲学、主体性哲学等形而上学结论。第五，马克思的异化实践论在人类哲学史上有着第二次历史翻转的作用意义，即马克思的异化劳动论的构建完成了第一次的历史翻转；而马克思的异化实践论的构建也标志着第二次历史翻转的完成。在异化劳动论的第一次历史翻转中，由于马克思确定了"工人同生产的关系"为起始点，开启了唯物史观"社会存在决定社会意识"的历史视野，从根本上翻转了此前黑格尔对理念的"抽象"运动的唯心论哲学，确定了异化劳动的社会客观性和现实感性基础。异化劳动论的第一次历史翻转是对西方两个多年传统哲学的一次彻底断裂，也是对以黑格尔为代表的传统哲学的一次总清算；而异化实践论的第二次历史翻转的对象主体是以费尔巴哈为代表的直观唯物主义。马克思把"感性活动"或"实践"作为自己的新哲学的最高原则、把改变世界确定为自己新哲学的任务，从而也就构建了实践唯物主义哲学大厦的主体。马克思异化实践论的历史翻转来自于他的实践原则的确立，"实践的""革命批判的"原则根本翻转了直观唯物主义"只是从客体的或者直观的形式"理解世界的模式。异化劳动论的第一次历史翻转是对整个唯心论哲学体系的根本解构，使整个唯心论哲学阵营在改变世界的哲学任务面前显得无力、无所作为；异化实践论的第二次历史翻转则是唯物主义哲学发展史上的前所未见的大发展，它在准确诊断并彻底医治了直观唯物主义的病根之后，也把唯物主义提升到前所未有的发展阶段，是对于唯物主义历史发展的一次最重要的重建。第一次历史翻转的根本解构与第二次历史翻转的重要重建轮廓性、整体性显现出马克思哲学的产生发展的进程。

Two Philosophical Turnarounds of the Theories of
Alienated Practice and Alienated Labor

——A New Approach to Marx's Theories of Alienation

Dong Jinqian

(*College of Philosophy and Public Administration*, *Liaoning University*,
Shenyang 110036, *China*)

Abstract: In China's academic circles, there long existed some misunderstanding of Marx's theories of alienation. For instance, many researchers mistakenly conduct researches and analyses on the theory of alienation, academically and theoretically either approving of disappoving, taking for granted it was a part of Marxist philosophy of Marx's earlier philosophical thought. In fact, the alienation therory belongs to Hegel, Feuerbach and other earlier philosophers. Marx never approved of the theory of alienation. Quite on the contrary, Marx sublated Hegel's idealism and Feuerbach's object materialistic philosophy, completely reversed Hegel and Feuerbach's theories of alienation, and opens up a new vision of historical materialism with his new theories of alienated labor and alienated practice.

Key Words: alienated practice; alienated labor; theories of alienation

《新华文摘》2011年第11期"论点摘编"

异化实践论与异化劳动论的两次哲学翻转

董晋骞在《辽宁大学学报》2011年第1期撰文指出,马克思深刻批判黑格尔唯心论和费尔巴哈直观唯物主义哲学,扬弃其唯心论或直观机械性,彻底翻转黑格尔和费尔巴哈等异化理论,用自己全新的异化劳动和异化实践理论开启了唯物史观的全新视野。马克思的异化实践论是和异化劳动论有着内在的客观联系的。在其第一次哲学翻转中,马克思的异化劳动论从"工人同生产的关系"出发,目标是"消灭劳动"。马克思的异化劳动论是对于劳动或异化劳动的根本否定性理论。马克思在构建异化劳动论,完成其对黑格尔的唯心异化理论的第一次哲学翻转的同时,也在唯物史观、实践唯物主义的视野里构建了异化实践理论。马克思异化实践论从"现实的人的感性活动"出发,目标是"改变世界",是关于异化实践或实践的未来肯定性理论。针对费尔巴哈等直观唯物主义的缺陷,马克思的异化实践论发挥了历史唯物主义哲学的翻转作用。马克思的异化劳动论和异化实践论与黑格尔异化理论和费尔巴哈直观唯物主义之间有着本质区别。在学理上、理论上阐明马克思的异化劳动论、异化实践论思想,对于马克思主义哲学研究和中国特色社会主义理论研究都有着很大的作用和意义。

"人的世界历史性存在"的实践辩证法内容与人类解放维度[*]

——与顾智明先生商榷

摘要："人的世界历史性存在"是马克思创立的唯物史观的基本命题，它包含着马克思所创立的实践辩证法的核心内容和关于人类解放的承诺。马克思的"人的世界历史性存在"是一个实践的否定性命题，而不是一些学者所解释的肯定式命题。这一命题经过马克思实践辩证法的"照亮"，要经历两个重要阶段，即"人的世界历史性"的非存在或"人的'非'世界历史性存在"以及人类解放这一新地平线的开启。离开了实践辩证法内容和人类解放的维度，就不是马克思哲学意义上的"人的世界历史性存在"，而只能是别的或其他的"存在"。

"人的世界历史性存在"是马克思在《德意志意识形态》（以下简称《形态》）、《共产党宣言》（以下简称《宣言》）等经典著作中提出的基本命题。这个命题从人的现实的、社会的、辩证法的和人类解放等维度全面论证了人的存在问题。它区别于其他一切旧唯物主义和各种唯心主义，是马克思哲学变革最重要的理论成果。遗憾的是，国内学界对这一命题的诠释与解释多是从市民社会的肯定的方面（可参阅顾智明先生发表在《中国社会科学》2009 年第 2 期的文章《"人的世界历史性存在"与人的实践自觉》，以下简称"顾

---

* 本文发表在《社会科学辑刊》2010 年第 4 期。

文")入手，遮蔽和遗漏了这一命题最重要、最核心的内容：马克思的实践辩证法内容和关于人类解放的承诺。笔者认为，马克思的"人的世界历史性存在"命题包含着马克思实践辩证法的核心内容和对于人类未来解放的承诺，而这两点决定了这一命题是马克思哲学的基本命题。只有通过马克思实践辩证法的洗礼和未来解放之光的"照耀"，"人的世界历史性存在"的真实本质才会显现出来。

　　"人的世界在历史性存在"是马克思运用唯物史观研究现实的人的社会存在所得出的必然结论。这里有几个关键点：第一，马克思的"人的世界历史性存在"是一个哲学命题，不是经验命题。马克思所说的人的存在既不是经验性存在，也不是先验性存在，更不是超验性存在，而是指现实的人存在于社会关系之中，特别是存在于以人的物质生产实践（劳动）为前提的现代大生产之中。第二，"人的世界历史性存在"是相对于人的"地域性存在"而言的。马克思认为现实的人的基本存在方式就是"世界历史性存在"，而与此相对立的人的"狭隘地域性存在"对人而言是一种"非存在"。马克思认定这种"狭隘地域性的个人为世界历史性的、真正普遍的个人所代替"①。第三，马克思进一步认为"人们的存在就是他们的实际生活过程"。马克思哲学存在论的出发点是"从事实际活动的人"，因而"对现实的描述会使独立的哲学失去生存环境，能够取而代之的充其量不过是从对人类历史发展的观察中抽象出来的最一般的结果的综合"②。可见，"人的世界历史性存在"是马克思通过观察人类历史发展而抽象出来的最一般的结果的综合，因而马克思哲学不会像一般欧洲哲学史上的哲学或现代哲学那样去研究先验或超验意义上的存在的纯形式，任何从这方面去研究、诠释马克思哲学的想法都是徒劳的。

　　实践辩证法内容和关于人类现实解放的承诺是马克思哲学存在

---

①　《马克思恩格斯选集》第 1 卷，人民出版社 1972 年版，第 40 页。
②　同上，第 30～31 页。

论区别于一切其他哲学的最本质特征。

一、"人的世界历史性存在"的实践辩证法内容

马克思是在批判黑格尔唯心论、费尔巴哈直观唯物主义的前提下，深入研究"人的世界历史性存在"的。首先，马克思认为个人是社会存在物，"人是一个特殊的个体，并且正是他的特殊性使他成为一个个体，成为一个现实的、单个的社会存在物"。① "存在"问题是哲学的核心问题。马克思哲学的本体论核心就是"人的世界历史性存在"。包括"顾文"在内的国内诸多著述对《提纲》《形态》等所涉及的"全部社会生活在本质上是实践的""人的本质是社会关系的总和"等论述只是从"空间"或"量"的可表象的视域上去解释，缺乏动态性的、具有推动与创造原则的阐释。缺失了实践辩证法的"人的世界历史性存在"，是解释性的、本体论化的"存在"，必然退回到黑格尔唯心的"客观理念"和费尔巴哈的直观唯物主义的"社会的人"的水平。

马克思的实践辩证法是马克思等所创立的唯物史观的重要组成部分，是唯物史观的方法论和逻辑学，表现了唯物史观的推动力和创造性。马克思的实践辩证法"作为推动原则和创造原则的否定性的辩证法"包括以下要点：第一，马克思实践辩证法具有存在论和世界观意义，而非只局限于认识论；第二，"推动"与"创造"是马克思实践辩证法的根本特性，来源于实践辩证法自身的否定性。实践这种"本质力量的活动也必须是对象性的活动""所以能创造或设定对象"，只有这样的实践才能够理解世界历史的行动，才能达到"人的世界历史性存在"。第三，马克思实践辩证法以人的感性活动和现实运动为基础，表现的是人的现实关系、现实生活和现实理想，展示的是人的世界历史的双重时空，因而马克思的实践辩证法不仅是辩证法发展史上的伟大革命，也是人类历史观的伟大革

---

① 《马克思恩格斯全集》第 42 卷，人民出版社 1979 年版，第 123 页。

命，更是人类未来解放的伟大武器。

在马克思实践辩证法中，"扬弃"作为"运动的环节"，直接表现出失去和创造的本性。马克思的实践辩证法根本区别于黑格尔概念辩证法的方面在于"感性的超越"，在于"感觉通过自己的实践直接变成了理论家"①，实践辩证法只有在唯物史观的视域中才能存在和发展。

马克思实践辩证法的根本是对现实事物的否定性理解，即以发展否定性方式研究现实生活。关于这一点，马克思在《手稿》中对人类物质生产活动——劳动进行了辩证的分析：第一，马克思肯定劳动的对象化（物化）作用，"劳动的实现就是劳动的对象化"，劳动对象化是劳动的第一个否定形式，它表明劳动"作为不依赖于生产者的力量，同劳动相对立"②。对立意味着差异，是否定的最初形式；第二，马克思认为"在被国民经济学作为前提的那种状态下"，劳动的否定性发展进一步升级，表现为工人"失去现实性""对象的丧失"和"被对象奴役"，即产生了异化。马克思的结论不再仅仅是理性和知识判断，而且是价值和德性的判断；第三，马克思对于劳动的辩证法研究从不离开市民社会（资产阶级社会）和社会关系（首先是生产关系），换言之，马克思的劳动辩证法是一种现实的否定性的辩证法。马克思运用实践辩证法对劳动进行研究的结论就是在市民社会（资产阶级社会）和私有制前提下，工人的"属人"的劳动变成"非人"的劳动，劳动的人性变成劳动的非人性，而工人的生理机能（吃、喝、性行为）的动物性则转变为工人生理机能的人性，这是马克思实践辩证法的基本结论。马克思在《形态》《手稿》《提纲》和《宣言》等提出了"人的世界历史性存在"。按照马克思实践辩证法的思想，我们能得出这样的结论："人的世界历史性存在"在"市民社会""私有制"等多重"座驾"的制约

① 《马克思恩格斯全集》第42卷，人民出版社1979年版，第124页。
② 同上，第91页。

作用下，实际上是"人的'非'世界历史性存"，它作为"人的世界历史性存在"的异化和外化，部分真实地反映了人的现实存在状态。因为在资本逻辑支配下的现实社会生活中，"人的世界历史性存在"是以异己的、否定性的形式表现的。但是，这种"人的'非'世界历史性存在"决不是狭隘地域性存在，也不是抽象的"生活世界"，它是"人的世界历史性存在"的现实形式，是在实践辩证法前提下对于现实的人的存在状况所进行的最一般的结果的综合。这表现为以下几个方面。

第一，"人的世界历史性存在"中生活的非世界历史性。"人们为了能够'创造历史'，必须能够生活"①，而真正的人的生活是人的"历史活动"，因而只具有世界历史性属性。但是，在市民社会、私有制等作用下，人的生活并不是"人的"生活而变成"动物的"，人的生活成为外在的生活，这种人在其中使自己外化的生活，是一种"自我牺牲、自我折磨"的生活，是生活的非世界历史性化。

第二，"人的世界历史性存在"中新需要的非世界历史性。新的需要作为第一个历史活动具有肯定意义，但是，在马克思实践辩证法看来，人的新需要在现实中却是否定性的。不仅如此，在现代大生产条件下，人的新需要从本质上"对人说来就成为一种异己的、与他对立的力量"。

第三，"人的世界历史性存在"中生产的非世界历史性。从资本主义成熟阶段开始，本来意义上的世界历史性生产在现实中几乎荡然无存。无论是人"自己生命的生产（通过劳动）"还是"他人生命的生产（通过生育）"都是如此。由于始终必须把人类的历史同工业和交换的历史联系起来研究和探讨，在资本逻辑和技术逻辑等的统治下，人的这种生产都是不自由的、被动的、受制约的，在现实意义上它们都还不是真正"人"的生产。生产与分工存在着必然的联系，但在马克思看来，"分工和私有制是两个同义语，讲的

----

① 《马克思恩格斯选集》第1卷，人民出版社1972年版，第32页。

是同一件事情，一个是就活动而言，另一个是就活动的产品而言"①。尽管马克思期望分工的这种"固定化"会随着共产主义社会的建立而消逝，但马克思还是把这种"物质力量"肯定为"过去历史发展的主要因素"。

第四，"人的世界历史性存在"中利益的非世界历史性。马克思在《形态》中把私人利益和公共利益的矛盾作为国家存在及其内部真正的斗争的根源，而实际利益又往往以虚幻的共同体的形式出现。私人利益和公共利益的基础就在于人是类存在物。马克思认为，"生产生活本来就是类生活""人的类特性恰恰就是自由的自觉的活动"。② 这种类存在理论在为公共利益提供理论基础和现实存在理由的同时，也可以说明虚幻的共同体的形成问题。马克思指出，代表统治阶级利益的特殊利益在本质上是真正地反对公共利益和虚幻的共同利益。这种特殊利益受分工制约产生了一种社会力量，这种社会力量是一种扩大了的生产力，并成为"支配着人们的意志的行为"的"社会力量"，其导致的结果是利益的"非世界历史性"。

综上所述，马克思哲学存在论是"人的世界历史性存在"，但在市民社会的前提下，由于分工及私有制的逻辑的作用，人的"世界历史性存在"的现实形式是"人的世界历史性"的"非"存在，或人的"非世界历史性存在"。从"人的世界历史性存在"到"人的非世界历史性存在"中起关键作用的就是马克思在《形态》《手稿》等著作中所阐释的实践辩证法。

二、"人的世界历史性存在"的解放维度

马克思哲学存在论是建立在实践论基础上的，因而马克思的"人的世界历史性存在"是"革命的"。实践批判的存在是真正现实的，因而对"人的世界历史性存在"的理解就必须"把它们当做人

---

① 《马克思恩格斯选集》第 1 卷，人民出版社 1972 年版，第 37～38 页。
② 《马克思恩格斯全集》第 42 卷，人民出版社 1979 年版，第 95 页。

的感性活动，当做实践去理解"①。"这种活动，这种连续不断的感性劳动和创造，这种生产，是整个现有感性世界的非常深刻的基础"，而"对实践的唯物主义者，即共产主义者说来，全部问题在于使现存世界革命化，实际地反对和改变事物的现状"。② 人类解放维度是研究马克思哲学存在论的一个不可或缺的维度。

马克思在《形态》中专门论述了"人的世界历史性存在"与共产主义的人类解放的同一性和统一性。"共产主义对我们说来不是应当确立的状况，不是现实应当与之相适应的理想。我们所称为共产主义的是那种消灭现存状况的现实的运动。……无产阶级只有在世界历史意义上才能存在，就像它的事业——共产主义一般只有作为'世界历史性的'存在才有可能实现一样。"③ 在这里，马克思阐明了自己的哲学存在论的几个基本观点：第一，共产主义是"现实的运动"，不是哲学家、理论家通过理性思维进行分析的应然的"理想"状况；第二，共产主义作为人类解放运动的现实性和真实性的载体是无产阶级，"世界历史性"对于无产阶级来说具有存在性的根本意义；第三，共产主义运动只有在具有了"世界历史性"的性质时才具有现实真实性和存在合理性。由马克思的存在论思想我们可得出三个根本性的结论：第一，无产阶级（工人阶级）是"人的世界历史性存在"的现实观照物；第二，"人的世界历史性存在"主要指共产主义的"现实的运动"，因而人类解放的维度不仅是研究马克思"人的世界历史性存在"必需的理解原则和衡量尺度，而且是马克思"人的世界历史性存在"的核心内容，共产主义才是真正的"人的世界历史性存在"的理想状态；第三，马克思在《形态》中提出了两种相互对立的"共产主义"："地域性的共产主义"和"世界历史性的共产主义"，并提出要"消灭地域性的共产主义"。马克思认定他们处的"当下"的共产主义是具有"世界历

---

① 《马克思恩格斯选集》第 1 卷，人民出版社 1972 年版，第 16 页。
② 同上，第 48～49 页。
③ 同上，第 41 页。

史性"的共产主义，因而获得真实存在的合法性，而这种合法性的
关键在于一种"现实的运动"。这是马克思哲学存在论的必然结论。

"在实践的、现实的世界中，自我异化只有通过同其他人的实
践的、现实的关系才能表现出来。异化借以实现的手段本身就是实
践的。"① 马克思阐明了自己的两个根本思想：第一，异化是在现实
的关系中的异化，真正的异化是现实的、世界的、实践的异化。实
践辩证法或劳动辩证法表明，通过异化劳动，人不仅生产出他同作
为异己的、敌对的力量的生产对象和生产行为的关系，而且生产出
其他人同他的生产和他的产品的关系，以及他同这些人的关系。在
马克思"人的世界历史性存在"的存在论论域中，实际上包含着他
的剩余价值学说的巨大影响："从异化劳动同私有财产的关系可以
进一步得出这样的结论：社会从私有财产等等的解放、从奴役制的
解放，是通过工人解放这种政治形式表现出来的，而且这里不仅涉
及工人的解放，因为工人的解放包含全人类的解放"②。马克思非常
清楚地画出这样一幅人类解放的立体式图景：现实实践世界—现实
异化关系—异化劳动（实践辩证法）—私有财产关系—工人或人类
解放（共产主义）。在这里，现实实践世界—现实异化关系—异化
劳动（实践辩证法）是一个物质的（经济基础）辩证的发展；人从
"现实实践世界"发展到"异化劳动（实践辩证法）"则走到了否定
阶段，"现实异化关系"是其中介，这说明马克思哲学存在论是以
"关系"存在为前提的。"异化劳动（实践辩证法）—私有财产关系
—工人或人类解放（共产主义）"是一个政治的（及其上层建筑）
辩证的发展；在异化劳动和私有制双重逻辑力量作用下，异化劳动
必然最终导致人类解放问题的凸显，并且"私有财产关系"发挥了
巨大的中介作用。这种政治的循环是对于前一个物质的（经济基
础）否定性循环的再否定，并且最终完成了马克思"人的世界历史

① 《马克思恩格斯全集》第 42 卷，人民出版社 1979 年版，第 99 页。
② 《马克思恩格斯全集》第 42 卷，人民出版社 1979 年版，第 101 页。

性存在"存在论的否定性澄明境界。"共产主义……是人的本质的现实的生成，是人的本质对人来说的真正的实现，是人的本质作为某种现实的东西的实现"①，而将两者联系在一起的"积极的环节"就是马克思所谓"现实的运动"。

在马克思主义哲学中，"人的世界历史性存在""人类解放"和"实践辩证法"是马克思哲学存在论的三大组成部分。这三个部分实质上是同一个东西，只是所强调的重点各不同："人的世界历史性存在"主要从人的存在方式的时空论域中突出存在的世界性和历史性；"人类解放"是从人的存在方式的未来向度上开启存在的社会性和现实性；"实践辩证法"则是从人的存在方式的方法论上揭示存在的创造性和源动力。

"顾文"论述马克思从社会的人、人的社会关系维度考察"人的世界历史性存在"，并试图剖析当代人的生存方式来追寻"人的世界历史性存在"的澄明之境。如果我们仔细研究马克思的《提纲》《形态》《手稿》等文献，就会感到"顾文"误解、误读了马克思"人的世界历史性存在"思想，同时将其最核心、最关键的部分统统悬置起来。

总体来说，"顾文"存在着两个方面的主要问题：一是"顾文"忽略了马克思"人的世界历史性存在"中实践辩证法、劳动异化的内容，而使得"人的世界历史性存在"退回到费尔巴哈一般"现实的人"的直观唯物主义水平；二是忽略了马克思"人的世界历史性存在"与人类解放的直接联系，而使得马克思"人的世界历史性存在"重新变成黑格尔的"我的真正的人的存在是我的哲学的存在"②的历史唯心理论。这两个问题存在着逻辑关系：首先，由于"顾文"忽略了马克思"人的世界历史性存在"的实践辩证法内容，使得"顾文"所谓"现实的人"并不是马克思所说的"世界历史性存

---

① 《马克思恩格斯全集》第 42 卷，人民出版社 1979 年版，第 175 页。
② 《马克思恩格斯全集》第 42 卷，人民出版社 1979 年版，第 173 页。

在"的人，而仍是"地域性存在"的人，仍是费尔巴哈意义上的"社会的人"。第二，由于"顾文"所谓的"人的世界历史性存在"缺乏实践辩证法的灵魂，也就不可能注意到《形态》《手稿》中新唯物主义（实践的唯物主义）与"无产阶级"和"共产主义"之间的内在统一性。马克思所说的"人的世界历史性存在"并不是立足于共产主义的现实的运动、无产阶级所要完成的人类的解放的特定意义上的最一般的结果的综合。离开了实践辩证法内容和人类解放的维度，就不可能是马克思哲学意义上的"人的世界历史性存在"，只能是别的什么"存在"。

《中国社会科学文摘》2010 年第 12 期全文转载

"人的世界历史性存在"与人类解放维度

——与顾智明先生商榷

《社会科学辑刊》2010 年 4 期，8000 字

"人的世界历史性存在"是马克思在《德意志意识形态》（以下简称《形态》）、《1844 年经济学哲学手稿》（以下简称《手稿》）、《共产党宣言》（以下简称《宣言》）等经典著作中提出的基本命题。这个命题从人的现实的、社会的、辩证法的和人类解放等维度全面论证了人的存在问题。但国内学界对这一命题的诠释与解释多是从市民社会的肯定的方面（可参阅顾智明先生发表在《中国社会科学》2009 年第 2 期的文章《"人的世界历史性存在"与人的实践自觉》，以下简称"顾文"）入手，遮蔽和遗漏了这一命题最重要、最核心的内容：马克思的实践辩证法内容和关于人类解放的承诺。

"人的世界在历史性存在"是马克思运用唯物史观研究现实的人的社会存在所得出的必然结论。这里有三个关键点：第一，马克思的"人的世界历史性存在"是一个哲学命题，不是经验命题。马克思所说的人的存在既不是经验性存在，也不是先验性存在，更不是超验性存在，而是指现实的人存在于社会关系之中，特别是存在于以人的物质生产实践（劳动）为前提的现代大生产之中。第二，"人的世界历史性存在"是相对于人的"地域性存在"而言的。马克思认为现实的人的基本存在方式就是"世界历史性存在"，而与此相对立的人的"狭隘地域性存在"对人而言是一种"非存在"。马克思认定这种"狭隘地域性的个人为世界历史性的、真正普遍的个人所代替"。第三，马克思进一步认为"人们的存在就是他们的实际生活过程"。

实践辩证法内容和关于人类现实解放的承诺是马克思哲学存在论区别于一切其他哲学的最本质特征。

马克思的实践辩证法"作为推动原则和创造原则的否定性的辩证法"包括以下要点：第一，马克思实践辩证法具有存在论和世界观意义，而非只局限于认识论；第二，"推动"与"创造"是马克思实践辩证法的根本特性，来源于实践辩证法自身的否定性。实践这种"本质力量的活动也必须是对象性的活动""所以能创造或设定对象"，只有这样的实践才能够理解世界历史的行动，才能达到"人的世界历史性存在"；第三，马克思实践辩证法以人的感性活动和现实运动为基础，表现的是人的现实关系、现实生活和现实理想，展示的是人的世界历史的双重时空。

马克思在《形态》中把私人利益和公共利益的矛盾作为国家存在及其内部真正的斗争的根源，而实际利益又往往以虚幻的共同体的形式出现。私人利益和公共利益的基础就在于人是类存在物。马克思认为，"生产生活本来就是类生活""人的类特性恰恰就是自由的自觉的活动"。这种类存在理论在为公共利益提供理论基础和现实存在理由的同时，也可以说明虚幻的共同体的形成问题。马克思指出，代表统治阶级利益的特殊利益在本质上是真正地反对公共利益和虚幻的共同利益。这种特殊利益受分工制约产生了一种社会力量，这种社会力量是一种扩大了的生产力，并成为"支配着人们的意志的行为"的"社会力量"，其导致的结果是利益的"非世界历史性"。

马克思哲学存在论是"人的世界历史性存在"，但在市民社会的前提下，由于分工及私有制的逻辑的作用，人的"世界历史性存在"的现实形式是"人的世界历史性"的"非"存在，或人的"非世界历史性存在"。从"人的世界历史性存在"到"人的非世界历史性存在"中起关键作用的就是马克思在《形态》《手稿》等著作中所阐释的实践辩证法。

马克思哲学存在论是建立在实践论基础上的，实践批判的存在是真正现实的，因而对"人的世界历史性存在"的理解就必须"把它们当做人的感性活动，当做实践去理解"。"这种活动，这种连续不断的感性劳动和创造，这种生产，是整个现有感性世界的非常深刻的基础"，而"对实践的唯物主义者，即共产主义者说来，全部问题在于使现存世界革命化，实际地反对和改变事物的现状"。人类解放维度是研究马克思哲学存在论的一个不可或缺的维度。

马克思在《形态》中专门论述了"人的世界历史性存在"与共产主义的人类解放的同一性和统一性。第一，共产主义是"现实的运动"，不是哲学家、理论家通过理性思维进行分析的应然的"理想"状况；第二，共产主义作为人类解放运动的现实性和真实性的载体是无产阶级，"世界历史性"对于无产阶级来说具有存在性的根本意义；第三，共产主义运动只有在具有了"世界历史性"的性质时才具有现实真实性和存在合理性。由马克思的存在论思想我们可得出三个根本性的结论：第一，无产阶级是"人的世界历史性存在"的现实观照物；第二，"人的世界历史性存在"主要指共产主义的"现实的运动"，因而人类解放的维度不仅是研究马克思"人的世界历史性存在"必需的理解原则和衡量尺度，而且是马克思

"人的世界历史性存在"的核心内容，共产主义才是真正的"人的世界历史性存在"的理想状态；第三，马克思在《形态》中提出了两种相互对立的"共产主义"："地域性的共产主义"和"世界历史性的共产主义"，并提出要"消灭地域性的共产主义"。马克思认为具有"世界历史性"的共产主义，有其真实存在的合法性，而这种合法性的关键在于一种"现实的运动"。这是马克思哲学存在论的必然结论。

实践辩证法或劳动辩证法表明，通过异化劳动，人不仅生产出他同作为异己的、敌对的力量的生产对象和生产行为的关系，而且生产出其他人同他的生产和他的产品的关系，以及他同这些人的关系。在马克思"人的世界历史性存在"的存在论论域中，实际上包含着他的剩余价值学说的巨大影响："从异化劳动同私有财产的关系可以进一步得出这样的结论：社会从私有财产等等的解放、从奴役制的解放，是通过工人解放这种政治形式表现出来的，而且这里不仅涉及工人的解放，因为工人的解放包含全人类的解放"。马克思非常清楚地画出这样一幅人类解放的立体式图景：现实实践世界—现实异化关系—异化劳动（实践辩证法）—私有财产关系—工人或人类解放（共产主义）。在这里，现实实践世界—现实异化关系—异化劳动（实践辩证法）是一个物质的（经济基础）辩证的发展；人从"现实实践世界"发展到"异化劳动（实践辩证法）"则走到了否定阶段，"现实异化关系"是其中介。这说明马克思哲学存在论是以"关系"存在为前提的。"异化劳动（实践辩证法）—私有财产关系—工人或人类解放（共产主义）"是一个政治的（及其上层建筑）辩证的发展；在异化劳动和私有制双重逻辑力量作用下，异化劳动必然最终导致人类解放问题的凸显，并且"私有财产关系"发挥了巨大的中介作用。这种政治的循环是对于前一个物质的（经济基础）否定性循环的再否定，并且最终完成了马克思"人的世界历史性存在"存在论的否定性澄明境界。"共产主义……是人的本质的现实的生成，是人的本质对人来说的真正的实现，是人的本质作为某种现实的东西的实现"，而将两者联系在一起的"积极的环节"就是马克思所谓"现实的运动"。

在马克思主义哲学中，"人的世界历史性存在""人类解放"和"实践辩证法"是马克思哲学存在论的三大组成部分。这三个部分实质上是同一个东西，只是所强调的重点各不同："人的世界历史性存在"主要从人的存在方式的时空论域中突出存在的世界性和历史性；"人类解放"是从人的存在方式的未来向度上开启存在的社会性和现实性；"实践辩证法"则是从人的存在方式的方法论上揭示存在的创造性和源动力。

中国人民大学忆报资料中心《哲学原理》2010 年第 11 期

"人的世界历史性存在"的实践辩证法内容与人类解放维度 *

——与顾智明先生商榷

摘要："人的世界历史性存在"是马克思哲学耻辱在论的基本命题，它包含着马克思所创立的实践辩证法的核心内容和关于人类解放的承诺。马克思的"人的世界历史性存在"是一个实践的否定性命题，而不是一些学者所解释的肯定式命题。这一命题经过马克思实践辩证法的"照亮"，要经历两个重要阶段，即"人的世界历史性"的非存在或"人的'非'世界历史性存在"以及人类解放这一新地平线的开启。离开了实践辩证法内容和人类解放的维度，就不是马克思哲学意义上的"人的世界历史性存在"，而只能是别的或其他的"存在"。

关键词："人的世界历史性存在"；实践辩证法；解放维度

【作者简介】董晋骞，1959 年生，哲学博士，辽宁大学哲学与公共管理学院教授（辽宁　沈阳　110036）

【原文出处】《社会科学辑刊》（沈阳），2010.4.32～35

"人的世界历史性存在"是马克思在《德意志意识形态》（以下简称《形态》）、《共产党宣言》（以下简称《宣言》）等经典著作中提出的基本命题。这个命题从人的现实的、社会的、辩证法的和人类解放等维度全面论证了人的存在问题。它区别于其他一切旧唯物主义和各种唯心主义，是马克思哲学变革最重要的理论成果。遗憾的是，国内学界对这一命题的诠释与解释多是从市民社会的肯定的方面（可参阅顾智明先生发表在《中国社会科学》2009 年第 2 期的文章《"人的世界历史性存在"与人的实践自觉》，以下简称"顾文"）入手，遮蔽和遗漏了这一命题最重要、最核心的内容：马克思的实践辩证法内容和关于人类解放的承诺。笔者认为，马克思的"人的世界历史性存在"命题包含着马克思实践辩证法的核心内容和对于人类未来解放的承诺，而这两点决定了这一命题是马克思哲学的基本命题。只有通过马克思实践辩证法的洗礼和未来解放之光的"照耀"，"人的世界历史性存在"的真实本质才会显现出来。

"人的世界在历史性存在"是马克思运用唯物史观研究现实的人的社会存在所得出的必然结论。这里有几个关键点：第一，马克思的"人的世界历史性存在"是一个哲学命题，不是经验命题。马克思所说的人的存在既不是经验性存在，也不是先验性存在，更不是超验性存在，而是指现实的人存在于社会关系之中，特别是存在于以人的物质生产实践（劳动）为前提的现代大生产之中。第二，"人的世界历史性存在"是相对于人的"地域性存在"而言的。马克思认为现实的人的基本存在方式就是"世界历史性存在"，而与此相对立的人的"狭隘地域性存在"对人而言是一种"非存在"。马克思认定这种"狭隘地域性的个人为世界历史性的、真正普遍的个人所代替"。第三，马克思进一步认为"人们的存在就是他们的实际生活过程"。马克思哲学存在论的出发点是"从事实际活动的人"，因而"对现实的描述会使独立的哲学失去生存环境，能够取而代之的充其量不过是从对人类历史发展的观察中抽象出来的最一般的结果的综合"。可见，"人的世界历史性存在"是马克思通过观察人类历史发展而抽象出来的最一般的结果的综合，因而马克思哲学不会像一般欧洲哲学史上的哲学或现代哲学那样去研究先验或超验意义上的存在的纯形式，任何从这方面去研究、诠释马克思哲学的想法都是徒劳的。

实践辩证法内容和关于人类现实解放的承诺是马克思哲学存在论区别于一切其他哲学的最本质特征。

一、"人的世界历史性存在"的实践辩证法内容

马克思是在批判黑格尔唯心论、费尔巴哈直观唯物主义的前提下，深入研究"人的世界历史性存在"的。首先，马克思认为个人是社会存在物，"人是一个特殊的个体，并且正是他的特殊性使他成为一个个体，成为一个现实的、单个的社会存在物"。"存在"问题是哲学的核心问题。马克思哲学的本体论核心就是"人的世界历史性存在"。包括"顾文"在内的国内诸多著述对《提纲》、《形态》等所涉及的"全部社会生活在本质上是实践的""人的本质是社会关系的总和"等论述只是从"空间"或"量"的可表象的视域上去解释，缺乏动态性的、具有推动与创造原则的阐释。缺失了实践辩证法的"人的世界历史性存在"，是解释性的、本体论化的"存在"，必然退回到黑格尔唯心的"客观理念"和费尔巴哈的直观唯物主义的"社会的人"的水平。

马克思的实践辩证法是马克思等所创立的唯物史观的重要组成部分，是唯物史观的方法论和逻辑学，表现了唯物史观的推动力和创造性。马克思的实践辩证法"作为推动原则和创造原则的否定性的辩证法"包括以下要点：第一，马克思实践辩证法具有存在论和

世界观意义，而非只局限于认识论；第二，"推动"与"创造"是马克思实践辩证法的根本特性，来源于实践辩证法自身的否定性。实践这种"本质力量的活动也必须是对象性的活动""所以能创造或设定对象"，只有这样的实践才能够理解世界历史的行动，才能达到"人的世界历史性存在"。第三，马克思实践辩证法以人的感性活动和现实运动为基础，表现的是人的现实关系、现实生活和现实理想，展示的是人的世界历史的双重时空，因而马克思的实践辩证法不仅是辩证法发展史上的伟大革命，也是人类历史观的伟大革命，更是人类未来解放的伟大武器。

在马克思实践辩证法中，"扬弃"作为"运动的环节"，直接表现出失去和创造的本性。马克思的实践辩证法根本区别于黑格尔概念辩证法的方面在于"感性的超越"，在于"感觉通过自己的实践直接变成了理论家"，实践辩证法只有在唯物史观的视域中才能存在和发展。

马克思实践辩证法的根本是对现实事物的否定性理解，即以发展否定性方式研究现实生活。关于这一点，马克思在《手稿》中对人类物质生产活动——劳动进行了辩证的分析：第一，马克思肯定劳动的对象化（物化）作用，"劳动的实现就是劳动的对象化"，劳动对象化是劳动的第一个否定形式，它表明劳动"作为不依赖于生产者的力量，同劳动相对立"。对立意味着差异，是否定的最初形式；第二，马克思认为"在被国民经济学作为前提的那种状态下"，劳动的否定性发展进一步升级，表现为工人"失去现实性""对象的丧失"和"被对象奴役"，即产生了异化。马克思的结论不再仅仅是理性和知识判断，而且是价值和德性的判断；第三，马克思对于劳动的辩证法研究从不离开市民社会（资产阶级社会）和社会关系（首先是生产关系），换言之，马克思的劳动辩证法是一种现实的否定性的辩证法。马克思运用实践辩证法对劳动进行研究的结论就是在市民社会（资产阶级社会）和私有制前提下，工人的"属人"的劳动变成"非人"的劳动，劳动的人性变成劳动的非人性，而工人的生理机能（吃、喝、性行为）的动物性则转变为工人生理机能的人性。这是马克思实践辩证法的基本结论。马克思在《形态》《手稿》《提纲》和《宣言》等提出了"人的世界历史性存在"。按照马克思实践辩证法的思想，我们能得出这样的结论："人的世界历史性存在"在"市民社会"、"私有制"等多重"座驾"的制约作用下，实际上是"人的'非'世界历史性存"，它作为"人的世界历史性存在"的异化和外化，部分真实地反映了人的现实存在状态。因为在资本逻辑支配下的现实社会生活中，"人的世界历史性存在"是以异己的、否定性的形式表现的。但是，这种"人的'非'世界历史性存在"决不是狭隘地域性存在，也不是抽象的"生活世界"，它是"人的世界历史性存在"的现实形式，是在实践辩证法前提下对于现实的人的存在状况所进行的最一般的结果的综合。这表现为以下几个方面。

第一，"人的世界历史性存在"中生活的非世界历史性。"人们为了能够'创造历史'，必须能够生活"，而真正的人的生活是人的"历史活动"，因而只具有世界历史性属性。但是，在市民社会、私有制等作用下，人的生活并不是"人的"生活而变成"动物的"，人的生活成为外在的生活，这种人在其中使自己外化的生活，是一种"自我牺牲、自我折磨"的生活，是生活的非世界历史性化。

第二，"人的世界历史性存在"中新需要的非世界历史性。新的需要作为第一个历史活动具有肯定意义，但是，在马克思实践辩证法看来，人的新需要在现实中却是否定性的。不仅如此，在现代大生产条件下，人的新需要从本质上"对人说来就成为一种异己的、与他对立的力量"。

第三，"人的世界历史性存在"中生产的非世界历史性。从资本主义成熟阶段开始，本来意义上的世界历史性生产在现实中几乎荡然无存。无论是人"自己生命的生产（通过劳动）"还是"他人生命的生产（通过生育）"都是如此。由于始终必须把人类的历史同工业和交换的历史联系起来研究和探讨，在资本逻辑和技术逻辑等的统治下，人的这种生产都是不自由的、被动的、受制约的，在现实意义上它们都还不是真正"人"的生产。生产与分工存在着必然的联系，但在马克思看来，"分工和私有制是两个同义语，讲的是同一件事情，一个是就活动而言，另一个是就活动的产品而言"。尽管马克思期望分工的这种"固定化"会随着共产主义社会的建立而消逝，但马克思还是把这种"物质力量"肯定为"过去历史发展的主要因素"。

第四，"人的世界历史性存在"中利益的非世界历史性。马克思在《形态》中把私人利益和公共利益的矛盾作为国家存在及其内部真正的斗争的根源，而实际利益又往往以虚幻的共同体的形式出现。私人利益和公共利益的基础就在于人是类存在物。马克思认为，"生产生活本来就是类生活""人的类特性恰恰就是自由的自觉的活动"。这种类存在理论在为公共利益提供理论基础和现实存在理由的同时，也可以说明虚幻的共同体的形成问题。马克思指出，代表统治阶级利益的特殊利益在本质上是真正地反对公共利益和虚幻的共同利益。这种特殊利益受分工制约产生了一种社会力量，这种社会力量是一种扩大了的生产力，并成为"支配着人们的意志的行为"的"社会力量"，其导致的结果是利益的"非世界历史性"。

综上所述，马克思哲学存在论是"人的世界历史性存在"，但在市民社会的前提下，由于分工及私有制的逻辑的作用，人的"世界历史性存在"的现实形式是"人的世界历史性"的"非"存在，或人的"非世界历史性存在"。从"人的世界历史性存在"到"人的非世界历史性存在"中起关键作用的就是马克思在《形态》《手稿》等著作中所阐释的实践辩证法。

二、"人的世界历史性存在"的解放维度

马克思哲学存在论是建立在实践论基础上的，因而马克思的"人的世界历史性存在"是"革命的"。实践批判的存在是真正现实的，因而对"人的世界历史性存在"的理解就必须"把它们当做人

的感性活动，当做实践去理解"。"这种活动，这种连续不断的感性劳动和创造，这种生产，是整个现有感性世界的非常深刻的基础"，而"对实践的唯物主义者，即共产主义者说来，全部问题在于使现存世界革命化，实际地反对和改变事物的现状"。人类解放维度是研究马克思哲学存在论的一个不可或缺的维度。

马克思在《形态》中专门论述了"人的世界历史性存在"与共产主义的人类解放的同一性和统一性。"共产主义对我们说来不是应当确立的状况，不是现实应当与之相适应的理想。我们所称为共产主义的是那种消灭现存状况的现实的运动。……无产阶级只有在世界历史意义上才能存在，就像它的事业——共产主义一般只有作为'世界历史性的'存在才有可能实现一样。"在这里，马克思阐明了自己的哲学存在论的几个基本观点：第一，共产主义是"现实的运动"，不是哲学家、理论家通过理性思维进行分析的应然的"理想"状况；第二，共产主义作为人类解放运动的现实性和真实性的载体是无产阶级，"世界历史性"对于无产阶级来说具有存在性的根本意义；第三，共产主义运动只有在具有了"世界历史性"的性质时才具有现实真实性和存在合理性。由马克思的存在论思想我们可得出三个根本性的结论：第一，无产阶级（工人阶级）是"人的世界历史性存在"的现实观照物；第二，"人的世界历史性存在"主要指共产主义的"现实的运动"，因而人类解放的维度不仅是研究马克思"人的世界历史性存在"必需的理解原则和衡量尺度，而且是马克思"人的世界历史性存在"的核心内容，共产主义才是真正的"人的世界历史性存在"的理想状态；第三，马克思在《形态》中提出了两种相互对立的"共产主义"："地域性的共产主义"和"世界历史性的共产主义"，并提出要"消灭地域性的共产主义"。马克思认定他们处的"当下"的共产主义是具有"世界历史性"的共产主义，因而获得真实存在的合性法，而这种合法性的关键在于一种"现实的运动"。这是马克思哲学存在论的必然结论。

"在实践的、现实的世界中，自我异化只有通过同其他人的实践的、现实的关系才能表现出来。异化借以实现的手段本身就是实践的。"马克思阐明了自己的两个根本思想：第一，异化是在现实的关系中的异化，真正的异化是现实的世界的实践的异化。实践辩证法或劳动辩证法表明，通过异化劳动，人不仅生产出他同作为异己的、敌对的力量的生产对象和生产行为的关系，而且生产出其他人同他的生产和他的产品的关系，以及他同这些人的关系。在马克思"人的世界历史性存在"的存在论论域中，实际上包含着他的剩余价值学说的巨大影响："从异化劳动同私有财产的关系可以进一步得出这样的结论：社会从私有财产等等的解放、从奴役制的解放，是通过工人解放这种政治形式表现出来的，而且这里不仅涉及工人的解放，因为工人的解放包含全人类的解放"。马克思非常清楚地画出这样一幅人类解放的立体式图景：现实实践世界—现实异化关系—异化劳动（实践辩证法）—私有财产关系—工人或人类解放（共产主义）。在这里，现实实践世界—现实异化关系—异化劳动（实践辩证法）是一个物质的（经济基础）辩证的发展；人从"现实实践世界"发展到"异化劳动（实践辩证法）"则走到了否定阶段，"现实异化关系"是其中介，这说明马克思哲学存在论是以"关系"存在为前提的。"异化劳动（实践辩证法）—私有财产关系—工人或人类解放（共产主义）"是一个政治的（及其上层建筑）辩证的发展；在异化劳动和私有制双重逻辑力量作用下，异化劳动必然最终导致人类解放问题的凸显，并且"私有财产关系"发挥了巨大的中介作用。这种政治的循环是对于前一个物质的（经济基础）否定性循环的再否定，并且最终完成了马克思"人的世界历史性存在"存在论的否定性澄明境界。"共产主义……是人的本质的现实的生成，是人的本质对人说来的真正的实现，是人的本质作为某种现实的东西的实现"，而将两者联系在一起的"积极的环节"就是马克思所谓"现实的运动"。

在马克思主义哲学中，"人的世界历史性存在""人类解放"和"实践辩证法"是马克思哲学存在论的三大组成部分。这三个部分实质上是同一个东西，只是所强调的重点各不同："人的世界历史性存在"主要从人的存在方式的时空论域中突出存在的世界性和历史性；"人类解放"是从人的存在方式的未来向度上开启存在的社会性和现实性；"实践辩证法"则是从人的存在方式的方法论上揭示存在的创造性和源动力。

"顾文"论述马克思从社会的人、人的社会关系维度考察"人的世界历史性存在"，并试图剖析当代人的生存方式来追寻"人的世界历史性存在"的澄明之境。如果我们仔细研究马克思的《提纲》《形态》《手稿》等文献，就会感到"顾文"误解、误读了马克思"人的世界历史性存在"思想，同时将其最核心、最关键的部分统统悬置起来。

总体来说，"顾文"存在着两个方面的主要问题：一是"顾文"忽略了马克思"人的世界历史性存在"中实践辩证法、劳动异化的内容而使得"人的世界历史性存在"退回到费尔巴哈一般"现实的人"的直观唯物主义水平；二是忽略了马克思"人的世界历史性存在"与人类解放的直接联系，而使得马克思"人的世界历史性存在"重新变成黑格尔的"我的真正的人的存在是我的哲学的存在"的历史唯心理论。这两个问题存在着逻辑关系：首先，由于"顾文"忽略了马克思"人的世界历史性存在"的实践辩证法内容，使得"顾文"所谓"现实的人"并不是马克思所说的"世界历史性存在"的人，而仍是"地域性存在"的人，仍是费尔巴哈意义上的"社会的人"。第二，由于"顾文"所谓的"人的世界历史性存在"缺乏实践辩证法的灵魂，也就不可能注意到《形态》《手稿》中新唯物主义（实践的唯物主义）与"无产阶级"和"共产主义"之间的内在统一性。马克思所说的"人的世界历史性存在"并不是立足于共产主义的现实的运动、无产阶级所要完成的人类的解放的特定意义上的最一般的结果的综合。离开了实践辩证法内容和人类解放的维度，就不可能是马克思哲学意义上的"人的世界历史性存在"，只能是别的什么"存在"。

"共同利益"的现实性奠基及其
"异化"的历史进程[*]

——从马克思哲学看

摘要：马克思肯定共同利益是社会全体成员的利益，存在于一切人类和一切历史之中。因此，共同利益的共同性和普遍性就具有本体论价值。《费尔巴哈》历史性地阐述了个人利益与共同利益，私人利益与公共利益产生发展的阶段性进程，明确了私人利益与公共利益的矛盾是"实际利益"（包括个人利益与共同利益）发生发展的原因，并提出了实际利益的共同体形式（国家）在性质上是一种"异化"。共同利益理论是马克思哲学的重要组成部分，如何在马克思哲学的当代语境下理解共同利益、个人利益和共同利益以及私人利益和公共利益之间的现实性存在方式是什么、共同利益是如何历史性地"异化"生成为共同体形式的国家、国家虚幻共同体的双重矛盾和二次变换的演进根据是什么以及我们在研究共同利益问题时如何避免抽象化和绝对化等等问题的解决对于研究社会主义核心价值体系、构建和谐社会都具有重大意义。

利益即好处，属于善或实践理性范畴，表现人与对象（自然、社会、它者）的关系，是人们的权利和要求，是人的需要的重要组成部分。在西方哲学史上，包括霍布斯在内的许多哲学家认为利益制约和规定着人们的思想和行为，是人们实践的最终目的和活动的

＊ 本文发表在《社会科学辑刊》2011 年第 2 期。

最高原则。在马克思的思想中，利益原则是唯物史观的始基性构件。唯物史观理论是关于利益及共同利益的来源、本质、功能、作用、意义、价值及其现实性、社会性和历史性、发展性的系统科学的完整研究。马克思同西方大多数哲学家一样肯定共同利益的现实性存在，但马克思超越大多数哲学家之处在于他把共同利益置于现实关系之中进行研究，从而真正揭示了共同利益的社会本质和发展逻辑。"共同利益"或称"共同的利益"，是人们对于利益的普遍共同性的共识。马克思认为共同利益的共同性、普遍性，是现实社会性规定下的共同性、普遍性。马克思不承认绝对共同利益的存在，反对将共同利益抽象化、绝对化，因而马克思的共同利益思想是一种历史的、社会的、现实的、开放性的共同利益理论。

一、共同利益的存在论奠基

什么是"共同利益"？对此，马克思恩格斯在《关于费尔巴哈的提纲》（以下简称《费尔巴哈》）中给出明确的答案：共同利益就是社会全体成员的利益，是与个别人或集团的特殊利益相区别，"在当时存在的那些关系的压力下"，"同其余一切非统治阶级""还有更多联系"的利益。①

《费尔巴哈》对于共同利益作为相互依存关系存在于现实之中的论述，在哲学上是对于共同利益的存在论的奠基。

关于对共同利益的形上奠基，马克思哲学所确认的原则是"不是从观念出发来解释实践，而是从物质实践出发来解释观念的东西"，具体来说，"每个个人和每一代当做现成的东西承受下来的生产力、资金和社会交往形式的总和，是哲学家们想象为'实体'和'人的本质'的东西的现实基础，是他们神化了的并与之作斗争的东西的现实基础"②。进一步就"市民社会"的现实性共同利益而言，必须具备

---

① 《马克思恩格斯选集》第 1 卷，人民出版社 1972 年版，第 34 页。
② 同上，第 54 页。

两大条件：一是"各个个人在生产力发展的一定阶段上的一切物质交往"；二是"各个个人的世界历史性的存在"①。这些都是《费尔巴哈》为"共同利益"进行存在论形上奠基的基本内容。

共同利益"存在于现实之中"，并且这种现实性存在是以"个人之间的相互依存关系"为前提基础的。马克思将共同利益置于唯物史观的理论基础上，彻底翻转了西方两千多年共同利益理论的唯心发展进程。

首先，马克思认为共同利益的存在论基础是个人之间的相互依存关系，它是马克思唯物史观的出发点。现实中的个人不是想象的产物，也不是理性或理念的化身，更不是脱离开现实性、没有现实关系的"单子"，他既是经验的、日常的判断主体，也是对经验进行理性反思的形上主体。其次，马克思所说的"相互依存关系"是一种"双重关系"："一方面是自然关系，另一方面是社会关系；社会关系的含义是指许多个人的合作，至于这种合作是在什么条件下、用什么方式和为了什么目的进行的，则是无关紧要的。"② 共同利益的根基是在这种"双重关系"之中，并且这种"双重关系"由于以社会关系为实质而成为一种社会性的双重关系，从而制约和主宰着共同利益的社会性和现实性。换言之，马克思所说的现实中的个人正是这种具有双重关系，并且参与生产的个人，是在现实关系中存在的个人。再次，马克思在《〈政治经济学批判〉导言》说："我们越往前追溯历史，个人，也就是进行生产的个人，就显得越不独立，越从属于一个更大的整体：最初还是十分自然地在家庭和扩大成为民族的家庭中；后来是在由民族间的冲突和整合而产生的何种形式的公众中。只有在十八世纪，在'市民社会'中，社会结合的各种形式，对个人说来，才只是达到他私人目的的手段，才是外在的必然性。"③ 从逻辑和历史相统一的思维原则出发，马克思所

---

① 《马克思恩格斯选集》第 1 卷，人民出版社 1972 年版，第 43 页。

② 同上，第 34 页。

③ 《马克思恩格斯选集》第 2 卷，人民出版社 1972 年版，第 86～87 页。

说的"现实中的个人"也就是"整体""历史"和"生产"的个人，整体性、历史性和生产性成为"现实中的个人"的哲学的本质规定性。同样，整体性、历史性和生产性也是马克思所说的"个人之间的相互依存关系"的历史的本质规定性。离开了马克思所说的"整体""历史"和"生产"，就不是马克思唯物史观视域下的"个人之间的相互依存关系"。

从存在论或形而上的意义上为"共同利益"作唯物史观性质的奠基，是马克思哲学变革的重要内容，是马克思翻转西方长期以来的唯心论和机械唯物论理论所取得的重要成果。

古希腊哲学的早期，德谟克里特在《人应当活着》篇目中提出"追求对灵魂好的东西""应该做好人"等问题，提出了"国家的利益高于一切""不能让暴力损害公益"等观点①，柏拉图在《理想国》里从本体论哲学上研究了"最高、最完美的利益也就是智慧、勇敢、有节制和公道"②，亚里士多德在哲学上进一步研究了利益的实体性质和形而上学性质。这些可以说是对共同利益进行哲学研究的初始阶段，其主要呈现出以下特点：首先，古希腊早期哲学家肯定共同利益存在的现实性。在他们日常比拟的或学理推绎的运思经验当中，正是共同利益的现实性底蕴推动着他们重视人们共同行为下的利益作用和利害制约；其次，古希腊早期主流哲学家都把利益特别是共同利益作为现实的善、人的行为的善的目的性以及善的实现及其方式的核心组成部分，离开对于利益特别是共同利益的关注和肯定，古希腊哲学及其哲学家就会失去在共同利益问题上的思想现实性和交流交锋平台；再次，对早期古希腊哲学来说，由于其与现实利益特别是与共同利益的直接联系，使其各自哲学的初衷和宗旨都直接涉及共同利益的合理性问题，成为共同利益理论研究的奠基阶段。

---

① 《西方哲学原著选读》上卷，商务印书馆 1981 年版，第 52～53 页。
② 同上，第 108～118 页。

斯多葛派是较早使用"共同利益"的概念和专门研究共同利益的问题包括个人利益与整体利益、共同利益关系的哲学学派。其代表人物之一奥勒留在哲学上较早使用"共同利益"这个概念，而且提出了"人应当服从整体利益"的观点。奥勒留从人与自然、人与种或类的关系中研究共同利益，在肯定人是自然的一部分、尊重与自然界的共同利益的前提下又提出人与类的关系，这说明奥勒留的共同利益思想意识到了此前的人与自然的关系含糊不清的问题，肯定人间和人世的共同利益和整体利益高于自然利益和个体利益。同时，在理论上确定了部分是整体的部分、部分利益是共同利益的一部分的思想，更重要的是在事物的部分与整体的关系中肯定了"利益的东西"是具有决定性、制约性的动因，是现实存在的真正形式因。奥勒留是对共同利益进行专门的形而上学研究的哲学家。

接下来的中世纪，哲学则从"天上"或超验的层面将共同利益抽象化、整体化、虚幻化，以共同利益和个人利益来实现的虔诚承诺、以牺牲共同利益的现实路径来维护"虚幻的共同利益"。中世纪的神学思想家在论证神性共同利益的合理性、绝对性的过程中也以"异化"的方式肯定了共同利益的普遍性和实践性。

近代哲学家霍布斯明确提出哲学的目的和出发点是实现人类的共同利益，"哲学是这一切利益的原因"，哲学不仅与"人类最大的利益"和共同利益有关，而且二者存在直接因果关系；哲学是利益的原因，利益是哲学的结果和"效用"，哲学的目标是"为人生谋福利"。在霍布斯的共同利益思想中，包含着肯定人的感性活动、推崇技术实践的思想。显然，霍布斯的利益论是一种建立在现代科学技术上的功利利益论，表现的是早期技术逻辑的新鲜活力和对新思想、新观念、新技术的推崇。在资本利润和科技更新的作用下，包括共同利益在内的人的现实祈求都技术化和资本化了。在这个过程中，共同利益伴随着人性的觉醒和人道主义的倡导，也从社会伦理、社会行为等"部门性"产物变成整个市民社会和人类的整体问题，资本力量和科技力量使共同利益问题发展为现实中的人所要面对和解决的根本问题，共同人性（类性）和人道主义成为共同利益的基石，而在这个坚固的理论范式中，本体论的还原原则不仅是科学化思维的完成，也是理论哲学进一步发展的有力推手。

爱尔维修提出了两个很有影响力的观点：一是"利益支配着我们的一切判断"；二是公共利益"是人类一切美德的原则，也是一切法律的基础"，它促进近代哲学关于共同利益问题的研究达到一个新的高峰。

"利益支配着我们的一切判断"，这是爱尔维修幸福哲学的基本命题。爱尔维修继承了霍布斯哲学与利益是因果关系的思想，并形成了自己的法，他认为："一般人通常把利益这个名词的意义仅仅局限在爱钱上；明白的读者将会觉察到我是采取这个名词的比较少的意义的，我是把它一般地应用在一切能够使我们增进快乐、减少痛苦的事物上的。"爱尔维修从传统人性论出发，认为共同利益就是那些能够增进人们共同快乐、减少相互痛苦的事物，共同利益的实质就是共同快乐。对于主体而言，共同利益就是共同的快意，因而爱尔维修的基本命题又引申出两个相关命题：其一，"每一个个人都是根据自己得到的印象快意不快意来评判人和物的"；其二，"公众无非是一切个人的集合，因而他们只能拿自己的利益来当做判断的准绳"。显然，爱尔维修利益论的哲学基础是人性论，是人类的一般共同性。这在学理上犯了抽象化和简单化的错误，并且他混淆了快意与快乐、快乐与利益之间的差别，把利益等同于快意，把哲学变成心理学、生理学。在爱尔维修关于利益的第二个判断中，包含着一系列的逻辑悖理和理论困境：他把公众简单地看成是个人的集合，而每个人的利益支配着各自的判断，因而每个个人的利益也是公众判断的准绳，这样一来，爱尔维修就把公众"集合"掉了，变成了理论上的"无"，也否定了公共利益和共同利益的合理性，用个人代替了公众，用个人利益代替了公共利益（共同利益）。因此，爱乐维修"爱的哲学"是个人主义的爱心哲学，是把个人的疆界和视界放大到极致的最彻底的个人主义哲学，爱乐维修的利益论实质就是个人利益代替一切，个人利益是最高和最终的标准。但是，爱乐维修的个人主义利益论的不彻底性也表现出来了，他提出公共的利益高于个人利益，"一个人一切行动都以公益为目标的时候，就是正义的。……要行为正直，就应当仅仅倾听和信任公共的利益，而不要听信我们周围的人。个人利益通常总是使他们利令智昏的"①。爱尔维修的理论困境是近代哲学家在二分思维和本体论理论范式制约下无法从根本上解决的。

在德国古典哲学时期，无论是康德还是黑格尔，他们的哲学从理论或绝对理念出发，进一步在本体论的知性范围内对于共同利益的理性前提进行抽象还原和先验绝对化，使共同利益变成"想象主体的想象活动"，因而不可能为共同利益寻找到真正的现实基础。

二、共同利益的共同体形式（国家）的异化性质及双重矛盾和二次变换

马克思在唯物史观的新范式中为共同利益作形而上学奠基，并且在《费尔巴哈》等著作中详细论述了共同利益及其相关的个人利益、私人利益、公共利益和实际利益的内容和历史发展特征。"这种历史观就在于：从直接生活的物质生产出发来考察现实的生产过程，并把与该生产方式相联系的、它所产生的交往形式，即各个不同阶段上的市民社会，理解为整个历史的基础；然后必须在国家生活的范围内描述市民社会的活动，同时从市民社会出发来阐明各种不同的理论产物和意识形式。"② 马克思认为要研究包括共同利益在内的市民社会的活动，就要从物质生产出发，要理解人类的包括共同利益在内的整个历史，就要以生产方式以及与其相联系的交往方式所构成的市民社会为基础，从市民社会出发则有可能真正追溯包括哲学、宗教、道德在内的全部理论和意识的底蕴。

---

① 《西方哲学原著选读》下卷，商务印书馆 1982 年版，第 182～184 页。
② 《马克思恩格斯选集》第 1 卷，人民出版社 1972 年版，第 43 页。

　　共同利益是社会全体成员的利益，是具有更多、更广泛联系的现实性利益。现实社会生活的矛盾运动必然制约着共同利益的存在发展。马克思广泛研究了与共同利益相伴相存的"特殊利益"的情况。共同利益也叫普遍利益，而相对的"特殊利益"在市民社会却被说成"普遍的东西"，这些都同生产方式的一定阶段所产生的各种关系分不开，都作为相互依存关系存在于现实之中。这种存在于现实之中的相互依存关系又必须是"人们的一切关系"。因此，存在于现实之中的共同利益所具有的相互依存关系的底蕴是"揭示社会结构和政治结构同生产的联系"，是"一定的社会关系和政治关系"。这不仅是我们理解马克思共同利益的前提和基础，也是马克思所创立的唯物史观的基本原则。正是在现实性的相互依存关系的唯物史观视域里，马克思关于共同利益、个人利益、私人利益、公共利益、实际利益等的思想才真正呈现出来。

　　既然马克思哲学的出发点是从事实际活动的人，那么个人利益及与其相对的家庭利益就是利益的最初始形态和先在存在：以家庭为单位的自然分工只能产生自发状态下的个人利益，是个人利益的原始和隐蔽的"空场"阶段，个人利益的"在场"是在社会的物质劳动与精神劳动产生分工和私有制产生之时产生，"分工和私有制是两个同义语，讲的是同一件事情，一个是就活动而言，另一个是就活动的产品而言"①。物质劳动和精神劳动的"分离"不仅是真正分工的开始，也是真正私有制的开始，不仅是个人利益产生的真正根源，也产生了"个人利益或单个家庭的利益与所有互相交往的人们的共同利益的矛盾"②。个人利益和单个家庭的利益产生了社会物质劳动与精神劳动的分离和分工，在个人利益产生的同时，也产生了存在于各个个人之间互相作用的"共同利益"，并且从一开始共同利益就与个人利益相矛盾；个人利益是与共同利益有差别、相对

---

①　《马克思恩格斯选集》第1卷，人民出版社1972年版，第29～31页。

②　同上，第37页。

立的，共同利益与个人利益矛盾的根源不是在思想或理念、思辨之中，而是在现实的物质生产和社会物质运动之中；共同利益的存在以个人利益的存在为前提，因为个人利益是现实的、客观的利益形式在个人或家庭上的表现，而共同利益是现实客观利益形式在人们之间、处于交往关系和社会关系之中的关于人和社会的表现。这种利益以不同内容在不同对象上的不同表现表现了人的本性的对象化。在这个意义上，无论是共同利益还是个人利益都是人的本质力量对象化的表现。马克思基于社会生产分工和现实关系运动对于个人利益和共同利益的推动决定作用，把个人利益称为"私人利益"或"家庭的利益"，把共同利益称为"公共利益"。私人利益和公共利益的称谓在一定程度上更能准确反映个人利益和共同利益在人类特定发展阶段（与私有制相关的发展阶段）的真实状态，二者的底蕴或在本质上受社会物质生产方式制约的属性并没有改变。

"正是由于私人利益和公共利益之间的这种矛盾，公共利益才以国家的姿态而采取一种和实际利益（不论是单个的还是共同的）脱离的独立形式，也就是说采取一种虚幻的共同体的形式。"无论是个人利益、私人利益，还是共同利益、公共利益，都包含着一个"实际利益"——这是真实的利益所在。这个实际利益是"在场"的存在，但往往以虚假的或者"假象"的形式存在，这种虚幻的形式就是"共同体的形式"，即与实际利益相对立的是"共同体的利益"，因而实际利益和共同体利益是比此前所有的个人利益、私人利益、共同利益、公共利益的更高级的形式呈现——国家。国家是共同体利益的虚幻性现实形式，国家所承载的是实际利益，不是特殊利益，更不是个人利益、私人利益、共同利益和公共利益。

至此，我们感到马克思在论述共同利益问题时提出了一个深刻而复杂的课题——统治集团与国家之间在利益上的矛盾运动。马克思称为"异化"，原文如下："正是由于私人利益和公共利益之间的这种矛盾，公共利益才以国家的姿态而采取一种和实际利益（不论是单个的还是共同的）脱离的独立形式，也就是说采取一种虚幻的共同体的形式。……由此可见，国家内部的一切斗争——民主政体、贵族政体和君主政体相互之间的斗争，争取选举权的斗争等等，不过是一些虚幻的形式，在这些形式下进行着各个不同阶级间的真正的斗争……从这里还可以看出，每一个力图取得统治的阶级，如果它的统治就像无产阶级的统治那样，预定要消灭整个旧的社会形态和一切统治，都必须首先夺取政权，以便把自己的利益说成是普遍的利益，而这是它在初期不得不如此做的。正因为各个个人所追求的仅仅是自己的特殊的、对他们说来是同他们的共同利益不相符合的利益（普遍的东西本来就是一种虚幻的共同体的形式），所以他们认为这种共同利益是'异己的'，是'不依赖'于他们的……另一方面，这些特殊利益始终在真正地反对共同利益和虚幻的共同利益，这些特殊利益的实际斗争使得以国家姿态出现的虚幻的'普遍'利益对特殊利益进行实际的干涉和约束成为必要。受分工制约的不同个人的共同活动产生了一种社会力量，即扩大了的生产力。由于共同活动本身不是自愿地而是自发地形成的，因此这种社会力量在这些个人看来就不是他们自身的联合力量，而是某种异己的、在他们之外的权力。……这种'异化'（用哲学家易懂的话来说）当然只有在具备了两个实际前提之后才会消灭。要使这种异化成为一种'不堪忍受的'力量，即成为革命所要反对的力量，就必须让它把人类的大多数谈成完全'没有财产的'人，同时这些人又和现存的有钱的有教养的世界相对立，而这两个条件都是以生产力的巨大增长和适度发展为前提的。"①

马克思所说的虚幻共同体形式（国家形式）的异化规定性从形式上说是与实际利益相异化的"普遍的"表式，从内容上说这种异化直接表现各个实际利益者之间的"真正的"斗争，其结果是虚幻的共同体形式对特殊利益和实际利益的实际"干涉和约束"，从前提上说是这种异化要拥有反动的力量和大多数人的贫穷这两个条

---

① 《马克思恩格斯选集》第 1 卷，人民出版社 1972 年版，第 38～39 页。

件，产生的根源是现实的个人的"共同活动"（共同实践），也就是
"扩大了的生产力"。具体来说，马克思的虚幻共同体形式的异化性
质表现为"双重矛盾和二次变换"。

首先，私人利益与公共利益在共同体形式（国家）内存在着差
异和对立，这种矛盾来源于在脑体分工作用下的个人利益与共青团
利益的差别和对立。个人利益与共同利益是两种不同的利益，个人
是相对群体的个人，群体是相对个人的群体，因而个人利益与共同
利益有差异性，但二者又有着客观的、普遍的联系。这种最初始源
的差异不会导致对立和根本冲突。只有在脑体分工的情形下，个人
利益才以家庭的私人的利益出现，与其相对立的公共利益也替代共
同利益并第一次作为私人利益（而不是个人利益）的对立面"在
场"。私人利益与公共利益的矛盾运动推动了"虚幻共同体"（国
家）的现实产生，国家这个共同体虽然实际上代表了特殊的实际利
益，但在形式上却是公共利益的独立形式的虚幻载体。这里的关键
是对国家这个虚幻共同体的"双重矛盾和两次变换"的根本属性的
准确把握。马克思认为，个人利益与共同利益都具有普遍性，但由
于脑体分工的现实力量的推动，个人利益和共同利益发生了"第一
重矛盾和第一次变换"：个人利益变成私人利益或家庭利益，共同
利益变成公共利益，个人利益和共同利益之间的差别转变成私人利
益与公共利益的矛盾、对立和冲突。事情到此还没有结果，由于私
人利益与公共利益不可调和的矛盾，就产生了第三者——虚幻的共
同体独立形式：国家。而国家真正代表的是特殊的实际利益，因而
在国家这个共同体形式存在的情形下又发生了"第二重矛盾和第二
次变换"：特殊利益与共同利益的"真正"矛盾，私人利益与公共
利益的矛盾进一步升级变成特殊的实际利益与普遍的共同利益的矛
盾、冲突和对产，并且这种矛盾力量不仅不以人们的意志和行为为
转移，反而支配着人们的意志和行为。经过这"双重矛盾"和"二
次变换"的作用，一方面现实地产生了国家这个共同体独立形式，
另一方面也使得国家这个共同体形式具有'异化'的根本规定性。

马克思关于国家共同体形式"双重矛盾和二次变换"的异化学说是他对于共同利益理论和唯物史观的重大贡献。

共同利益的存在论奠基和"双重矛盾和二次变换"的异化理论充分表现出马克思哲学的逻辑与历史、理论与实践相统一的基本特性。在最初和原始的阶段，个人的社会性生产在产生个人利益的同时生产出了共同利益——社会全体成员的利益，这是人的类性或最初社会性和社会关系性的表现。个人利益与共同利益的存在和发展具有逻辑先在的存在论理论奠基的作用。但曾经的个人利益和共同利益只具有抽象的普遍性，属于始源和不成熟的阶段，其所具有的社会性和现实性是开放的和未来性的。马克思的唯物史观学说认为，只有在社会的物质生产与精神生产分离的情况下，个人利益与共同利益才可能有更大的发展，才可能获得更大的现实性品格。在《费尔巴哈》等著作中，马克思、恩格斯详细描述了个人利益转变为私人、家庭的利益，共同利益成为公共利益的历史过程。正是在对这一历史进程的理论研究中，马克思真正做到了"思维的具体"，把理论与实践统一起来，揭示了共同利益"双重矛盾和二次变换"的客观现实性过程，概括了虚幻的共同体形式（国家）的异化性质，再一次彰显了马克思哲学的实践性精神。

马克思哲学观的非概念性特点 *

摘要：马克思哲学观的特点是非概念性。在共时和历时的意义上都根本超越了马克思之前的所有哲学。哲学观的非概念性与哲学观的概念性之间的区别与对立，表明马克思哲学与西方传统哲学的断裂，说明马克思的新哲学观才是开启现代哲学的真正出发点。

一

无论是对于正确理解马克思哲学的革命变革而言，还是对于准确把握马克思主义哲学的核心内容来说，马克思哲学观的非概念性问题都是一个非常重要的基本问题。换言之，人们对于马克思哲学是如何理解的，决定着他们对于马克思哲学观变革的认识，制约着他们对于马克思主义哲学的研究。马克思哲学观的非概念性的凸现，表明马克思主义哲学研究的不断深化。

"马克思哲学观的非概念性特点"是对马克思主义哲学的一种基本认识和基本理解。在学理的和逻辑的意义上，"马克思哲学观的非概念性"这个问题至少需要辨析和解释下列概念："哲学""哲学观""哲学观的概念""哲学观的非概念""哲学观的概念性""哲学观的非概念性"。需要理解和阐述下列关系判断："哲学"与"哲学观"的关系；"概念"与"非概念性"的关系，"哲学观的概念性"与"哲学观的非概念性"的关系。

"哲学观"在马克思主义哲学中具有重要意义，它一般是指对

---

* 本文发表在《社会科学辑刊》2008 年第 3 期

于哲学的根本立场和基本观点，是用来"观哲学"的衡量规则和评判标准，所以具有理论前提意义和思想范式作用。哲学家都有自己的哲学观，哲学派和哲学思潮也有相似、相异或相反的哲学观。人们要注意区分一般哲学思想观点与根本哲学观，以便更准确把握哲学家的真实思想。我们说马克思哲学观的一个根本特点是"非概念性"，并不是说马克思哲学中没有概念或不使用概念。"概念"与"概念性"具有完全不同的特定含义。人们在理性思维活动中使用的是概念，也离不开概念。但人们的理性思维活动是否具有概念性特点则要做具体分析。

人的理性思维活动具有现实性的实践品格和指向未来的超越性维度。在康德那里，人的理性思维活动又被称为知性活动。哲学家在从事哲学的概念"游戏"活动中，总是一方面试图建立自己独特的概念理论体系，另一方面又总试图破除、消解现成的概念"座架"。因此，在漫长的哲学发展史上，在纷繁的哲学家思想活动中，总是存在着概念的建立与概念的消解之间的一种张力，总是表现为"现成的概念—否认现有概念的限制—建立新的概念系统"的无休止争论。在这个过程中，哲学观的概念性和哲学观的非概念性都找到了各自的合法性存在根据。我们谈马克思哲学观是一种非概念性哲学观念是在更高的特定意义上的论说。相对于西方传统哲学而言，马克思的哲学观是一种非概念性的哲学观，而在它之前的所有西方哲学都属于概念性哲学观。

"哲学观的非概念性"是马克思主义哲学发展的现实性产物。"马克思哲学观的非概念性"确定了马克思哲学观的独特属性。与传统西方哲学观的概念性相比较，马克思哲学观所获得的不是一种必然性或可能性的理论价值，而是一种由可能性—现实性—必然性等实践环节产生的实践意义。换言之，哲学观的历史进程发展到马克思那里产生了严重的分化，分化成继续沿着传统范式发展的概念性哲学观与走向历史科学、实证科学的非概念性哲学观。这个分化的主要原因是马克思在批判费尔巴哈的直观唯物主义和黑格尔唯心辩证法基础上创立了自己的实践唯物主义崭新思想。"哲学观的概念性"与"哲学观的非概念性"所表现的是西方传统哲学与现代哲学、本体论思维方式与实践思维方式之间的差别。由于西方传统哲学具有意识哲学传统，实质上是一种概念哲学，一种以概念为中心的理性思维运动。民以"哲学观的概念性"不仅成为对于西方传统哲学的准确概括，而且体现出"概念性哲学"的主要特征。在逻辑的意义上，"哲学观的概念哲学性"来自于"哲学观的概念性"。它采用的是"还原式"思维方式，努力追求实践的实体性和本体化，试图建立起一个以"概念"为宰制的哲学理论体系。但是，辩证逻辑的法则决定了与"哲学观的概念性""哲学观的概念哲学性"同时产生的还有它的对立面——"哲学观的非概念性"和"哲学观的非概念哲学性"，产生了马克思主义哲学的"实践思维方式"。

"哲学观的非概念性"大体包括三层含义：一是认为马克思主义哲学根本不同于西方传统哲学，根本不融于西方传统哲学理论体系，西方传统哲学分为"理论哲学"和"实践哲学"，而马克思哲学既不属于"理论哲学"，也不属于"实践哲学"；二是不能从本体论哲学或意识概念哲学的范式去理解或阐述马克思哲学观的历史变革；三是认为"哲学观的非概念性"是马克思主义哲学的基本特征之一，是马克思主义哲学区别于其他一切哲学所表现的一种新的哲学观特点和哲学思维方式的标志之一。

在共时的和历时的意义上，"哲学观的非概念性"使得马克思哲学从根本上彻底超越了西方传统本体论哲学的一切传统：一方面马克思哲学在历时性上完全超越了古希腊罗马哲学观的界限；另一方面马克思哲学在共时性上根本超越了黑格尔和费尔巴哈等哲学观。这种双重超越真正奠定了马克思哲学变革的崭新内容。

二

"哲学观的非概念性"在马克思的著作中有着相当的文本支持。有一个重要的不容忽视的事实是马克思从来没有从本体或实体性上研究"哲学"。这在逻辑上说得通，因为马克思从"消灭"传统意识概念哲学的立场出发，并不把自己的理论看成是哲学，而只是看成"世界观"（恩格斯语）。

马克思在其40多年的思想理论活动中，从未把"哲学"或"哲学观"当成自己思维本体或实体思维来表述，而是用新鲜语词如"世界观""历史观""历史科学""实证科学""新思潮""实践唯物主义""新唯物主义"等指称自己的新哲学。上述散见于不同时期不同著作中的这些表述都是历史本文融合的意义上关于马克思"哲学"和"哲学观"的准确表述。从中我们可以得出两个结论：一是马克思把"非概念性"作为自己新哲学的重要特征，反对将自己哲学进行传统哲学化，二是把"概念性"作为马克思哲学观的特征那是马克思之后的事情。

哲学观的非概念性体现了马克思主义哲学的基本精神，这就是与一切传统哲学彻底决裂的批判精神。"我不主张我们竖起任何教条主义的旗帜""新思潮的优点就恰恰在于我们不想教条式地预料未来；而只是希望在批判旧世界中发现新世界""如果我们的任务不是推断未来和宣布一些适合将来任何时候的一劳永逸的决定，那末我们便会更明确地知道，我们现在应该做些什么，我指的就是要对现存的一切进行无情的批判，所谓无情，意义有二，即这种批判不怕自己所作的结论，临到触犯当权者时也不退缩。"① 这里的所谓"教条主义""教条式"首先是指当时仍弥漫着的"德国哲学的绝对精神"，它以意识哲学、本体论思维方式为主要特征。马克思在《资本论》第一卷第二版跋中有如下一段话："辩证法，在其神秘形式上，成了德国的时髦东西，因为它似乎使现在事物显得光彩。辩证法，在其合理形态上……在对现存事物的肯定的理解中同时包含对现存的否定的理解，即对现存事物的必然灭亡的理解；辩证法对每一种既成的形式都是从不断的运动中，因而也是从它的暂时性方

---

① 《马克思恩格斯全集》第1卷，人民出版社1956年版，第416页。

面去理解；辩证法不崇拜任何东西，按其本质来说，它是批判的和革命的。"① 我们只有在这种"批判的和革命的"即"非概念性"的崭新思维方式上理解"马克思哲学观"才真正符合马克思哲学思想的本意。具体包括三个方面意义。

首先，只有在"非概念性"上理解马克思的哲学思想才能彻底划清马克思哲学与黑格尔哲学及费尔巴哈哲学之间的界限，廓清马克思哲学思想的学说之源，从而确立马克思哲学思想的基本理论性质。马克思面对的哲学传统乃是黑格尔为最大代表的思辨哲学和费尔巴哈以人本主义形式出现的直观唯物主义哲学。二者的哲学是以牺牲辩证法和唯物主义的有机统一为代价的"错位"哲学。究其错位之因，皆在于他们"不了解'革命的'、'实践批判'活动的意义"。由此，马克思首要的任务即是在根本上超越传统哲学以确立自己的哲学特质，"从前的一切唯物主义（包括费尔巴哈的唯物主义）的主要缺点是：对对象、现实、感性，只是从客体的或者直观的形式去理解，而不是把它们当作感性的人的活动，当作实践去理解，不是从主体方面去理解。因此，和唯物主义相反，能动的方面却被唯心主义抽象地发展了"。马克思突出自己哲学的物质是"实践的"和"非概念性的"，是真正意义上的"能动性"，从而完成对旧哲学观的超越性内容规定。

其次，"非概念性"使人们对马克思的实践观、哲学观有了清晰认识。马克思在分析传统旧唯物主义哲学的现实根据时，提出了自己哲学的出发点，明确了其独特哲学的现实内容是"社会的人类"。"旧唯物主义的立脚点是市民社会，新唯物主义的立脚点是人类社会或社会的人类。"② "哲学"不是永恒的目标，也不是高高在上的科学。马克思的哲学观是对于现实世界的否定性超越和指向解放人类的旨趣，表明了马克思将自身哲学放置于新的社会生产方式变迁的历史进程中，强调了自己的哲学区别于一切旧哲学的现实必

---

① 《马克思恩格斯全集》第 44 卷，人民出版社 1995 年版，第 22 页。
② 《马克思恩格斯选集》第 1 卷，人民出版社 1972 年版，第 54 页。

然性。在马克思看来，旧哲学是对旧的"市民社会"的抽象的理论解析与说明，他的哲学则是对新的社会关系或新的人类关系的剖析与新的建构和展望，是对未来社会中生存的人类的历史负责的。这表明马克思的哲学观不是为当下的资本主义现实意义服务的，而是为超越资本主义的未来新社会而创立的。二者存在着"解释世界"与"改造世界"的根本差别。

再次，马克思声称自己的哲学不是某种刻板的教条，而是发现新世界的方法；强调他的哲学是现实物质的实践，改造世界的哲学。它不是为了创立完备的哲学体系，为现实辩护，为现实世界作出某种充分的说明与解释，而是为了"改造世界"，使现实世界发生革命性的变化，从而突出了自己哲学思想的批判性（理论批判性与现实批判性）。马克思说："批判的武器当然不能代替武器的批判，物质力量只能用物质力量来摧毁""哲学家只是用不同的方式解释世界，而问题在于改变世界"①"新思潮的优点……只希望在批判旧世界中发现新世界。……现在哲学已经变成世俗的东西了，最确凿的证明就是哲学意识本身，不但在表面上，而且骨子里都卷入了斗争的漩涡。"从这些言辞中可以看出，"非概念性哲学"不是要仅仅停留于书本上，成为某种"经典"的学说，而是直接指向改变现实社会的需要。由此展示出马克思哲学观变革的根本规定。

三

"非概念性"是马克思哲学观变革的特质和基本特点。与其相对应的就是"概念性哲学观"或"概念性哲学"。可以说，在马思哲学变革之前的所有传统哲学及其哲学都属于"概念性哲学"和"概念性哲学观"。因此，"非概念性哲学"与"概念性哲学"就成为区别、辨析马克思哲学及其哲学观的关键点。

我们把始于古希腊、发展至黑格尔的西方意识哲学，包括"理

---

① 《马克思恩格斯选集》第 1 卷，人民出版社 1972 年版，第 54 页。

论哲学"和"实践哲学",统称为西方概念哲学。西方哲学自古希腊"寻找万物的始基"开始,就走上了一条寻求"终极概念""终极解释""终极价值"和建构"概念性哲学"的道路。古代朴素唯物主义哲学把具有最高统一性和终极解释性的基本概念归结为"水""气""火"或"原子";而古代唯心哲学则归结为抽象的"理念"。这一时期哲学理论成了"知识的总汇",哲学成了"概念性哲学"。经过中世纪和文艺复兴,人的理性开始觉醒,以笛卡儿"我思故我在"为标志的近代哲学倡导先自我后上帝,先理性后信仰,上帝万能被代之以理性万能。因此,这时的哲学实现了所谓的"认识论转向",哲学成了"提供全部知识的基础"的"科学的科学"。从表面上看,近代概念哲学是对人的认识能力进行反省,而不再去追求最高的统一性和建构完美的体系。而实质上,它是以概念论证认知能力的可靠性来保证自己"概念性哲学"的有效性。这一点在黑格尔哲学那里体现得最为明显。

其中的症结之一依然是许多哲学家心中相同的古希腊哲学"情结"——对概念思辨的挚爱和知识完美体系的追寻。

马克思批判黑格尔的概念性哲学时说,在黑格尔那里,"理念变成了独立的主体,而家庭和市民社会对国家的现实关系变成了理念所具有的想象的内部活动。实际上,家庭的市民社会是国家的前提,他们才是真正的活动者;而思辨的思维却把这一切头足倒置","条件变成了被制约的东西,规定其他东西的东西变成了被规定的东西,产生其他东西的东西变成了它的产品的产品"①。在《手稿》中,马克思申明:"我的结论是通过完全经验的以对国民经济学进行认真的批判研究为基础的分析得出来的"②,即它们不是概念思辨的产物。而在黑格尔那里,"全部外化历史和外化的整个复归,不断是抽象的、绝对的思维的生产史,即逻辑的思辨的思维的生产

---

① 《马克思恩格斯全集》第 1 卷,人民出版社 1956 年版,第 250～252 页。
② 《马克思恩格斯全集》第 42 卷,人民出版社 1979 年版,第 45 页。

史"①。在《神圣家庭》中，马克思进一步揭露概念性哲学的秘密，就在于把概念抽象化、实体化，即把人的感性活动抽象出来，当作独立存在的本体概念，并把它视为现实生活的来源和基础，"我们在思辨中感到高兴的，就是重新获得了各种现实的果实，但这些果实已经是具有更高的神秘意义的果实，它们不是从物质的土地中，而是从我们脑子的以太中生长出来的，它们是'一般果实'的化身，是绝对主体的化身"②。"概念性哲学"就是一种"醉醺醺的思辨"。

阿多尔诺对这种概念性哲学的批判是："一位断然的哲学——与显得不断然的怀疑论哲学相对立——的一个共同命题是：哲学只能被当作一个体系来追求。这种命题像经验主义一样已经严重瘫痪了哲学。哲学不得不去判断的事物在开始之前就被设定下来。体系、即一个使任何东西概莫能外的总体的表现形式使思想绝对化，它对思想的每一内容并在思想中蒸发掉这些内容"，阿多尔诺称这种哲学是"狂怒的唯心主义"③。"概念性哲学"的最终目的仍是以"寻求最高原因的基本原理"和"提供全部知识的基础"为己任的，都是力求建构一个完美的理论体系。从而说明人及其实践与世界统一的内在根据，并以这种概念统一性去解释、规范人类经验。这正如石里克所言："所有的大哲学家都相信，随着他们自己的体系的建立，一个新的思想时代已经到来，至少，他们发现了最终真理。"④ 但是，当马克思说旧哲学都是在"解释世界"，而问题在于"改变世界"时，却彰显了一个真实的"非概念性"问题。马克思所实现的哲学变革开启了"非概念性哲学"的时代。

"哲学的概念性"或"概念性哲学"是对传统实践哲学的本质性概括。与"非概念性哲学"相比，"概念性哲学"具体有三大

①　《马克思恩格斯全集》第42卷，人民出版社1979年版，第161页。
②　《马克思恩格斯全集》第2卷，人民出版社1957年版，第74页。
③　H. 阿金：《思想体系的时代》，光明日报出版社1989年版，第28页。
④　石里友：《哲学的未来》，载《哲学译丛》1990年第6期。

特征。

　　首先，概念性哲学将人类思维中的概念活动的抽象性加以凝固化绝对化，使概念成为超历史超现实的"动力"或"原因"，成为在历史和现实之外超感性的"绝对"和"永恒"。哲学概念实际上变成了一种"本体"或被实体化。概念性哲学实际上循着"追根"式的还原性思维要去把握世界的永恒基础。一切存在者都归属于概念才是"终极"存在，概念成为了"本原性"概念和"知识"；概念性哲学确定的是概念、逻辑的优先决定作用，每一个哲学家都有只属于他自己的"哲学观"，哲学概念成了这些哲学家网罗真理的"法宝"。

　　其次，概念性哲学着眼于物质"是其所是"的知性追问，必然错过人之"是其所应是"的未来向度。当现实问题突破"知性屏蔽"之时，概念性哲学也就终结了。概念性哲学的特点是通过本体化的思维方式表现"事情"的本源。概念性哲学着眼于生活活动"是其所是"之根据，这本来是一种探求生活根本之理并且可能远离本体论思维之追思，但概念性哲学在对生活的抽象永恒本质的追寻中，它要去把握永恒、绝对、无限，要去建构一个绝对的知识体系，要越过变幻无限的人的活动去把握活动背后不变的本质等，这成为概念思维或本体论思维最大的"超级梦想"。

　　最后，概念性哲学只属于理性哲学的传统哲学形态，而哲学要走出传统回到马克思的哲学变革的视阈，就必须破除传统哲学观，树立新型哲学观。实践思维方式是当代哲学的一种重要表现形式。概念哲学的理论样式是概念主义、本质主义、理性主义。但是，当马克思实现了哲学变革之后，哲学的历史进程就发生了巨大变化，哲学的非概念性替代了哲学的概念性，非概念性实践替代了概念，非概念性哲学替代了概念性哲学。

　　概念性哲学表现出对"概念"的依赖，对"终极"的诉求，对"隐蔽主体"的预设，对"权力话语"的迷恋。它对现实"还原"的企图，使其成为宰制霸权。

　　正确认识马克思哲学观的非概念性对于研究马克思主义哲学有重要意义。马克思的哲学变革使哲学突破了传统哲学仅仅满足于以概念、范畴或体系方式解释世界的理论局限，实现了实践改造世界的功能。显而易见，只有当哲学将非概念性的感性世界纳入自身的理论视野时，才可能在理论与实践相互转化的意义上实现哲学改造世界的功能。事实上，马克思哲学观的革命性变革的理论机制在于，通过对哲学观的非概念性的确立，使哲学真正面对现实，切入日常生活，从而发挥理论对于现实的指导作用。

下编　中外思论

自然的实践活动如何胜过特意
调整的实践活动？*

——布迪厄对于实践活动的划分

　　摘要：布迪厄认为，"自然的实践活动"是一种在时间中展开的原生性活动，是"实践感"造成的事实，是行为人不带明显意图和不含直接可见统一原则的现实活动。它是人们日积月累的惯常行为，是"构成的"，需要"进入"实践活动本身，置身于同世界的实践关系之中。自然的实践活动与特意调整的实践活动，是客观社会性的存在状态，也是呈现的两种对立的理论形态。

　　"自然的实践活动"和"特意调整的实践活动"① 是皮埃尔·布迪厄在《实践感·绪论》中提出的两种不同的实践活动。这是布迪厄对科学实践的原则与策略、"力求使观察者和被观察者的一般关系客观化"②，从而成为布迪厄社会实践理论的重要内容。

---

　　*　本文发表在《马克思主义与现实》2013 年第 4 期。

　　①　布迪厄的原话是："总而言之，被视察的实践活动之于特意按照分析者制订的解释原则调整（假定这在实践中具有可能或合乎意愿；其实，完全合乎逻辑在实践中并不一定有利可图）的实践活动，如同经年老屋与公寓之间的关系：老屋都有一些附属建筑，还有长年累月积存下来的各种物品……而公寓则是按照室内装饰家一下子从外部强加的装饰构图通盘布置的。凡是蕴涵一种近乎自然的逻辑的文化现实，均具有不带明显意图的严密性和不含有直接可见的统一原则的统一性。"（见［法］布迪厄：《实践感·绪论》，译林出版社 2003 年版第 20 页。）

　　②　［法］布迪厄：《实践感》，第 23 页。

一、"自然的实践活动"与"特意调整的实践活动"的划分

要理解布迪厄对于实践活动的划分，就要掌握布迪厄的整个社会实践理论就是要超越客观主义与主观主义、社会物理学与社会现象学的对立。为此，他用"惯习"和"场域"等一系列社会实践观念来阐述自己的实践活动理论。

按照布迪厄的阐述，"自然的实践活动"是行为人不带明显意图（感知）和不含直接可见统一原则（行为图式）的现实活动，是"实践感"造成的事实，是一种由差异系统决定意义、由社会策略决定最大物质和象征利益的产物，是一种在时间中展开的原生性活动。自然的实践活动，首先是人们的日积月累的惯常行为，包括布迪厄在自己的研究中反复提到的农事仪式、烹饪、妇女活动、生命诸实践活动等。人们要认识自然的实践活动，就必须"进入"实践活动本身，"置身于同世界的实践关系之中"。因为自然的实践活动所理解的实践活动"是构成的（Construit）"①，既不是只限于认识的表演行为，也不是被动的记录。正如布迪厄的社会实践理论学的对象不是个别个体或某个具体的分析学者：观察自然的实践活动的研究学者既不是一般意义的抽象个体，也不是某个特意的分析学者，因而被观察的实践活动是"自然"的实践活动，是生成性的实践活动。这种真正的实践活动的构成性是一种自然构成，其中体现的实践活动的目的性是一种不刻意的合目的性，是一种自然状态下的合目的性。布迪厄在把实践活动区分为"自然的实践活动"与"特意调整的实践活动"的同时，也区分了实践活动的两种合目的性的状态：一种是自然或近乎自然的合目的性；另一种是人为的或强制甚至暴力的合目的性。对于规律性和合规律性也一样：人的实践活动至少存在着两种合规律性状态，一种是自然或近乎自然的合规律性；一种是人为的或强制的合规律性。自然或近乎自然的合规

---

① ［法］布迪厄：《实践感》，第79页。

定性是科学客观化的状态。自然的实践活动与特意调整的实践活动，是客观社会性的存在状态，也是实践活动呈现的两种对立的理论形态，二者的划分是布迪厄进行思维方式变革努力的一部分。

关于自然的实践活动与特意调整的实践活动的区分，布迪厄的理论旨趣是要从根本上消除主观主义与客观主义，社会现象学与社会物理学的对立，超越那些没有真正理论意义，也不能真正理解实践活动的传统学术研究，建构一门真正的科学实践理论。因此，布迪厄首先进行思维方式方面的变革，目标是要构建一种新型的科学实践的思维方式。这种思维方式的根本特性是要确立一种真正科学的关系思维方式，消除主观主义与客观主义二者所设下的人为障碍。其次，他要确立一套真正科学的对于实践研究有效的研究方法。要用一系列的规划、图式、实践逻辑系统理解描述被科学客观化的实践活动，包括物质实践活动和象征实践活动，仪式实践活动和日常实践活动，生产劳动实践活动和资本实践活动。这凸显出在关系思维方式把握下对实践活动进行科学的客观化的超越性意义价值。他提出"场域""惯习""权力暴力"等基本概念，提出实践理论是一种关系理论，社会世界是系统的关系群（"关系束"）、实践逻辑的模糊性等重要问题。在《实践感》《实践与反思》等著作中，布迪厄除了论述其在民族学研究中的一系列具体成果之外，还着重论述了科学实践的关系思维方式，即如何超越传统的客观主义与主观主义、社会物理学与社会现象学。布迪厄社会实践理论提供的新意图是"对社会学实践本身进行一次社会学的检验"。他认为"社会科学本身正是在它所研究的社会世界中被生产出来的"。这表明布迪厄社会实践理论深受客观主义的影响，特别是客观的结构分析使布迪厄的社会实践理论具有反思和批判的维度；也使布迪厄一生奋斗的科学客观化工作成为"非常自觉的'认识论实验'""这一研究背后的理念，就是要颠覆观察研究者与他所研究的世界之间的自然关系，就是要使那些通俗常见的变得不同寻常，使那些不同寻常的变得通俗常见……并用实践的方式来证明，有可能充分彻底地将客体以及主体和客体的关系都作为社会学理论的对象。"① 实践活动是通俗常见的，实践活动所表现的人与世界的自然关系也是通俗常见的，布迪厄要将这种常见的现象和通俗的自然关系"变得"不同寻常，就要运用反思和批判，因而反思的实践理论的产生就是必然的了，同时也在反思和批判实践活动的自然关系时确立了方法论上的"关系思维方式"，强调关系的哲学先在地位。这是布迪厄的独到之处。马克思在《1857—1858 年经济学手稿》中认为，社会体现着个人在其中发现自己的各种联结和关系的总和。布迪厄自认是把马克思的"关系的总和"思想进一步发展成"关系思维方式"，从而实现了思维方式的根本变革："该思维方式与实体论思维方式决裂，导致任何一个成分的特征将通过把该成分同其他成分结合为系统的各种关系来显示，是这类关系给出了该成分的意义和功能。"② 布迪厄承认自己的关系思维方式受到马克思实践思想的启发。如马克思说："我们越往前追溯历史，个人，从而也就是进行生产的个人，就越表现为不独立，越从属于一个较大的整体……人是最名副其实的社会动物，不仅是一种合群的动物，而且是只有在社会中才能独立的动物。"③ 首先，马克思从个人的生产关系入手，将个人的现实物质关系确定为是一种生产关系和经济关系，为这种一般社会关系和经济关系进行唯物史观改造，马克思的立场从根本上超越了亚里士多德关于人是社会动物的思想。马克思哲学所倡导的是一种唯物史观原则下的关系思维。这种思维在传统哲学（如亚里士多德）的实体性思维中或运用形而上学逻辑是难以得到确证的。马克

---

① ［法］布迪厄、华康德：《实践与反思》，中央编译出版社 1998 年版第 98~99 页。

② ［法］布迪厄：《实践感》，第 5 页。关于关系思维方式在布迪厄社会实践理论中的关键性意义价值，布迪厄本人在《实践感》一书有一个诠释："对结构主义的话语（其数量和风格在很大程度上使我打消了更明确地申报成所受益处的念头），我的唯一贡献是阐明——从而更好地掌握——这一关系和转换思维方式的逻辑，及以该思维方式在社会科学领域遇到的特殊障碍，尤其是确切说明了该思维方式能够超越文化系统，扩大到社会关系本身亦即社会学的条件……"（见该书第 6 页。）

③ 《马克思恩格斯选集》第 2 版第 2 卷第 2 页。

思把生产关系在唯物史观视阈里最大化，使之成为个人存在和社会发展的决定因素；布迪厄则将这种关系思维方式在科学实践中贯彻到底，将马克思尚未论及的实践活动进行彻底的关系思维化和科学客观化（非对象化）；布迪厄在积极吸收马克思的人是社会关系总和的思想时，也吸收了结构主义和客观主义的积极成果。其次，马克思的个人是社会关系的总和思想不仅具有一个唯物史观性质的客观结构，而且马克思在同篇文章中阐明了思想结构的历史发展进程："最初还是十分自然地在家庭和扩大成为氏族的家庭中；后来是在由氏族间的冲突和融合而产生各种形式的公社中。只有到18世纪，在'市民社会'中，社会联系的各种形式，对个人说来，才表现为只是达到他私人目的的手段，才表现为外在的必然性。"① 由氏族家庭—公社—市民社会等阶段构成的历史结构是所表现出的必然性对于生活在市民社会的个人而言是外在的、强加的。这一历史性结构过程实际上也是人的实践活动由客观对象化向异己的异化过程，是由人本身由外在必然性的异化实践过程。异化实践活动对于我们理解布迪厄的"特意调整的实践活动"颇有意义。再次，马克思使用亚里士多德的人是社会动物的思想表明：马克思注意到亚氏关于人的本质论中包含着实体论关系思想，马克思把自己当成亚氏思想的当然继承者，并将这种实体性关系改造成为物质的生产方式关系，这在理论思维上是一个超越。从此，人们要深入研究关系思维方式，不得不从亚里士多德开始。布迪厄在反思和批判结构主义等哲学和历史功过的基础上构建了自己社会实践理论的两个重要观念："惯习"和"场域"。

惯习（Hatitus）在形式上是知觉、评判和行动的身心图式，它由积淀于个人身体内的系统历史关系构成；而场域（Field）在形式上是某些权主力（起主导作用）和某个领域（如文学、政治、文化等），则由这些权力领域的各种位置间的系统的客观历史关系构成

---

① 《马克思恩格斯选集》第 2 版第 2 卷第 2 页。

的。显然，无论是惯习还是场域都是布迪厄社会实践理论所注重的科学客观化的关系构形。布迪厄认为自己的社会实践理论可以消除客观结构主义和主观现象主义的分离和对立，也可以解决社会物理学和社会现象学的分离和对立。

二、自然的实践活动如何胜过特意调整的实践活动？

要真正理解布迪厄所提出的自然的实践活动和特意调整的实践活动二者的差异问题，就要进一步理解布迪厄社会实践理论的一元论性质，特别是关于实践感及其模糊逻辑思想。① 布迪厄认为，人们的实践活动首先是一种自在活动，是一种有别于自觉的科学的反思的等一系列"形式的算计"的客观活动，而实践逻辑也是自在逻辑，既无有意识的反思又无逻辑的控帛。这种自相矛盾的逻辑是任何实践的逻辑，更确切地说，是任何实践感的逻辑。布迪厄所推崇的实践活动首先是一种没有意图的意向性活动，也是一种没有目的的合目的性活动，是一种不是知识的准知识活动，没有被算计出意义的准价值活动，这种实践活动只能被观察、被体会、被理解，但不能被参与、被分析、被解释。这也就是自然的实践活动，也称之为"被观察的实践活动"。自然的实践活动具有以下几个基本特征。第一，自然的实践活动是没有观察者（或研究者、分析者、学习者）参与和干预的实践活动，是一种社会客观化了的活动。它超越了社会现象学：在本质上不是主观活动产物的主观主义理论活动。同时，它又超越了社会物理学：它不是如一般客观主义或结构主义所做的那样，最终用自构的观念结构替代实践活动。第二，自然的实践活动是一种自在的实践活动，因而其成果和结果不同于科学的或伦理的活动所获得的效果，自然的实践活动的实践成果只能被观察和体会理解；并不能被分析解释。因为自然的实践活动"离不开

---

① 关于实践活动的模糊性，布迪厄有时称为："模糊性和无规则性，乃至不连贯性。"参见［法］布迪厄：《实践感》，第 133～134 页。

所涉及的事物，它完全注重于现时，注重于它在现时中发现的、表现为客观性的实践功能，因而它排斥反省（亦即返回过去），无视左右它的各项原则，无视所包含的、且只有使其发挥作用、亦即使其在时间中展开才能发现的种种可能性"①。第三，自然的实践活动是行为人长期沉浸于社会世界、自发地预见社会世界的内在布局、在前反思和无评价的潜意识状态下所从事的现实活动，这样的实践活动才是真正的人类社会实践活动。布迪厄借鉴了现象学，把社会化了的行为人看成实践活动被观察体会理解以及生成和创造的来源。

自然的实践活动（"被观察的实践活动"）和特意调整的实践活动（"特意按照分析者制订的解释原则调整的实践活动"）作为布迪厄社会实践理论所论述的两种实践活动都是其客观化工作的内容，但二者的差异甚至对立是显而易见的。自然的实践活动作为布迪厄所说的科学客观化（有别于一般的客观化）的积极成果性实践活动，表现出实践活动的"自然"特性，实践活动的不刻意性、历史积淀性和文化传承性（甚至表现出地域、民族、性别、年龄等具体差异内容）。所有这些都是作为本色的实践活动没有经过理性霸权和科学暴力的左右或"座架"（借用海德格尔语），才能呈现出的状态。

按照布迪厄的观念，自然的实践活动的另一根本要求是它的科学客观化，既非客观化或对象化（或对象性）的客观化。"观察"的关键不是要把实践活动在主观二分意义上的对象化（一般客观化），观察、体会或理解不同于分析解释和参与，布迪厄要超越客观主义与主观主义的对立，要超越主客二分的传统思维方式的左右和束缚。在他看来，对实践活动进行科学研究，建立科学实践理论的最大障碍问题是主客二分、社会物理学与社会现象学的对立、结构主义与心灵主义的分离，因为客观主义所构建的社会物理学或结

---

① ［法］布迪厄：《实践感》，第 143 页。

构理论的危害是否认实践活动在真正客观上的多种可能性，用人工构建的实践模型图式替代实践活动本身，即在对实践活动理论化、神圣化的同时抽象性化了，没有真正认识和掌握实践活动；心灵主义或社会现象学的缺陷更为明显：用表象和直觉替代实践活动。布迪厄认为只有超越客观主义与主观主义，抛弃主客二分的思维方式，用关系性思维凸显实践活动的生成性和模糊改正，才可能真正认识和掌握自然的实践活动，也才能对实践进行真正科学的客观化，才能构建真正科学的实践理论。

特意调整的实践活动（"特意按照分析者制订的解释原则调整的实践活动"）是与自然的实践活动截然不同的实践活动。第一，特意调整的实践活动的特性是"人为性"。"分析者"作为主体在主客二分的思维方式规范下直接参与这种实践活动，实践活动的人为性不是实践的自在性，而是外来的强制性，或暴力强制。人为性不是实践活动所必然或必须具有的本性，只有在特定情况下（如资本、意志和暴力驱使）才成为外在性的实践活动的特性。换言之，只有特意调整的实践活动才具有人为性，自然的实践活动只有自然性，没有人为性。第二，实践活动的人为性是一种无历史结构的人为性。实践活动作为人的客观感性活动和物质客观活动具有无意的合目的性，也具有非强制的合规律性。其所包含的主观因素呈现出自然的状态和自发的程度。这也就是真正自然的实践活动的状态。第三，在特意调整的实践活动中，有意的人为性在资本逻辑和效益逻辑的双重作用下，发生异化，变成异化性质的人为性或暴力性。这种人为性之所以是异化性的，是因为人为性只在对象化性的客观化中存在。

自然的实践活动与特意调整的实践活动之间的差异、实践活动的自然性与实践活动的人为性之间的对立，也是"观察者"与"分析者"（行为人）之间的根本差异："反思性阐述把实践序列转变为表象系列、把根据一个被客观地构建为需求结构的空间来定向的行为转变成一个连续和同质空间里进行的可逆动作……行为人……与观察者相比，他并不更有条件发现能真正调整其实践活动的东西并把它上升到话语领域，而观察者则胜他一等，能把行为当作对象，从外部把握它，尤其能对习性渐次生成的结果进行总合（而不一定具备生成这些行为的实践技能和关于这一技能的完整理论）。这一切使人相悖，行为人一旦思考其实践活动并因此而处于一个几近理论的境地时，就会失去任何表达其实践之本质，尤其是与实践的实际关系之本质的可能性。"① 反思性阐述使人们陷入客观主义和结构主义的泥潭，其行为人"特意按照分析制订的解释原则"进行着"特意调整的实践活动"，参与特意调整的实践活动的行为人与自然的实践活动的观察者存在根本差异。观察者所确立的他与世界之间的关系，不是如行为人所认定的是主体（或意识）与一个客体之间的关系，而是社会建构的知觉与评判原则（"惯习"）与决定这个惯习的社会世界之间的本体论契合关系，这种观察者的惯习与世界的关系超越了分析者或行为人二分式的主体与客体的关系，从而将特意调整的实践活动与自然的实践活动区分开来；在实践理性的品格上，自然的实践活动胜过特意调整的实践活动。

布迪厄认为，自然的实践活动的自然性来源于实践活动本身。具体来说，自然的实践活动的自然性来源于实践逻辑的自在性，实践逻辑直接制约着自然的实践活动："实践逻辑是自在逻辑，既无有意识的反思又无逻辑的控制……实践离不开所涉及的事物，它完全注重于现时，注重于它在现时中发现的、表现为客观性的实践功能，因而它排斥反省（亦即返回过去），无视左右它的各项原则，无视它所包含的、且只有使其发挥作用，亦即使其在时间中展开才能发现的种种可能性。"由于实践活动在时间中展开的各种可能性是一种模糊性，是无法用分析解释得来的外在的图表结构构建的，因而布迪厄才认定："实践排斥任何形式的算计。"② 这也就是俗话

---

① ［法］布迪厄：《实践感》，第 141～142 页。
② ［法］布迪厄：《实践感》，第 142～143 页。

说的"计划没有变化快"：实践活动的计划性是建立在经意的一种或几种可能性基础上的，而实践可能性是一种随境遇而变化的现实可能性，现实的计划性永远也无法穷尽或包含未来的全部可能性，正是在此意义上，布迪厄的"场域"观念才满足了实践活动对实践境遇的可能性要求。

自然的实践活动的历史性也与特意调整的实践活动的历史性存在着对立：特意调整的实践活动是一种"断裂"性历史，表现阶主要是理论霸权和强制权力，这与现代性存有同质同谋关系。而自然的实践活动又被布迪厄称为"被观察的实践活动"，它不同于实体思维方式对于实践活动的分析。黑格尔认为自然的实践活动与实践活动以察者之间存在着一种"休戚与共的关系"：这种关系是把"外在的现象演成了内在的观念"。"观察者的愿望无非是要把他亲自观察各种事变的所得，留下一个最清楚的影像或者栩栩如生地描绘给后世的人。他既然生活在他的题材的精神中间，不能超出这种精神，所以他毫无反省的必要。"① 按照黑格尔的说法，《史记》的作者司马迁算是这样"伟大"的历史学家。无论是黑格尔还是布迪厄都认定被观察的实践活动是一种"毫无反省的必要""排斥任何形式的算计"的自然的实践活动。所不同的是黑格尔承认这种毫无反省必要的实践活动的存在，而布迪厄则站在超越主客反思对立二分的后现代立场上推崇这种排斥任何算计的实践活动。被黑格尔看成简单形式的实践活动则被布迪厄当作实践活动的理想形式。

布迪厄认为，自然的实践活动之所以能够胜过特意调整的实践活动，首先因为自然的实践活动表现出实践逻辑的自在性，重视实践活动的现时性和模糊性；其次是因为自然的实践活动是一种没有算计的真正客观化的实践活动；再次是因为自然的实践活动遵循场域的法则。布迪厄确信，真正的实践活动都是在场域中发生的，并且"事实上不存在超越历史影响的场域之间关系的法则"。因此，

① 〔德〕黑格尔：《历史哲学》，三联书店 1956 年版第 39～41 页。

真正自然的实践活动是"自主性"的，都具有自在的而不是他在的必然性，都具有自动的而不是他动的规律。都具有自显的而不是反映（反应）的意向性。因此，"对于每一种具体的历史情况，我们都要分别进行考察……场域观念的主要价值在于促进和发扬了一种构建（对象）的方式，使学者不得不在每次研究时重新设想一番。它迫使我们提出一系列问题：所考察的世界界限在哪儿？它是如何与其他场域发生'联系的'？与哪些场域发生联系？在何种阶段上发生联系？"①

　　布迪厄分析批判了"特意调整的实践活动"（"特意按照分析者制订的解释原则调整的实践活动"）。在他看来，这种实践活动受行为者所制订的实践原则的制约，而这种实践原则并不是自然的，也不是自然的实践逻辑使然的，而是主观意图欲望构建了这种实践活动的目的，这种构建活动是构建利益，并使利益现实化的过程，"资本""权力暴力"作为现实世界的"元"力量必定全面渗透，并把控一切。由此看来，布迪厄所谓特意调整的实践活动就是一种对于实践理论而言已经异化的实践活动。在这里"特意"在于"利益"，"调整"依靠"策略"（或强力暴力）"利益"与"特意"的实践活动，调整与策略的实践活动存在着同一性，他们是一种同质同谋关系：利益的实践活动也是特意的实践活动，策略的实践活动也是调整的实践活动。其所不同的是利益是特意的内容和目标，策略是调整的必要工具。特意是表现着的利益，调整是行为着的策略。因此，布迪厄对于特意调整的实践活动的分析批判主要体现在对于利益和策略的分析批判上，"以生产符合规则的实践活动为目的的策略，是所有正式化策略的一个特殊例子。一切正式化策略的目标是把'自私的'、私己的、个人的利益转变为无私的、集体的、可以公开承认的、合法的利益。在缺少对合法暴力拥有实际垄断权的

---

① 〔法〕布迪厄、华康德：《实践与反思》，第158~159页。

法定政治机关情况下，政治特有的作用只能借助正式化效应来发挥"①。特意调整的实践活动是符合所谓社会规则抱歉践活动，这种实践活动所运用的策略具有异化性质，即在实践活动的客观对象化的过程中存在着否定德性和正义原则，否定行为人的善的本质。特别是在现时的政治场域的策略行为中，这种异化实践活动不仅存在，而且由于政治场域的决定性作用而变成超强异化实践活动。在这一过程中，这种对象化——异化的政治策略行为在资本和效益驱动下完成了私人利益向合法利益的转变。这一点马克思恩格斯在《德意志意识形态》中有着详细的论述："每一个企图取代旧统治阶级的新阶级，为了达到自己的目的不得不把自己的利益说成是社会全体成员的共同利益。"② 在布迪厄看来，传统结构主义意义上的客观的社会是不存在的。社会是各个相对自主的"游习"场域的聚合，每个场域都规定着特有的价值观，都有各自的或自然或特意调整的原则，这些调整（调控）原则界定了一个社会空间（特定的场域）。在资本主义世界，分析者、行为者根据其所占据的位置进行争斗。因此，场域是某种特定力量的关系构形。分析者制订的调整原则在某些情况下（如策略资本、政治资本）就是一种强制、一种暴力，只要所运用的策略足够强大和适用，足以达到目的。

布迪厄对于利益的分析批判着重于其"历史的任意武断性"。这种任意武断的实质是一种人类中心主义的"幻象"。"所谓幻象，是一种心神的投入，投入游戏，又被游戏牵着鼻子走……在这一游戏中人们争夺的目标是重要的（important 和 interest 是有相同的语源），是值得去追求的。"布迪厄受结构主义影响，认为利益是一种历史的建构。这一观点批判了亚当·斯密的自我利益至上理论，即认为自我利益只是在资本主义经济制度中进化的形式；同时，布迪厄的思想也与马克思的历史性的经济利益制约作用的观点很不相同。布迪厄认为："每一个场域都拥有各有特定的利益形式和特定

---

① ［法］布迪厄:《实践感》，第 173 页。
② 《马克思恩格斯选集》第 2 版第 1 卷第 100 页。

的幻象，场域创造并维持着它们。"因此，布迪厄更注重利益在场域中所产生的千差万别的具体个性，否认超历史的、超场域的、超行为个体的利益的存在。更着重"一种现实可行的利益"①。但与马克思思想相比，布迪厄的观点仍是一种具体形式下的抽象性。这种抽象性的要害是关系思维方式上的无差别化或同质化。马克思哲学也是超越实体思维的关系思维，但马克思的关系思维是一种差别化关系思维，马克思以唯物史观立场出发，认为各种社会关系就其在社会中的位置及所起的作用、价值而言是有差别的，遵循着经济关系决定政治、法律及各种意识形态关系的规律，存在着客观的、决定性的历史张力和历史发展推动力。因此，这是一种差别化关系的思维方式。与马克思相比，布迪厄将资本分为经济、文化和社会三大类型，这几种资本力量只有在场域中才构建成与个体息息相关的利益幻象，并在根本上决定行为人的实践活动；但经济资本、文化资本、社会资本之间是无差别的。这显然没有达到马克思已经达到的理论的历史张力和批判程度。

"特意"追求的是利益，而调整在于策略。关于策略，布迪厄认为，自然的实践活动和特意调整的实践活动都有策略，但却是两种性质不同的策略。自然实践活动中的自然的策略"来自各种可能的策略所组成的空间。该策略不是遵守一个被明确设定或服从的规范所致"②。因此，自然的策略具有两大特性：一是它来自科学客观化中的可能性空间，具有现实可行性；二是自然的策略往往是自发的而非自觉的，是惯习造成的。

与自然的策略不同，特意调整的策略是"以生产符合规则的实践活动为目的的策略"，是"正式化"的策略，它的"目标是把'自私的'、私己的、个人利益转变为无私的、集体的、可以公开承认的、合法的利益"。特意调整的策略与行为人的利益紧密相关：

---

① ［法］布迪厄、华康德：《实践与反思》，第150～151页。
② ［法］布迪厄：《实践感》，第24页。

一边是实际上的个体利益，这种个体利益可能是既不合情也不合理的，也可能其效果是对行为人的根本性否定，但受主观愿望的驱使，客观资本特别是策略（尤其是政治策略）的强制，使这种私己的利益获得形式上的合情合理性、获得合法性。因此，特意调整的策略展开的过程，也是特意调整的实践活动由一般客观化转变为异化的过程：特意调整的策略是违背良知、否定正义的策略，是将对象化变成异化，将自然的实践的策略变成异化的实践的策略。布迪厄所理想的是自然的实践活动，而在全球化市场经济条件下实际存在的大多数属于特意调整的异化的实践活动。孰真孰假，孰优孰劣，确实是个问题。

场域、惯习与实践活动的"双向模糊关系"*

——关于布迪厄的实践活动理论

摘要：皮埃尔·布迪厄的实践活动是建立在超越传统实体思维、主张关系思维、超越二分对立的传统哲学观念、树立客观化和生成性的实践观念的基础上的。他认为，行为人的实践活动是一种惯习活动，是在场域中才发生的。实践活动表现的是人的客观化的实践关系，是与理论关系相对应的。实践活动具有两可性和模糊性的特征。布迪厄立志要建构一门名副其实的关于人类实践的科学，而实践活动理论是布迪厄社会实践理论的重要组成部分，也是布迪厄对马克思实践哲学的主要贡献之一。

一

布迪厄认为，实践活动是在场域中发生的。按照布迪厄的观念，所谓场域（field）是由附着于一些资本权力形式的各种位置间的一系列客观历史关系构成的。首先，场域是"关系群"。关系群形成系列或系统，这些系统的关系既是客观化了的，也是历史发展而来的，他们存在于社会空间的各种位置之间，而制约这些关系的则是权力（政治权力、经济权力）或资本（社会资本、经济资本、文化资本）。因此，布迪厄的场域概念不同于梅洛·庞蒂所说的"场"，前者是一个专业学术概念，后者只是单纯指橄榄球场。布迪厄的场域及其社会空间实际上是与传统哲学所说的社会概念相对抗

* 本文发表在《社会科学辑刊》2013 年第 4 期

的概念：布迪厄不认为社会像传统理论和一般马克思主义理论所武断的那样：社会是各种系统和各方面功能围绕核心所构成的总体，整个社会有一个总体逻辑和总体规划。他认为，传统意义上的社会观实际上是在主客二分的实体思辨的基础上将社会抽象化，并把抽象化得来的这种理论图式当成客观社会本身，而真正的行为个体的实践活动存在于其中的那个社会世界地被替代和遮蔽了，社会并不在场。人们的实践活动并不是在传统意义上的社会中发生和存在的，真正的实践活动是在场域及社会空间中存在的，它离不开场域和社会空间，而所谓的社会恰恰是由一个个场域构成的。换言之，实践活动的场所是场域及社会空间，而不是社会，实践活动只能通过场域及社会空间才能与社会世界联系在一起。布迪厄认为，经济、政治、文化、教育、学校、企业等都是各种场域，这些场域或大或小，都有自己的特殊性：它们都有自己的规划'策略和行为图式，对行为人（主体）而言，只有遵守这些具体场域的规划、策略，熟悉具体场域的仪式、程序，认可具体场域的价值观，并按照惯习的调整原则才能进行实践活动。

"人们……进入'实践活动本身'，也就是说置身于同世界的实践关系之中，这是以事先占据和主动的方式存在于世界，世界则由此让我们接受它的存在……必须回到实践中来，因为实践是实施结果和实施方法、历史实践的客观化产物和身体化产物、结构和习性的保证所在。"① 人们的实践活动产生了实践关系，研究实践活动也就是研究实践关系。布迪厄认为，这种实践关系至少包括两个方面："事实上，单个行为人与未来保持的并支配其现时行为倾向的实践关系，是在两个方面的关系中得到规定的：一方面是其习性，尤其是时间结构和对未来的潜在行为倾向，而这种行为倾向是在与一个特定的可能性域的特有关系的持续过程中形成的，而另一方面

---

① ［法］布迪厄：《实践感》，蒋梓骅译，译林出版社 2003 年版，第 79～80 页。

是社会世界客观上给予该行为人的机会之特定状况。"① 行为人的现时实践活动状况和社会世界的现时状况是布迪厄所说的实践关系的两个基础规定方面，而这两个方面又各自由一系列的关系和关系构型组成。布迪厄的实践活动和实践关系理论表现了他的关系思维方式。

所谓关系思维方式，按照布迪厄的观念，是区别于传统实体思维方式的新思维方式。"该思维方式与实体论思维方式决裂，导致任何一个成分的特征将通过把该成分同其他成分结合为系统的各种关系来显示，系统关系给出了该成分的意义和功能。"② 布迪厄认为，关系思维方式是对实体思维方式的彻底反思和批判。关系思维方式的思维对象不是事物的个别部分和个别现象，而是事物的关系，是把事物放到客观化的关系中去建构，关系思维方式的思维成果是关系的系统化，或者系统关系思维。布迪厄自己承认他的关系思维方式来自于马克思。他是把马克思关于"人的本质……在其现实性上，它是一切社会关系的总和"③ 的思想客观化、具体化和坚持到底了。只是这种坚持是在布迪厄反对研究方法上的社会物理学和社会现象学，反对客观主义和主观主义的对立，但同时又无法摆脱结构主义的影响下完成的。布迪厄力求避免重蹈结构主义抽象化的覆辙，却又抛弃了马克思的实践思想和唯物史观。而马克思的实践思想继承了黑格尔关于劳动存在着对象化和异化两重性的思想，将辩证法运用于实践，肯定实践否认现存事物的意义；马克思的唯物史观是以剩余价值论论述了私有制和分工的现实性及其历史命运，重新构建了人类历史发展总过程及现实资本主义自我否定的宿命，这些都是布迪厄社会实践理论无法企及的。但布迪厄的理论也有自己的特点：他适时指出了在社会科学研究上社会物理学普遍存在的抽象化、教条化的通病，将关系思维贯彻到实践活动的全过程

① ［法］布迪厄：《实践感》，蒋梓骅译，译林出版社 2003 年版，第 99 页。
② 同上，第 5 页。
③ 《马克思恩格斯选集》第 1 卷，人民出版社 1972 年版，第 18 页。

之中，形成了一整套极富启发性的实践理论，并且这种实践理论在特殊领域，如民族学和社会学等方面是无人企及和无人撼动的。而这一切，都与布迪厄对于马克思关于"人是社会关系的总和"的理解以及布迪厄的关系思维方式有联系。

二

布迪厄认为，实践活动是创造性的，体现人们的想象力。实践活动经过科学客观化则表现为两可性和模糊性。实践活动又是可预见和可规划的。实践活动是实践行为人的活动，具体地说，实践活动是实践行为人的惯习的活动。惯习是与场域直接相关联的，惯习不同于习惯。"惯习这个概念，最主要的是确定了一种立场。……即一种明确地建构和理解具有其特定'逻辑'的实践活动的方法。"惯习的立场具有方法论意义，旨在避免客观主义方法论与主观主义方法论的双重缺陷：因为"客观主义把行动理解成'没有行动者'的机械反应；而主观主义则把行动描绘成某种自觉的意图的刻意盘算、苦心追求，描绘成某种良知自觉之心，通过理性的盘算，自由地筹划着如何确定自己的目标，使自己的效用最大化"。所以布迪厄把这种观念称为"惯习观"。这种惯习观"在理论上把实践作为实践来看待，认为知识的对象是被建构出来的"①。建构就不是像机械唯物主义那样消极被动地复制。同时惯习也与主观唯心论不同，它强调人们实践活动的建构原则存在于社会客观性的性情倾向系统里，这些性情倾向系统在人们的以往实践中获得，又在实践活动中发挥作用。实践活动不断被结构形塑而又不断处在结构生成过程之中。布迪厄严格区分了"惯习"与"习惯"："我说的是惯习（habitus），而不是习惯（habit），就是说，是深刻地存在在性情倾向系统中的，作为一种技艺（art）存在的生成性（即使不说是创造

---

① ［法］布迪厄、华康德：《实践与反思》，李猛、李康译．邓正来校，中央编译出版社1998年版，第164～165页。

性的）能力，是完全从实践操持（practical mastery）的意义上来讲的。"① 这样，布迪厄的惯习观念同他的实践活动理论一样，具有生成性、客观性、模糊性的特征。

布迪厄认为，惯习"是持久地配备了有规划即兴之作的生成动力，作为实践感（sens pratique），它使制度中的客观化意义（sens objective）恢复活力。……它形成于一种特殊的历史，将它的特殊逻辑施加于身体化（incorporation），行为人则通过这种身体化使自己从属于制度中客观化了的历史"②。惯习趋向于生成合情合理的常识实践世界，而惯习本身又是实践活动生成原则和条件的内在规定，惯习产生实践活动。惯习的形成依靠两方面，它既依靠由生成原则再生产的条件产生的内在规则性，又依靠客观可能性要求的构成惯习的认知和结构定义的情境。作为身体化并成为客观自然的历史积淀，惯习是惯习赖以产生的全部历史的有效在场。因此，相对于实践活动，惯习历史性成为相对独立的外在决定因素，制约着实践活动变化过程中的恒定性，使实践活动有"法"可依、有"迹"可考。惯习的形成离不开反复灌输和据为己有的过程。因为惯习行为人生活于制度之中，在实践活动中占有制度。而制度具有普遍性和适时性，因而惯习是集体历史的产品，并具有客观结构。惯习在制度的客观化中使自己成为生成动力，保持持久的活力，因而，"只有当习性是同一历史，更确切说是在一些习性和结构中被客观化的同一历史的身体化时，习性所产生的实践活动才是相通的和直接适合结构的，在客观上也才是协调的，并具有统一的和系统的、超越主观意图和有意识个人或集体计划的客观意义"。"关公战秦琼"的不合理性在于两人不属于是一历史情境，也不能被客观化的同一历史进行真正的身体化，因而二人的实践活动无法相通，也无法直接适合实践结构，必定是不协调、无法统一和无意义的。布迪

① 〔法〕布迪厄、华康德：《实践与反思》，李猛、李康译．邓正来校，中央编译出版社 1998 年版，第 170～172 页。

② 〔法〕布迪厄：《实践感》，蒋梓骅译，译林出版社 2003 年版，第 87 页。

厄肯定"集团或阶级习性的客观一致源于生存条件的一致性，致使实践活动能在客观上趋于一致"①。

那么，为什么现实中的个人之间的实践活动存在差异性呢？布迪厄认为："个体习性之间的差异原则源自于社会轨迹（trajectoire sociale）的特殊性……习性时刻都在按先前经验生产的结构使新的经验结构化，而新的经验在由其选择权力确定的范围内，对先前经验产生的结构施加影响：……借助'选择'，习性倾向于偏袒那些能使之强化的经验。"② 个人之间实践活动的差异性既与惯习有关，也与场域有关。就惯习而言，个人惯习是个人先前经验结构化（客观化）的结果，这种具体的结构化也受到个人"选择"的制约。个人选择往往择优化，按效益、效果或效率最大化原则进行"强化"。因此，正如布迪厄自己所阐述的那样，他可以用场域和惯习等观念分析个人的实践活动，而分析的结论表明个人的实践活动与利益和策略息息相关。在此基础上，布迪厄进一步认为，不能用结构主义式的"平均化"思维来考量单个行为人的实践活动，思维的"平均化"是思维抽象性的一种表现："实践活动并不取决于平均利润机会这一仅仅因计算而存在的抽象且不现实的概念，而是取决于单个行为人或一组行为人按其资本所拥有的特殊机会。"③ 在考量实践活动时之所以不能用"平均"（如平均利益、平均机会、平均收获）观念，一是因为现实的实践活动总是个别人的个别活动，或是一个集体团队、一个阶级集团人的活动；二是因为这些"平均"都是经过外在的计算得来的实际上并不存在（或是个别的，特殊的存在，无法代表大多数的存在），因而不是现实的。换言之，任何"平均"都是对现实的抽象，在大多数情境下已经是一种歪曲，不具有真正的科学性和真实性。任何"平均"数值表现的都是"假"或"伪"的事物，都是可以引向邪路的概念。关于惯习、场域与实践活动之

---

① ［法］布迪厄：《实践感》，蒋梓骅译，译林出版社 2003 年版，第 88~89 页。
② 同上，第 93 页。
③ 同上，第 97 页。

间的关系，布迪厄将这种关系作为自己社会实践理论的重要内容放在与实体思维方式相对抗的关系思维方式上，将之阐释为"双向模糊关系"："惯习与场域之间的关系，它是一种双向的模糊关系。所谓惯习，就是知觉评价和行动分类图式构成的系统，它具有一定的稳定性，又可以置换，它来自于社会制度，又寄居在身体之中（或者说生物性的个体里）；而场域，是客观关系的系统，它也是社会制度的产物，但体现在事物中，或体现在具有类似于物理对象那样的现实性的机制中。"惯习、场域与实践活动之间的关系是部分与整体的关系。惯习、场域是实践活动的构件，实践活动是惯习和场域的结合体。它们之间是双向依赖关系，而且这种依赖关系是无法计算的。布迪厄认为，他的社会实践理论的研究对象是实践活动，是研究实践活动，就离不开惯习、场域、资本等这几个方面的关系，特别是这种"双向的模糊关系"产生了社会实践和社会表象。其中，"惯习就是一种社会化了的主观性"①。惯习从主观上来说，是主观的知觉评价及其由行动体现出的实践图式和行为倾向所构成的系统，这些主观性的东西并不来自于主观，而是来自于客观社会的各项制度，惯习是社会制度存在于身体中的结果。而场域是社会制度存在于客观事物中的结果。这样一来，无论是惯习还是场域，既不是主观的，也不是客观的，人们只有超越主客二分的实体对立思维才能把握惯习和场域。社会制度在身体中产生了惯习，在事物中产生了场域，而惯习制造了场域（就像马克思所说的，环境创造了人，人也创造了环境），场域也会在未来创造出新的惯习，因而惯习场域与实践活动是一种双向的生成性关系，因为"社会现实是双重存在的，既在事物中，也在心智中，既在场域中，也在惯习中，既在行动者之外，又在行动者之内"②。惯习、场域与实践活动的双向性有赖社会现实在存在上的双重性：社会现实就存在于惯

---

① ［法］布迪厄、华康德：《实践与反思》，李猛、李康译. 邓正来校，中央编译出版社1998年版，第170～171页。

② 同上，第172页。

习、场域和实践活动中。社会现实是它们共同的"家"。它们与社会现实的双重性关系决定了惯习、场域与实践活动的双向性关系。

三

布迪厄认为，惯习、场域与实践活动的双向性关系是一种模糊性关系；不仅实践活动具有模糊性，而且惯习和场域也具有模糊性，从而使布迪厄的社会实践理论具有模糊性。

实践活动的模糊性问题是布迪厄实践活动理论的重要内容，也是布迪厄社会实践理论对马克思实践思想的重要贡献。布迪厄不仅从理论和实践各方面阐述论证，而且把实践活动的模糊性作为实践哲学的"元"问题正式提了出来。

布迪厄认为，实践活动的模糊性也是一种不确定性。"如果实践活动的原则是人们为了解释实践活动而构建的生成方式，亦即一组独立而又严密的公设，那么按照一些完全能意识到的生成规则产生的实践活动，就会丧失其固有的全部定义特征，即不确定性和模糊性。这两个特征源自这样一个事实：实践活动的原则不是一些能意识到的、不变的规则，而且一些实践图式，这些图式是自身模糊的、并常因情境逻辑及其规定的几乎总是不够全面的视点而异。"① 古今中外的哲学家无一例外地追求确定性：亚里士多德的实践哲学是在工艺的范围内追求客观规律性的确定性，柏拉图的理念论是追求事物本体的确定性，中世纪神学要求人们信仰上的确定性，老子的《道德经》是追求人生终极意义上的确定性，马克思批判传统哲学、创建唯物史观的目标是在资本主义私有制的现实中让人们走出贫困、告别异化劳动、获得全面自由的确定性。布迪厄居肯定实践活动本身具有客观性和科学的确定性的同时，构建实践活动具有不确定性和模糊性，实践活动是确定性和不确定性的适时统一的观念。

---

① ［法］布迪厄：《实践感》，蒋梓骅译，译林出版社 2003 年版，第 19 页。

　　布迪厄认为，实践活动的模糊性首先来自于实践逻辑的模糊性，"实践逻辑是自在逻辑，既无有意识的反思又无逻辑的控制"①。布迪厄的实践活动理论是一元性的，他的一元性理论是有前提的：他反对实践主体（或意识）与客体二分的观念。认为实践活动是社会建构的知觉与评判原则和社会世界之间的"本体论契合"或互相"占有"，并且这种"契合"与"占有"不是预定预成的，而是现时生成的。实践活动就是场域与惯习互相生成、互相作用的过程。这种观念完全颠覆了传统实践哲学的确定性观念。因为在传统实践哲学那里，实践的主体与客体是确定的，实践的规律和逻辑是确定的，实践的目标和结果也是确定的。这样一来，传统实践哲学的确定性是经过抽象化才达到了客观化和对象化，成为"宏大"叙事。布迪厄的实践活动理论的概念不是传统意义上精确的和严格限定的，而且生成性、弹性适时和不甚明确的。布迪厄所说的实践逻辑具有一种生成性的自发性，它是在与变动不居的各种情境的即时遭遇中确定自身，因而实践逻辑本身是含混的，"实践逻辑的逻辑性只可以提炼到特定的程度，一旦超出这种程度，其逻辑便将失去实践意义"②。

　　布迪厄认为实践活动的模糊性不仅来自于实践逻辑的不确定性，还来自于实践活动本身的实践图式的模糊性质。布迪厄认为实践图式不同于人们日常生活和一般科技活动使用的理论图解，实践图式是与理论图解相对立的概念。理论图解也叫理论模型，是"人们为解释实践而构造的模型"。理论图解实质上是一个机械性程序，属于解读方案或方法。与理论图解不同，"实践在时间中展开，具有会被同化所破坏的全部关联性特征"。实践图式样对实践活动的真实反映。"也就是说，人们还有可能科学地阐述实践——尤其是实践因其在时间中展开而具有的属性，但条件是必须了解科学实践

①　［法］布迪厄：《实践感》，蒋梓骅译，译林出版社2003年版，143页。
②　［法］布迪厄、华康德：《实践与反思》，李猛、李康译．邓正来校，中央编译出版社1998年版，第24页。

仅仅通过总体化（totalisation）产生的效应：在此应该想到的是综合示意图，其科学有效性当归于它所产生的同时化效应"①。实践活动的模糊性决定了实践图式必定具有模糊的属性。但实践图式由于具有生成性及对行为人的作用，所以实践图式的模糊性不是完全消极和被动的，而是在实践活动的双向关系作用下，通过惯习双重或双向的影响作用于场域和实践活动的。

布迪厄之所以提出实践活动的模糊性问题，主要目的之一是为了使人们能够更好地认识实践活动。因为"凡是蕴涵一种近乎自然的模糊性现实，均具有不带明显意图的严密性和不含直接可见的统一原则的统一性，而这样的严密性和统一性是千年来应用同一些感知和行为图式的产物，此类图式从来就不是明晰的原则，它们只能产生这样一种必然性，这种必然性是没有意识的，故必然是不完全的"②。布迪厄实际上是确定了实践活动"先在"的原则：千百年来传统哲学教育人们树立的一种观念就是实际上的理论（思维）先在，只有理论的在场，人们的实践活动才是真实的。布迪厄像马克思一样，发现理论思维先在的后果是遮蔽了真正的实践活动，更有甚者，一些理论专家和思想家为了证明个别观念的正确性，不惜忽视、歪曲、否认真实的实践活动。布迪厄明确告诉人们：实践活动具有模糊性和不确定性，人们关于实践的认识也必然存在着模糊性和不确定性。但是，这种模糊性和不确定性不应该导致实践活动的不可知性。实践活动和实践认识的模糊性和不确定性与实践的不可知论完全是两码事。后者是对实践的否定。不能以人们对实践活动的认识的模糊性和不确定性，来否认实践活动的科学客观化成果。

---

① ［法］布迪厄：《实践感》，蒋梓骅译，译林出版社 2003 年版，第 127 页。
② 同上，第 20～21 页。

布迪厄实践观念的历史钩沉 *

摘要：布迪厄认同马克思的个人是社会关系的总和的论断，所提出的"惯习""场域""资本""符号暴力"等实践观念都或多或少、或显或隐、或正或反地在与西方传统哲学断裂（决裂）的同时，也承袭着西方实践哲学的优良传统，并且成为当代社会实践理论的重要代表。布迪厄实践观念的发展总趋向则是真理的不断具体化过程——无限逼近真理的过程。

研究外国哲学特别是欧洲哲学的人知道，自从亚里士多德提出实践（Praxis）① 概念以来，西方的实践哲学就在实体性哲学基础上发展，经过中世纪的洗礼，康德所进行的"哥白尼式变革"将传统哲学的发展方向分化为理论理性和实践理性两大部分，黑格尔用绝对精神的自我完善试图调和理论理性和实践理性的隔阂，并正确阐述了劳动的人的本质对象化思想。马克思在唯物史观视阈里实现了实践哲学改造世界的革命性变革。从而把实践哲学发展到前所未有的高度：实践已经由工艺活动—思想道德活动—转变成为以改变现实世界的感性物质活动：实践哲学也由关于客观规律思想—行为规范和道德律—转变成为历史唯物主义的理论基础。自以马克思在1844—1846 年前后在《1844 年经济学哲学手稿》《关于费尔巴哈的

＊ 本文发表在《辽宁大学学报》2014 年第 2 期
　① 据考证，中文"实践"一词最早出现在《宋史》中，直到 20 世纪瞿秋白等人将"实践"一词用于翻译和介绍有关哲学文献，实践变成与"理念"（Theorie）相对应的哲学概念。

提纲》等文献中提出"实践唯物主义"以来的 150 多年里，实践哲学愈来愈成为马克思主义哲学的重要内容和基础构件。但是与此有关联的是实践哲学的长期停滞。在这 150 多年里，马克思主义实践哲学的发展只获得了几次有限的发展机遇：如 1932 年发现和发表马克思《1844 年经济学哲学手稿》，进而推动西方马克思主义关于"异化""物化"理论和社会批判理论的产生；20 世纪下半叶以来欧美马克思主义实践哲学的研究，如以哈尔马斯为代表的对于现代性的反思批判（包括布迪厄的社会实践理论）；还有 1978 年开始的我国解放思想、改革开放的伟大运动也必将对马克思主义的实践哲学、对中国现代性的反思批判、对中国发展道路的理论探索也会为当代实践哲学的发展提供崭新的理论土壤和实践构型。以此看出，皮埃尔·布迪厄（Pierre Boudiecc）的社会实践理论的产生具有极大研究价值：布迪厄的实践观念既是对西方传统哲学和以马克思实践思想为代表的马克思实践哲学的认同，也是在思维方式、方法论和基本概念，理论体系等方面的创新性发展。

一、布迪厄肯定古希腊的"自然的实践活动"，反对将实践抽象化，反对用实践原则代替实践本身

布迪厄在自己最重要的著作之一《实践感》的"绪论"部分就提出了一种与"特意按照分析者制订的解释原则调整的实践活动"不同的"近乎自然的""实践活动"。这种"自然的实践活动"的显著特征是"均具有不带明显意图的严密性和不含直接可见的统一原则的统一性（不正是这一点产生了马克思所说的'希腊艺术的永恒魅力'?）。"布迪厄还把这种自然的实践活动比作"经年老屋"，而把"按照分析者制订的解释原则调整的实践活动"比作"公寓"。认为"经年老屋""都有一些附属建筑，还有长年累月积存下来的各种物品，这些物品有些不协调，但基本上是协调的"；而"公寓则是按照室内装饰家一下子从外部强加的装饰构图通盘布置的。"①
换言之，自然的实践活动的最根本特征是"自然"，与"自然的实
践活动"相对的是"特意调整的实践活动"，而这种实践活动的本
性是与"自然"相对立的"人为性"；自然的实践活动也就是古希
腊人在进行包括艺术创作在内的客观日常的实践活动；而特意调整
的实践活动则是在人为上有预谋、有算计，在手段上强力的实践活
动。布迪厄对于两种对立的实践活动的划分有重要意义。

　　首先，布迪厄将自然的实践活动与古希腊艺术的永恒魅力联系
起来，把自然的实践活动看成是人们实践活动的理想形式。我们知
道，实践哲学起源于古希腊，亚里士多德把实践看成是工艺和技
艺，这一思想一直影响到今天，布迪厄从自己的社会实践理论出
发，对亚里士多德的实践思想进行了仔细的甄别和取舍：在亚里士
多德的实践思想中，亚氏肯定实践的日常性和在时间中的绵延性
（经年性、累积性），这是布迪厄非常看重的；布迪厄认为，实践活
动离不开日常生活；同时实践活动是一种历史累积活动（实际上是
文化积累或"惯习"造成的），这两方面启发着布迪厄，他创造出
"惯习"和"场域"这两个中心观念。简单地说，"惯习"不同于习
惯，是现实世界在行为人（主体）中进行身体化的产物，是行为倾
向系统积累而成的；而"场域"则也不同于社会，是现实世界环境
客观化的产物，是一个具体的"关系群"。在惯习和场域中人们能
感受到古希腊实践活动的日常性和无意识积淀特征；同时，布迪厄
也不认同包括亚里士多德在内的传统实践哲学家关于实践的两个基
本观点：一是认为实践不能离开客观规律性，而且这个规律必须是
经过人们认识和掌握的；二是认为实践有着明显的目的或目标。布
迪厄反对这两种观点念。布迪厄认为，真正科学的实践活动的规律
性应该是一种不自知、无法确定的规律性；同样，真正科学的实践
活动也应该是一种没有明确主观意图目的但实际上又能适时达到确

---

① ［法］布迪厄：《实践感》，蒋梓骅译，译林出版社2003年版，第20～21页。

切目的。"实践活动的原则不是一些能意识到的、不变的规则，而是一些实践图式，这些图式是自身模糊的、并常因情境逻辑及其规定的几乎总是不够全面的视点而异。"① 布迪厄之所以能够这样明确地理解"自然的实践活动"，就是因为布迪厄要在思维方式上超越主观主义与客观主义、唯灵主义与经验主义、社会现象学和社会物理学的对立，以崭新的关系思维方式上重新研究人们的实践活动。布迪厄认为，在实践活动中，行为者与世界之间的关系，并不是如传统哲学或唯物论所认为的是主体与客体之间的关系。他认为所谓实践活动是现实社会建构的知觉与评判原则（也就是惯习）与决定惯习现实世界之间的相互"占有"（mutual possesien），这种相互"占有"具有哲学本体论意义。个体的实践活动也就是个体的惯习适应个体所涉入的场域。人们在实践活动中不是直接与现实世界打交道，而是在现实身体化的惯习与现实情境化的场域的关系的综合作用下才可以与现实世界遭遇。由此布迪厄认为唯物主义所说的实践的主体与客体的简单直接关系是"武断"的。

其次，布迪厄认为，自然的实践活动不能被抽象，人为性的实践原则代替不了实践本身。"一个具备一种实践本质，一种技艺的人，不管是谁，都能在转入行动时，运用这种只有在行动中，在与情意的关系中才显露的潜在行为倾向；与观察者相比，他并不更有条件发现能真正调整其实践活动的东西并把它上升到话语领域"。这是因为"行为人一旦思考其实践活动并因此而处于一个几近理论的境地时，就会失去任何表达其实践之本质，尤其是与实践的关系之本质的可能性"。② 实践原则只能是理论思维的产物，只是在对实践活动反思和理论分析的过程中，经过对实践的指涉、反思批判和抽象化之后才可能产生。因此，实践原则或实践规划之类的东西并不是实践本身。布迪厄认为，无论是客观主义还是主观主义，社会

① ［法］布迪厄：《实践感》，蒋梓骅译，译林出版社 2003 年版，第 19 页。
② 同上，第 141～142 页。

物理学还是社会现象学，它们的共同的错误就是把抽象化理论化的实践理论（包括实践原则、规划等）错当成客观实践，以为自己已经掌握了实践的真理。而实际上相反，自认为掌握了实践逻辑的思想家、理论家、学者专家却正走向与客观真实的实践活动"南辕北辙"的邪路上去：这些"分析者"们只是在"理论空间"进行了一些人为的"理论操作"，与实践世界和感性世界毫不相干。与反对将实践活动抽象化相联系的，是布迪厄对场域日益受"资本"和"符号暴力"侵害的关注。布迪厄认为，人们的实践活动是在一个个具体的场域中发生的，如政治场域、科学场域、学校场域。在资本主义条件下的实践活动中，无论是制约人们的知觉、评判和行为的惯习还是规则行为人的场域都是资本在起作用。而且在各个场域中，政治场域由于能够影响作用其他场域，而成为最重要的场域，也成为将自然的实践活动变成特意调整的实践活动的最大推手。

二、布迪厄通过对"特意调整的实践活动"的反思，指出了近代以来理论理性与实践理性二分的根本失误

布迪厄的关系思维方式又被称为"生成性的思维方式"，① 宗旨是要超越在传统哲学和唯物论研究实践活动时受各种因素限定的学术情境和经验领域；并且能按照布迪厄反思社会学的要求反思自身（包括自我指涉、自我意识、批评，也包括思想、理论和行为）。布迪厄认为，生成性思维方式是一种关系思维方式，来自于马克思关于人是现实关系的总和的思想。生成性思维方式不同于传统哲学的预成性思维方式，也不同于实体思维方式与神话思维方式。后者都属于传统哲学（或古代哲学）思维方式。在传统思维方式中，二分性思维方式所导致的理论理性与实践理性的分化、隔离和对立是导致在理解实践活动性产生客观主义与主观主义、结构主义与现象学

---

① 关于生成性思维方式，布迪厄在与华康德合著的《实践与反思》有所论述，可参见该书中文译本"作者前言二"及该书"第一部分"（中央编译出版社，北京，1998年版。李猛、李康译，邓正来校）。

对立的理论根源。因为"一旦新的思维方式得以确立，旧的问题就会消失；实际上人们会很难再意识到这些旧的问题。因为这些问题是与我们的表达方式相伴随的，一旦我们用一种新的形式来表达自己的观点，旧的问题就会连同旧的语言外表一起被抛弃。"① 华康德在《实践与反思》一书中所引用的维特根斯坦的观点，也是他和布迪厄的观点：生成性思维方式在研究实践活动时是非常重要的。传统哲学和唯物论哲学之所以在研究实践活动时难有创新，其旧的思维方式难辞其咎："一方面，客观主义解释学意欲与基本的思维形式保持一种盛气凌人的距离，把基本的思维形式视为解释技巧练习题……这在实际上体现了基本思维形式的限度；另一方面，……他们把常识当作生活意义并使其发挥作用，且自认为是获得了客观意义的主体。客观主义归约能显示神话或仪式履行的所谓客观功能……但是，这种归约将它显示的客观意义与使该意义发挥作用的行为人分离开来，故与行为人的实践据以得到规定的客观条件的实践目的分离开来，从而禁止人们理解这些功能是如何实现的。"② 在二分性实体思维方式的把持下，客观主义研究实践活动往往存在如下失误：首先，客观主义要与实践活动保持"距离"，不是"进入"而是旁观实践活动；其次，这种距离作法使客观主义的实践研究"归约"掉了真正的主体，使实践活动成为无主体的活动；进一步客观主义又"归约"掉了实践活动的"客观功能"或"客观意义"造成实践活动的意义与实践活动的行为人（主体）分离；再进一步，客观主义再"归约"掉了实践活动的客观条件和实践目的，使它们分离，而这二者是规定实践活动的，这样又使实践活动成为无客观规定的空洞活动。至此，经过客观主义"距离"和"归约"的实践活动就不再是原本意义上的现实实践活动。变成了一种抽象化的活动。客观主义对于实践活动的理解充其量是一种在空洞的"理

① ［法］布迪厄、华康德：《实践与反思》，李猛、李康译，邓正来校，中央编译出版社 1998 年版，第 1～2 页。

② ［法］布迪厄：《实践感》，蒋梓骅译，译林出版社 2003 年版，第 150～151 页。

论空间"所进行的抽象的"理论操作"。

而主观主义由于"倾向于把合乎逻辑的事物当作事物的逻辑……最终把实践主体的有意识决定当作产生持久倾向的实践的根源"。① 布迪厄认为，主观主义的实践观念可以以萨特的实践哲学（布迪厄称为"行为哲学"）为代表：主观主义的实践意识"即由一种想象变异产生的意识'转化'，被萨特赋予一种能力，此能力通过创造否定性的革命的未来创造当前意识。"② 的确，实践活动不仅是一个具有客观结构的社会活动过程，它还是处处表现着人们的意志和意图的主观活动过程。客观结构与主观意愿不可分离，也不可偏废。主观主义的实践观念肯定实践行为者借助实践知识建构他们自己的实践世界，肯定个体行为成就着客观化的实践活动。但在布迪厄看来，上述这些社会生活现象学对"生活世界"的建构是不够的，真正的社会现象学还要避免两方面问题：第一个问题，主观主义实践只注意实践活动的个人策略和在场域中的具体行为，忽视了实践活动的场域和惯习存在着一个已经被客观化的社会结构；第二个问题，客观主义实践观念不能理解惯习和场域的存在理由：不能理解惯习的积淀性，也不能理解场域是一个系统化的关系群。

关于客观主义与主观主义在实践活动的理论失误，布迪厄把这些失误与传统哲学的主客二分，理论理性与实践理性的分离联系在一起，看成是一回事。近代哲学把社会主客二分化，看成是主体（人）与客体（社会）相互作用的场所，把实践活动看成主体作用于（直观、表象，概念、感性作用）客观对象（社会对象、自然对象）的过程。康德经过"自发"的"哥白尼式变革"，明确划分认识对象与实践对象是两个不同的世界：人们的思维、表象活动只能达及现象世界，不能涉及到"物自体"；而人们的实践活动尽管实际作用于客观世界，但不能成为人们的认识对象。康德虽然回答和

① ［法］布迪厄：《实践感》，蒋梓骅译，译林出版社 2003 年版，第 75 页。
② 同上，第 63 页。

表面解决了唯物主义与经验主义的对立，但同时又设置了新的更大对立：认识世界与实践世界的对立、人们的认识（思维）活动与人们的实践（意志）活动的分离和对立。康德将实践活动逐出认识（思维）世界之外，认为实践活动只是意志活动、物自体活动、道德活动。这是布迪厄无法接受的，布迪厄对于客观主义与主观主义的反思批判正是要超越在实践理论上的主客二分。从而彻底超越近代传统的实践理论。

"客观主义和主观主义，机械论和目的论，结构必然性和个人能动性，这些对立都是虚幻的，每一组对立中的双方都彼此强化。这些对立混杂在一起，掩盖了人类实践的人类学真理。"① 布迪厄的社会实践理论综合了结构主义与建构主义两种致思进路：布迪厄建构了客观结构，肯定各种位置空间存在的合理性，从而超越了日常生活和感性表象，避免陷入社会物理学的抽象二分；同时，布迪厄也从内部构建了知觉和评价系统，肯定各种性情倾向（特别是潜在性情倾向）的合理性。在这两种合理性中，客观结构具有先在性；因为在实践活动中，行为者会随着在社会空间中占据位置的变化而发生活动变化。

三、布迪厄通过对当代结构主义与唯灵主义、社会物理学与社会现象学的对立的反思、引领社会实践理论的进一步发展

布迪厄认为："在人为地造成社会科学分裂的所有对立中，最基本、也最具破坏性的，是主观主义和客观主义的对立。这种对立不断重现，但在形式上几无更新，这一事实本身足以证明按照该对立来区分的各种认识方式，对于一门不能简化为社会现象学，也不能归结为社会物理学的社会世界科学来说，同样都是不可缺少的。为了超越这两种认识方式之间的对立，同时倡导它们各自取得的成

---

① ［法］布迪厄、华康德：《实践与反思》，李猛、李康译. 邓正来校，中央编译出版社1998年版，第10页。

果（又不忽略一方的明察于相反方的帮助）……这意味着我们应对那些使社会世界主观经验的反思和该经验的客观条件的客观化成为可能的认识论及社会条件实施批判性客观化。"① 布迪厄把自己的社会实践理论看成是一种反思的社会学，以有别于传统意义上的哲学的反思。布迪厄的反思集中体现他所构建的"场域（field）"、"惯习（habuts）"和资本、符号暴力等范畴。例如，布迪厄的"场域"和社会空间范畴就是对传统的社会范畴的断裂性反思。

在传统理论中，一个社会就是一个总体，由各种不同功能的客观系统组成，共享一种文化、围绕一个权威性的或代表性的集团中心构成，利益错综复杂、矛盾冲突不断、客观上浑然天成。布迪厄认为，这种传统社会观念只是要维护自称具有合法性的表面具有普遍性的社会总体逻辑。布迪厄认为，无论是在资本主义社会，还是在现代性社会或后现代性社会里，都不存在一个总体逻辑。现实世界由一个个具体的场域和社会空间构成的，每个场域都是一个"游戏"领域，每个场域都有特有的调控原则和价值观念，都有一特定的"游戏"规则和法则。现实中的每个人实际上都是在一个个具体的场域里生活着、活动着、竞争着，因而每个行为人在场域的位置就非常重要，位置决定每个人的价值和社会地位，决定每个人的力量。人们的活动和竞争实际上在许多情况下只是位置的竞争，人们之间的关系只是位置之间的相互关系。场域在社会空间中存在，各种不同的场域构成了社会。布迪厄把传统社会观念中人与社会的对立归约为行为人与场域之间的互动关系。布迪厄的场域观念具有以下三个特征：第一，场域的构建离不开客观化的关系，并且这种关系不是强定的或预成的，而是在现实世界的可能性基础上即时生成的；第二，场域也是各种客观力量调整形成的特定体系；是特定力的构型；第三，场域存在着矛盾冲突和竞争。布迪厄把场域和社会空间看成"游戏的空间"，人们在场域中的实践活动也是一种"游

---

① ［法］布迪厄：《实践感》，蒋梓骅译，译林出版社 2003 年版，第 37～38 页。

戏"，也要按"游戏规则"进行实践活动。由此可见，布迪厄的场域和社会空间是具体的，实在的，有内容的。相比之下，传统理论中的社会实践活动的概念则变成"空洞的场所"或"空洞"的逻辑概念，只是一种传统意识形态的表现。布迪厄的场域和社会空间理论是对传统社会实践活动观念的"批判性客观化。"

布迪厄认为，对传统社会实践活动观念的批判性客观化"就是对社会学实践本身进行一次社会学的检验"，而"这一研究背后的理念，就是要颠覆观察研究者与他所研究的世界之间的自然关系……用实践的方式来证明，有可能充分彻底地将客体以及主体和客体的关系都作为社会学研究的对象，后者我称之为'参与性对象化'（participant objectivation）。"日常生活和日常思维方式只能产生"自发社会学"，只有对社会学自身进行彻底的检验也可能产生"反思社会学"，也才是真正的社会科学。这一变化也是社会实践活动观察研究者与社会实践活动之间由一般的传统的"自然关系"变革成为"社会学的社会学"。① 这也是布迪厄的心愿。而他的这愿望也正是 20 世纪众多知名社会学家、哲学家们的愿望。

布迪厄的实践观念从历史发展上看，他光大了古希腊自然的实践活动的日常性、客观累积性；将马克思的人的社会关系总和的本体论思想转变成为自己实践理论的核心观念，在批判地吸收客观主义和主观主义、社会物理学和社会现象学的积极成果的同时，超越了主客二分的实体思维方式，将 20 世纪关于人们的实践活动的研究向前推进了一大步。

---

① ［法］布迪厄、华康德：《实践与反思》，李猛、李康译，邓正来校，中央编译出版社 1998 年版，第 98～100 页。

A Historical Study of Bourdieu's View on Practice

DONG Jin-qian

(College of Philosophy and Public Administration,
Liaoning University, Shenyang 110036, China)

Abstract: Bourdieu creatively developed Marx's assertion that the individual is a unity of social relations, by putting forward such practical concepts as "habitus", "field or location", "culture capital" and "symbol violence", which more or less, explicit or implicit, positive or negative, overwhelm Western traditional philosophy, follow the excellent tradition of Western practice philosophy emphasizing the content is greater than the form, and become important representative's of Western practice philosophy emphasizing the content is greater than the form, and become important representative's of contemporary social practice theory. The general development trend of Bourdieu's view on practice is the process of the materialization of truthinfinite process of approximation to truth.

Key Words: Bourideu; practical activity; habitus; field

矛盾性与协同性在后工业社会是如何可能的[*]

——齐格蒙特·鲍曼思想研究

摘要：齐格蒙特·鲍曼在全面研究现代性的秩序和同化本质时，在哲学存在论意义上提出现代性的矛盾性（ambivalence）思想。认为典型的现代实践不是建构他世界（other world），而是在建构我们这个世界的"他者"（the other）。作为秩序的他者具有纯粹的否定性，即是不确定性，是一切恐惧的源泉和原型。鲍曼通过分析"布朗运动"和"西西弗斯的苦难"将矛盾性与现代碎片化直接关联，从而使矛盾性诞生于现代存在（modern existerce）的焦躁行动，而现代意识又使得差异成为罪过。后现代精神和实践都呈现矛盾状况，而后现代的矛盾性的后果很可能是把宿命变成好运，将宽容变成协同，这是一种后现代共同体的生存状态。现代社会是现代性的，后现代社会是矛盾性的。在后工业社会状况下，协同性是人们应求的有根性生存。

一、对现代性的矛盾性的觉知

鲍曼认为，矛盾性（ambivalence）首先是一种语言命名（分隔）功能的丧失，呈现的是语言的无序，所谓语言的无序是指不能恰当地解读特定情境，不能在恰当的行动间作出恰当的选择，表现的是具体客体或事件存在着一种以上的可能性范畴。矛盾性的产生不是语言或言语病变的产物；相反，矛盾性是语言实践的一种正常

---

* 本文发表于《社会科学辑刊》2015 年第 6 期

症候。矛盾性不是语言问题，而是存在问题，是现代性存在的问题或存在着的现代性所必然发展的存在状况。

在《现代性与大屠杀》中，鲍曼意识到了"随着现代性的上升，犹太人的隔离也成了一个问题"。① 这个问题导致对现代性的反思，这种反思来自于现代性本身的两种固有可能：一是现代性使科学的工具理性、技术的非道德化，社会的同化和隔离管理，使对犹太人的"分隔"不仅合法化了，而且成为非自然的自觉行动。不仅具有外部强力的迫使，而是内化为对象性主体的认知与实践行为；二是对犹太人隔离问题的觉知不仅是现代性的觉知，而且也是后现代的矛盾性的觉知。正是这个问题的提出，才使得鲍曼的现代性理论有别于其他现代性理论，独树一帜。到了撰写《现代性与矛盾性》时，鲍曼试图以矛盾性诠解现代性、用矛盾性替代现代性，用矛盾性深化现代性、用矛盾性引领现代性。现代性是现代化的一个机遇，矛盾性则是后现代的一个机遇。现代性理论的建构对于现代社会具有很强的解构意义；而矛盾性理论的提示对于后现代社会则具有基础性的构建作用，况且加上不确定性和偶然性设定为情境使宽容和协同性成为多种可能性方案中最具现实客观意义的解决方案，使得鲍曼的现代性和矛盾性理论具有极大启发意义。

矛盾性的客观性是鲍曼首先要阐释的矛盾性的基本问题。关于这个问题，鲍曼提出了"两个世界"和"二分"理论。鲍曼认为，人类语言将自身设定在两个世界之间：一是适宜人类的秩序的世界；另一个是"随机世界"或充满随机性和偶然性的世界。秩序世界在现代社会中是不具自然性的世界；随机世界是一个"秩序的他者"的世界：即"不可界定性、不连贯性、不一致性、不可协调性、不合逻辑性、非理论、歧义性、含混性、不可决断性、矛盾

---

① ［英］齐格蒙特·鲍曼：《现代性与大屠杀》，杨渝东、史建华译，彭刚校，译林出版社2007年版，第76页。

性。"① 理解鲍曼"两个世界"理论的关键是洞识两个世界不是两种
不同的现代实践，只是两种现代社会的存在状态，只是现代社会的
两面——一枚金币的正反两面：其中的一面存在是以另一面的存在
为条件的。用鲍曼的话说："秩序的肯定性正是为了反对这一否定
性而建构了自身。但是，混乱的否定性却是秩序自身构成的产物：
是它的副作用、它的废弃物，而且还是它的（反身的）可能性的绝
对必要条件（Sine que non）。没有混乱的否定性，便没有秩序的肯
定性；没有混乱，便没有秩序。"② 这也就是鲍曼自己所称的后现代
的二律背反："后现代的得同时也是它的失；给它带来力量和吸引
力的一切，也是其脆弱的来源和致命之处。"③ 鲍曼的矛盾性理论是
其现代性理论的深化，鲍曼的现代性理论也离不开其矛盾性理论；
鲍曼的矛盾性的客观性来自其现代性的客观性；而鲍曼的现代性的
客观性也离不开现代性的矛盾性。

鲍曼在论述矛盾性的客观性时，特别注意到异乡人与本地人、
"永远的流浪者"（按鲍曼的说法，不仅犹太人而且知识分子也是异
乡人，"永远的流浪者"④）与"本地人共同体"之间的差异及其建
构。在客观性意义上，本地人的一切作为正当权利是自然被给予
的，本地人的自身与世界间存在原始结合；而异乡人则不同，异乡
人的正常权利和与世界间的结合是一个难题，也是一项任务。以这
种本地人与异乡人的不同现象中可以看出这种矛盾性是社会建构
的，包括对异乡人地位的假设，这种假设所含有的含混性、不确定
的定义等特性都是社会的建构，也是现代性的必然。因此，从中可
以看出鲍曼的矛盾性自身在建构意义上离不开社会性。即矛盾性的
客观性不仅表现出后现代的二律背反，而且表现出强烈的社会性。

---

① ［英］齐格蒙特·鲍曼：《现代性与矛盾性》，邵迎生译，商务印书馆 2003 年版，
第 11 页。
② 同上，第 11 页。
③ 同上，第 386 页。
④ 同上，第 112～122 页。

在鲍曼看来，人们在某种特定的现实状况下，犹如知识分子的宿命或命运，都具有"永远的流浪者"的本质。"在本地人的世界观中，异乡人的本质是无家性（homelessness）。与异己者（alien）或外邦人（foneigner）不同，异乡人……他是永远的流浪者……他视域中的'客观性'（世界主义性质、反爱国主义性质、不结盟性和'背叛性'），准确地说，存在于他无力对自己永不停歇的、寻家之旅中的一站又一站作出区分。"① 当异乡人具有客观性时，也就表明他自身所具有的确定的矛盾性，异乡人作为永远的流浪者，与本地人共同体的差异表明二者的客观性是两种性质不同的客观性，是肯定者与否定者之间的客观性，是在现代化进程中必然发生的矛盾性的客观性。

矛盾性的客观性源于矛盾性自身：建构矛盾性的语言尽管仍然具有"命名/分类功能"，但作为工具如果"不相洽（inadequate）"则会建构出矛盾性情境和矛盾性习得。矛盾性情境包括情境内的矛盾性和情况外或情境间的矛盾性（或差异）；矛盾性习得包括习得模式自身的矛盾性——导致习得的不可决断性和丧失控制以及习得后果的矛盾性——习得的不可预测性，习得自身的不可决断性和习得后果的不可预测性都是随机性。② 矛盾性正是随机世界的特性，随机性世界也是矛盾性世界。

鲍曼认为，矛盾性源于现代性二分的思维方式。现代性区分了"原存在"与"存在"，所谓"原存在"即未遭干涉的存在、未秩序化的存在或秩序化了的存在的边缘，"原存在"也叫"自然"；③ 存在"是通过设计、操纵、管理、建造而成并因此而持续"④，存在具

---

①　［英］齐格蒙特·鲍曼：《现代性与矛盾性》，邵迎生译，商务印书馆 2003 年版，第 115 页。

②　同上，第 3～5 页。

③　董晋骞：《自然的实践活动如何胜过特意调整的实践活动？》，载《马克思主义与现实》2013 年第 4 期。

④　［英］齐格蒙特·鲍曼：《现代性与矛盾性》，邵迎生译，商务印书馆 2003 年版，第 12 页。

有现代性，所以是现代性存在。以区别于"原存在"。所谓二分的思维方式是指现代性分类/命名（现代实践）"每一次命名行动都将世界一分为二：合乎名称的实体；不合乎名称的余下部分：某些实体可以归入某一类别——形成一类——但只有当其他实体被排斥，即被遗弃在外之后。"① 人们日常生活中的购物中心或超市体现着现代性的二分的思维方式：购物中心或超市的商品是经过选择（专家管理系统和背后的管理强力作用）的商品，提供给消费者的是一个安全、放心（至少形式上如此）、便捷的环境。但实质上购物中心或超市本身已经二分化了：它已经把未经专家论证和允许、得不到政府放行的大部分商品（"余下部分实体"）被排斥掉了。

鲍曼用"布朗运动"来理论地觉知矛盾性的存在及其运动。布朗（Rober Brown）是一位英国植物学家，布朗提出了物质微粒不仅以悬浮的方式在液体和气体中存在，而且在液体和气体中的微粒永不停止地做着不规则的运动。微粒在液体或气体中的悬浮和无规划运动，这是对布朗发现的所谓"布朗运动"的简明概括。鲍曼在研究现代性的矛盾性的共时结构时，把现代性向前行进的与向后的永不停歇、现代性行进的一种没有理想目标、只有临时站点的运动状况与"布朗运动"拟比：尽管现代化进程曾向人们承诺可以用科学技术和工具理性解决所有问题，并且可以为人们创造自由、快乐、美好幸福的未来。但是，鲍曼却在哲学的反思批判的立场上告诫人们这些不过是幻象，现代性自身建构了矛盾性，现代化进程在解决矛盾的困境的同时创造着更大的矛盾和更多的困境，并且永无止境。现代化进程所进行的目标不过是一个个只有临时性的临时站点。鲍曼确定了现代性的矛盾性的表现方式。

进而，鲍曼又用"西西弗斯的苦难"来觉知现代性的矛盾性所造成的现代主体的焦躁。作为古希腊神话中人物的西西弗斯

---

① ［英］齐格蒙特·鲍曼：《现代性与矛盾性》，邵迎生译，商务印书馆 2003 年版，第 5 页。

（Sisyphus），被人称为暴君，所以其死后不仅要下地狱，而且在地狱中被惩罚做苦工：将巨石推向山顶，当巨石在接近山顶又会滚落下来，不得不重推。如此循环现象，永不停歇。鲍曼把现代性的焦躁比作西西弗斯的苦难，确定焦躁是现代性对人们的惩罚性表征，并且永远持续下去。进而，确定焦躁作为后果具有现实性和普遍性。

矛盾性缘于何时？鲍曼认为这是一个"有争议的问题"，是一枚钱币的正反两面。有了现代性就有了矛盾性，没有现代性就没有矛盾性。矛盾性的历史同现代性的历史一样悠久。鲍曼在《现代性与矛盾性·导引》的注释中引用马泰·卡林内斯库（Matei Calinescu）的话，"矛盾性作为西方文明史中的一个阶段——这是科学技术发展的产物，是资本主义带来的全面的经济和社会变迁的产物"，得出了自己的关于矛盾性的历时性的结论："我将'矛盾性'称作为一段历史时期，它肇始于西欧17世纪的一系列深刻的社会结构和思想转型并成熟为（1）一项文化筹划——随着启蒙运动的发展；（2）一种由社会完成的生活形式——随着工业的（资本主义的以及后来的社会主义的）社会的发展。"① 鲍曼的矛盾性的历时性历史结论至少包括5个方面的具体内容：第一，矛盾性历史时期开始于17世纪，是随着工业革命的深入发展而出现的，即矛盾性与现代化进程一样悠久。第二，矛盾性历史时期的发展包括社会（现实物质世界）和思想（精神世界）两大领域，包括从物质到精神，从社会到个人的各个方面，既矛盾性是全面性的或整体性的。第三，矛盾性历史时期的出现表征着启蒙运动的成熟。既矛盾性与启蒙有着直接联系。第四，矛盾性历史时期的出现表征着一种崭新生活样式：矛盾性生活方式的诞生。这种新的生活的样式离不开工业社会和后工业社会，工业社会包括资本主义工业社会和社会主义工

---

① ［英］齐格蒙特·鲍曼：《现代性与矛盾性》，邵迎生译，商务印书馆2003年版，第6～7页。

业社会，也包括资本主义后工业社会和社会主义后工业社会，即矛盾性生活方式的当下情境。第五，鲍曼的矛盾性理论在形而上学或哲学意义上提出了从工业社会到当下的后工业社会，人们的存在方式已经发生根本性变化；矛盾性存在方式是现实人们的实际存在状况。

矛盾性终于何时？鲍曼认为，矛盾性随着现代性的诞生而生，矛盾性是现代性自身的矛盾性，现代性的确定性与矛盾性的不确定性使得矛盾性的生活既可行又不可避免，并且会永不停歇。鲍曼把这种情形看成现代性和矛盾性的两种不可遏制的"向前行进"：由于矛盾性的存在，使得现代性的确定性永远无法企及社会秩序、肯定性、和谐性和人类历史的终结：在可视阈内，现代性和矛盾性的向前行进是可能的；在可视阈内，这种向前行进是有目的的；在可视阈内，向前行进的过程也在不断向后移去；在可视阈内，向前行进的愈快，它们向后也退去得愈快；在可视域内，由于现代性和矛盾性的及时移位，使得这种不可遏制的向前行进获得支撑性的目标错觉。但实际上现代性和矛盾性的这种向前行进所到达的任何地方都只是"临时站点"，鲍曼用布朗运动提示现代性和矛盾性的向前和向后的永不停歇的运动的用意正在于此。在现代性所开启的现代实践视阈内，人类的历史不会终结，"因此矛盾性的状态也不会终结"①。

现代性追求的是秩序和确定性，矛盾性则确定了差异和偶然性（不确定性）存在的现实性，鲍曼在确定矛盾性的合法性的同时，也追求矛盾的合理性，当然这种合理性不会是工具理性、目的理性等启蒙理性，但至少是一种现实理性。这种现实理性不追求整齐的划分或不含混的秩序，提倡多样性。因此只能是一处后现代精神。后现代精神相对现代精神而言，最大的不同或热点就是对异议的宽

① ［英］齐格蒙特·鲍曼：《现代性与矛盾性》，邵迎生译，商务印书馆 2003 年版，第 16～18 页。

容。作为一种生存状态，鲍曼倡导的后现代精神是把现代性的宿命变成人类的好运，把后现代精神核心的宽容变成协同。"协同性（Solidarity）"是后现代性的"一个最高等级的机遇"。①

二、后现代共同体中协同性（Solidarity）的呼之欲出

现代性崇尚理性，矛盾性则立足于理性的他者，现代性所崇尚的理性或是工具理性，或是目的理性，这二者自然强化着启蒙的成就，但他们无法摆脱后现代的二律背反，现代性的矛盾性一方面从现代性内部动摇、弱化了社会秩序和科学齐一性在工业社会的权威霸权，消解了现代性所维持的主体自由；另一方面矛盾性又在后工业情境中构建了可以宽容他者的新的统一性世界。正是这个新视阈的开启，使协同性本体性呈现并处在场状况。正如于尔根·哈贝马斯（Jürgen Habermas）所指出的："从尼采开始，现代性批判第一次不再坚持其解放内涵。以主体为中心的理性直接面对理性的他者"。② 矛盾性理论无疑是对现代性的反思和批判。矛盾性是一种不确定性、是对理性齐一性（或同一性）反动，它实际论证和追求着差异的合法性。不仅如此，后现代的宽容精神使矛盾性又不得不承认和接纳现代性，因而协同性不仅是矛盾性生活样式的机遇和出现，也是现代性存在方式的真正机遇和真正出路。

鲍曼认为，协同性是后现代共同体的真正机遇，并且是"一个最高等级的机遇"③。协同性在后现代共同体所获得的这个机遇源自后现代社会自身。首先，后现代社会来自于现代社会又不同于现代社会，后工业社会来自工业社会又有别于工业社会，后工业文明来

---

① ［英］齐格蒙特·鲍曼：《现代性与矛盾性》，邵迎生译，商务印书馆 2003 年版，第 385～388 页。

② 于尔根·哈贝马斯：《现代化的哲学话语》，费卫东等译，译林出版社 2004 年版，第 3 页。

③ ［英］齐格蒙特·鲍曼：《现代性与矛盾性》，邵迎生译，商务印书馆 2003 年版，第 388 页。

自工业文明又有别于工业文明；后现代社会，后工业社会或后工业文明及其后工业文化和后现代文化产生于对工业社会、现代社会、工业文明、现代文化的反思与批判，产生于对于理性崇拜，科学崇拜的反思与批判，产生于对于科学齐一性，社会秩序性和"宏大叙事"的消解与解构，产生于对于人类解放，目标承诺学目的理性的现实反思与检讨，后现代社会是这样一个社会：它不否认现代性所造成的既成的工业社会、现代文明和现代文化，接纳和容留它们，但是它也不愿否认和拒绝理性的他者，容留非确定性和反确定性的存在，这正是后现代社会所构建的共同体的独到之处。所以，鲍曼把后现代社会所表征的后现代精神定义为宽容。宽容性是后现代社会的基本特征。

其次，后现代社会是一个私化的或个体化的共同体社会。现代社会是以理性（主要是立法理性）方式建设的社会，现代社会先是使全体民众的野性和未开化的状态去合法化，并代之以理性构建的机制，从而建立起理性权威。因此，现代社会是作为一种追求秩序和科学齐一性，区别并削除理性的他者的势力而诞生的。这股势力自认为能解决一切问题，并为人们提供明确而幸福的解放未来。这是几百年来现代性为人们构思的美好梦想和幻象。但不幸的是在现代性二律背反规律的现实作用下，无可争辩的理性权威在凌驾于每一个体之上、建立人为秩序的同时却创造了更多的混乱；以文明进步为初衷的启蒙制造着新的野蛮和隔离，从而产生现代性焦虑。更重要不是现代性的普世价值、普遍性的严密控制并没有增强人们对现代化的信心与希望，现代性的一切并不是其所承诺的秩序而是混乱，并没有带来统一而是差异，矛盾性成为现代性的必然性，矛盾性成为现代性的产儿。现代性的确定性变成矛盾性的非确定性的确定性，现代性的对希望的坚定变成矛盾性的对未来的怀疑，从而现代性的社会统一性（"宏大叙事"）转向后现代社会的矛盾性的个体化，现代性社会的主体性转向矛盾性社会的私化或个体性。换言之，只有在后现代社会的私化和个体化的矛盾性情境中，协同性才是必要的。这样一来，齐格蒙特·鲍曼在主体意义上确定了协同性在后工业社会的合法性。

再其次，鲍曼确信，宽容是后现代社会的核心意向，而协同性就是现代社会的最高和最后的宽容。无论是宽容还是协同性，关键是对差异的基本态度：差异有真、善、美的完美品格，"说到底，正是现代意向使得差异成为一种罪过，确切地说，是那种最致命、最不可宽恕的罪过。前现代性非常平静地看待差异；就好像，这是事物前定的秩序，它们事实上是也应该有差异的。由于不具有情感性，差异曾稳稳地落在人们认识的焦点之外。几个世纪以来，人类的多样性一直处在藏匿之中（这是流放的威胁强加的一种隐蔽状态），而且它还学会对自身罪恶的污名感到丢脸。而现在，后现代的目光（即，那种摆脱了现代恐惧和压抑的现代目光）却带着热情和喜悦来看待差异：差异是美的，善并不因为差异而不存在"。① 所以要容忍差异和善待差异。后工业社会的矛盾性是人类社会的多样性的显现。人类社会的多样性也就是人类社会的差异。它们事实上一直存在于人们的生活世界之中。在现代化的工业社会之前，这种存在以前矛盾性的或自然的存在方式存在着，现代性追求秩序和确定性使得多样性和差异去合法性，变成藏匿和隐蔽状态，造成实际上的不在场。鲍曼和吉登斯等人通过对现代性的反思和批判这样一种去蔽行为，将主导社会生活的现代意向变成一种"后现代的目光"：不仅容忍多样性存在和差异的在场，而且改变恐惧和压抑的现代性态度，满心喜欢地迎接多样性和差异，得出"差异是美的，善并不因为着差异而不存在"的结论。鲍曼呈现了多样性和差异在前工业社会、工业社会和后工业社会三种不同遭遇。在历时的意义上为差异和矛盾性的在场、宽容和协同性的上手状态作出了明确的阐述：第一，在工业社会，现代性与矛盾性、社会秩序与社会差

---

① ［英］齐格蒙特·鲍曼：《现代性与矛盾性》，邵迎生译，商务印书馆 2003 年版，第 385 页。

异、社会统一性与社会多样性，是对立和不相容的；而且这种对立是以现代性对于秩序和统一性的绝对化为基础的；而在后工业社会、现代性与矛盾性、秩序与差异、统一性与多样性是相包容的，它们都具有存在上的合法性。第二，矛盾性包容和肯定他者，甚至他者的世界，但矛盾性不排除现代性对于理性的崇拜，只是要把这样崇拜放在后工业化的情境中，只是要确定矛盾性的客观性，从而在根本上排除理性霸权的产生。第三，在确定了矛盾性的合法性和客观性之后，以宽容为核心的协同性也呈现在人们认识的视阈之内，并具有了本质的和根本的意义：即后工业社会是协同性的社会。

进而，鲍曼具体阐述了协同性的主要内容：第一，宽容是道德的完善度问题，而协同性是人类应有的存在状态和存在方式。作为纯粹道德的宽容是有限的、具体的，无论是在工业社会，还是后工业社会，这种纯粹道德上的宽容都无法与人们的生存状态联系在一起。而协同性则不同。协同性所讲的宽容具有本位或生存的意义。第二，协同性的宽容是对现代性信仰的反思，现代信仰的至善设计是要给现代人提供机遇：社会不必如其所是，它完全可以更好，人人都认为能过上更好的生活。这种现代性信仰使得对贫困的恐惧成为现代社会的通病，也使得现代社会发生像第二次世界大战中的犹太人大屠杀成为可能。现代社会的管理者与被管理者会造成缄默的合约。因此，在现代性社会并不会出现生存意义上的协同性问题，现代社会对更好生活的梦想只会导致社会统一性，这种同一的努力是要求社会秩序和对他者的绝对排除。正如鲍曼的二律背反所提示的那样，现代社会的种种不光彩不荣誉记录使得对现代社会的反思批判成为必要的，鲍曼也正是在此意义上肯定了阿多诺等人的积极贡献：对现代工业社会的反思批判成为"西方马克思主义"的一般历史责任。也正是在反思批判工业社会情形下，处于后工业状况下的矛盾性与协同性才是可能的。第三，协同性作为"生活方式"是一种"逍遥自在的存在"①，是世界多样性中的合法部分。现代社会排除他世界，也排斥他者。而在后现代社会，在不拒斥现代社会的已获成就情况下，协同性倡导容忍差异、善待他者。当然，协同性也完全排除了他世界存在的合法性。因此，在后现代状况下的协同性实质上是"一种未成文的'社会契约'"："管理者和被管理者就通往全体幸福（global happiness）的道路上""达成缄默的合约"。第四，协同性是"对受苦者的困境给予真切的关心"，这种关心也可能只是在对差异的恐惧和对他者的不耐烦的过程中出现，因而这种关心是机遇，在机遇中表现的是"宽厚（Kindness）"：不再羞辱差异，不再对他者施行残暴。"宽厚可以成为残忍的对立面"。第五，后现代状况下的协同性依赖于后现代社会的"私化"过程："后现代社会证明是一台几近完美的翻译机——一台将所有现有的或将来有的社会问题当作私己的关注加以阐释的翻译机"，而且"最具创新性的私化，是那种对人类问题，对解决人类问题的责任感的私化。"② 后现代社会是一个共同体的社会，这有别于现代性的科学社会，共同体过程也是私化过程。

把后工业社会看成是一个矛盾性社会，倡导真正的宽容和宽厚引导人们将其构建成一个不同于现代性社会的协同性社会，这是鲍曼在《现代性与矛盾性》一书中为我们呈现的社会理想。

三、对矛盾性和协同性的进一步分析

（一）

鲍曼阐明，后工业社会是一个矛盾性社会，这个矛盾性的社会是一个有差异而没有对立，有区别而没有分裂的社会共同体。

首先，矛盾性来自于现代性对于秩序的追求。鲍曼对于矛盾性的阐述也就是对于现代性秩序追求的反思和批判。现代性秩序追求

---

① ［英］齐格蒙特·鲍曼：《现代性与矛盾性》，邵迎生译，商务印书馆 2003 年版，第 391 页。

② 同上，第 388～394 页。

表现的是一种哲学家的立法理性或纯粹理性。这种立法理性的理论建树建立在人们过于物性的实践活动。这种实践活动以目的理性为动力，以理性设计的形式把目的理性或工具理性的优劣性完全显现出来。因而现代国家所代表的现代社会"由至高无上且毋庸置疑的理性权威所规定的设计，为评价当今现实提供了标准"①。不合乎标准的被公然宣告为异类、作为现代性所不容的差异的这些个体异类也就失去在现代社会和现代国家存在的合法性，成为现代化梦园中的杂草。因此，鲍曼对于矛盾性的提示实际上是为矛盾性争取合法性的"正名"。这种哲学家或理论家的"正名"活动在鲍曼看来是必要的。康德作为现代性哲学家，他认为现代哲学的任务是理性的"自我认识"，并且要"委任一个法庭，这个法庭能够受理理性的合法性保障的请求"，这个法庭"正是纯粹理性的批判"："对于一切无根据的非分要求，不是通过强制命令，而是能按照理性的永恒不变的法则来处理"②。康德所谓立法理性属于现代性理性，现代性理性在确立了自己的霸权权威的同时，也开始走向自己的反面。人类的现代化进程在经过二三百年的演化之后，人们终于开始理论性地和系统性地反思批判这个理性曾至高无上的所作所为。为后现代状况的合法解释，为矛盾性的出场开启视阈。

其次，鲍曼的矛盾性理论与马克思的批判理论具有相通之处。在追溯立法理性的源泉时不能不关注目的理性驱使下的感性实践活动。"目的理性"是人们在研究现代性的"宏大叙事"所碰到的重要问题。马克思在批判私有制的异化劳动时在现代性框架下预见到未来理想中存在着一条有别于资本主义的共产主义解放道路。立法理性在指向未来的维度上也是一种目的理论，但马克思的感性实践活动理论不仅在解放意义上诠释了目的理性的批判维度，而且在现实性意义上提示了立法理性"改造世界"的物质力量性。实际上，

---

① ［英］齐格蒙特·鲍曼：《现代性与矛盾性》，邵迎生译，商务印书馆2003年版，第31页。

② 康德：《纯粹理性批判》，邓晓芒译，杨祖陶校，人民出版社2004年版，第3页。

这也是马克思的现代理论有别于一切旧思想家理论家现代性理论的独特之处，使马克思的现代性理论成为现代性哲学不可逾越的范本。此前所有哲学家理论家都只想在理性和思维上改变世界，只有马克思抓住了全部的形而上学的要害，提出要用现实的物质力量来改造世界。马克思的这种现实物质力量思想也成为后现代理论中与形而上学对立的"形下"研究成为可能，从此意义上，马克思应是开启后现代理论的始作俑者和先行者。第一，资产阶级现代性理论对于秩序的追求，对于社会同化的强调都离不开资本逻辑的左右和对于剩余价值合法性的保证，而这两点正是马克思倾其毕生精力努力揭示出了其固有的矛盾性。换言之，马克思的现代性视阈是整个世界和人类全部历史，差异和矛盾性应在马克思的现代性理论视阈之内；第二，马克思对于异化劳动和异化实践的研究表明马克思的现代性理论已经具有了后现代的重要内容：无论是异化劳动还是异化实践作为资本主义工业社会一般劳动和一般实践的另类，具有差异性质，而马克思不分种族和无阶级差别的解放构想也与后现代的包含矛盾性的协同性的理想追求有相融之处。① 第三，就理论来源而言，鲍曼的矛盾性理论是继马克思以人类解放作为对于资本主义条件下现代性批判的当代形式和最新成果。马克思站在现代性的边缘深刻反思批判了资本和私有制已经由最初的启蒙因素演变为工业社会人们的神秘恐惧之源，"一切坚固的东西都烟消云散了"；第一代"西方马克思主义"代表阿多诺（Adorno）和霍克海默（Horkheimer）进一步明确启蒙的目的是主宰自然、主宰他人；鲍曼承认他的矛盾性理论"企图将历史学和社会学的血肉，容纳在'启蒙辩证法'的骨架之上"。与阿多诺和霍克海默等不同的是，鲍曼在运用现代性的二律背反解构现代性的同时，又运用矛盾性理论在现代性内部构建了一个新的更丰富的生活世界。

---

① 董晋骞：《异化实践论与异化劳动论的两次哲学翻转》，载《辽宁大学学报》2011年第1期。

再次，鲍曼的矛盾性理论具有完整的理论体系。他的矛盾性理论是关于差异和协同性的理论，它的批判对象是现代性的秩序追求和同化企图。矛盾性理论本身则是一个系统性的理论，也是一个当下表现现状与历史、自身与社会、共同体与私化等所构成的结构性逻辑体系。矛盾性是关于现代化的反思理论，用鲍曼自己的话说矛盾性是"现代性的弃物"。现代性理论追求秩序，矛盾性理论宽容差异；现代性理论要求同化，矛盾性理论重"协同"。但是，现代性与矛盾性的理论"都是现代实践的产物"①。鲍曼矛盾性理论的逻辑结构主要由四个方面构成：这就是矛盾性的现状；矛盾性的社会建构；矛盾性的自身建构以及私人领域的矛盾性既矛盾性的私化。提示的是矛盾性的四对基本矛盾与斗争：立法理性、目的理性和工具理性等理性崇拜指示下的科学合理秩序的美好梦想与已发生的种族大屠杀等非人性现状的矛盾斗争；矛盾性社会建构的现代性的确定性追求与后工业社会不确定性的矛盾斗争；矛盾性自身构建的客观性与其无根性的矛盾斗争；矛盾性私化与共同体的构建中如何掌控矛盾性的矛盾斗争。

第一对矛盾与斗争表征的是矛盾性的现状。现代性哲学家都试图用理性为社会（人类）立法，社会的法治也就是社会的理性管理，鲍曼认为这源于启蒙以来的理性崇拜；对于从现代性内部反思批判现代性，包括从资本逻辑和私有制揭示劳动异化和实践异化的思想家而言，对人类未来解放必然性的证明不是一种宗教性的狂热，也不是一己之私的清算报复，而是基于理性的分析，普遍性的说服，是一种科学性活动，鲍曼称其为目的理性活动；现代性意义上的理性在哈贝马斯等人看来是一种工具理性：只是人们征服自然、控制他者、建立统一秩序、实现同化的工具。鲍曼认为立法理性等崇拜科学与理性，要建立合理性的秩序的想法只能是梦想。不

① ［英］齐格蒙特·鲍曼：《现代性与矛盾性》，邵迎生译，商务印书馆 2003 年版，第 24～26 页。

可能现实化和客观化。自启蒙以来现实所发生的包括大屠杀在内的反理性、反科学本意的实践活动正是立法理性、目的理性、工具理性始料不及的，却是其必然结果。斗争性的现状的矛盾与斗争不是来自现代性或矛盾性的外部，而是来自于理性、科学自身内部的特性规律使然。

第二对矛盾与斗争表征着矛盾性的社会构建。理性的明了性是一种认知确然性、感性的明了性是一种行为确然性。完成了的理性理解具有确定性，而未完成的理性理解是有不确定性。朋友与放人的对立是行动的主体与客体的对立，表现的是社交的二分性基质（two－pronged matrix）。但在朋友和敌人之外，还存在着异乡人（鲍曼认为知识分子是常见和最多的异乡人），这就产生了差异。异乡人威胁到社交本身，包括朋友和敌人，会削弱社会生活本身。异乡人是不可决断者（undecidables）①，具有不确定性。矛盾性的社会构建正是要为异乡人"正名"，将已经去合法化的他们在后工业共同体中真正合法化。

第三对矛盾与斗争表征着矛盾性的自身建构。异乡人的称谓意味着异乡人的一切都不是作为正当权利被给予的，也不是白白给予的。矛盾性的状况意味着与异乡人相异的本地人的自身与世界间的原始结合被割裂了。对于知识分子也一样，"现代知识分子是永远的流浪者，是普存的异乡人。……是非领土性（non－territoriality）的象征，是无家性的本质，是根的缺场。"② 异乡人的客观性是"一种外在的、超然的和自治的"客观性。③ 异乡人的客观性与本地人的主体性是矛盾和斗争的，异乡人的无根性与本地人的根在场形成对照和差异。鲍曼在对异乡人的客观性与无根性的阐释中建构起矛盾性的自身结构：现代主体地位与现代客观性的矛盾与斗争，人们

① ［英］齐格蒙特·鲍曼：《现代性与矛盾性》，邵迎生译，商务印书馆 2003 年版，第 82～83 页。

② 同上，第 124～126 页。

③ 同上，第 117 页。

的根的在场与缺场的矛盾与斗争。

第四对矛盾与斗争表征着矛盾性私化所引发的协同性的出场。矛盾性从公众领域转移到私人领域就形成矛盾性的私化。矛盾性的私化表明矛盾性成为个人事务，而要消除变成个人事务的矛盾性"必须以个别的方式""必须通过个人手段"才能消除矛盾性。这意味着协同性的出场。矛盾性的私化表明矛盾性的个体化，即矛盾性的独特性。矛盾性的私化带来了两个不同群体的联结：个人与专家的联系与差别，因为对于每个个体而言，矛盾性私化所带来的个体负担都是无法承受和难以解决的。"软弱一点的脊柱会在压力下崩溃，需要人造的支撑"①。专家群体就呼之而出了。在现代哲学意义上，"专家"同时既能质询诚信依赖的基础和超个人的知识，也能理解个人心灵最深处的思想和渴望。作为一位阐释者和中间人，专家连接了原本很遥远的两个世界：客观世界和主观世界。需要有两种保证，一种是对人们正确行事的保证（这只能是社会的保证），另一种是对人们作出自己需要的选择的保证（这只能是个人的保证），而专家弥合了两个世界之间的割裂。矛盾性私化使得专家技能获得合法性存在。普遍的观念只能以个人特性的形式才能识别。矛盾性私化使人们的存在出现悖论：一方面个人与外部社会世界有着确定的差别，另一方面，这种个人之间的差异需要社会世界的承认和把控。这种实践理性的趋向是强化社会联系，深化社会依赖。

最后，为了进一步说明鲍曼的矛盾性思想，我们可以将鲍曼的矛盾性与被称为矛盾大师的里格尔的矛盾学说作一比较分析。

鲍曼的矛盾性思想是关于现代性工业社会存在发展变化的思想，属于社会哲学；这一点在黑格尔那里属于历史哲学范畴："历史理性"，理性在人们全部历史中的展开与完成，因而黑格尔会把人类社会存在发展看成是一个理性或合理性的过程；另一方面，作

---

① ［英］齐格蒙特·鲍曼：《现代性与矛盾性》，邵迎生译，商务印书馆 2003 年版，第 299 页。

为理性主义的现代性哲学家，黑格尔崇尚理性，鲍曼并不拒斥理性，并且在后现代立场上为理性保留了相当的生存和发展空间，矛盾性理论是理性在后工业社会的新拓展。就此而言，鲍曼在阐述矛盾性所运用的理性与黑格尔的现代性理性有相通之处。例如，黑格尔说过："否定的东西也同样是肯定的；或说，自相矛盾的东西并不消解为零，消解为抽象的无，而是基本上仅仅消解为它的特殊内容的否定；或说，这样一个否定并非全盘否定，而是自行消解的被规定的事情的否定，因而是规定了的否定；……它就有了一个内容。它是一个新的概念，但比先行的概念更高、更丰富"。① 鲍曼的矛盾性是一个后现代理论的新概念，有自己明确的内容和规定，矛盾性对于现代性的消解是对现代性被规定的那些内容的否定，并非全盘否定，在更高更丰富的意义上，矛盾性包含着对于现代性的肯定的内容。

(二)

鲍曼对矛盾性的觉知——对矛盾性自身的意识，对矛盾性社会的意识——并不是要宣布现代性社会已经完全失败了。他只是要在现代确定的、必然性的社会边缘，确认一个偶然性的，由非确定性组成的后现代性社会是可能存在的。这个后现代社会就是由现代性科学和理性从自身发育成长而来。换言之，现代性一直在"自欺欺人"：现代性在向人们展示现代性的理性必然性的同时，也展示着如大屠杀所暴虐的非理性的必然性；现代性在向人们展示科学的确定性（科学崇拜）的同时，也表现出科学的非确定性（科学有限性）；现代性在自人们展示未来社会发展的无限美好性的同时，也表现出人类生存的暂时性（世界末日）。

理论上如此，实践上也是如此。以往，生活在现代性家园中的人们，启蒙精神和科学教育使得他们坚信只要消灭差异、追求同化和秩序，他们就会得到愉快，感到幸福。但是，现实生活一次次令

---

① 黑格尔：《逻辑学》上卷，杨一之译，商务印书馆1966年版，第36页。

人失望，使人失信，人们从自身的不安和焦虑中觉知生活的偶然性，适应不抱任何希望。在后现代社会，人们只能摒弃对普遍性、确定性和清晰性的希望。换言之，后工业社会是把现实的偶然性变成人们可能达到的解放的好运状态，即在承认偶然性的存在合法性的同时，在实践上把偶然性的希望变成好运。而希望不再是主体的一种品质，好运也不再是未来的可能性，它们只代表着主体与对象间的关系。偶然性、非确定性成为对他者、对相异者、对不合标准者的一个机会。鲍曼在此提出"仁慈心"：听天命的满不在乎和漠不关心。既认为他者、相异者、不合标准者不会自行消失、也不会变得和我们一样，也没有办法迫使他们离开或改变。"因为我们注定要拥有共同的空间和时间，所以让我们努力使我们的共存可容忍些，少些危险性"。他者具有他性，尊重他者他性。既然矛盾性的后现代社会的"共存"常态化了，同命共运就是可能的。"同命就需要相互宽容，共运要求协同"。

协同性具有现代矛盾性意义上的确定性。这种确定性以偶然的存在（Contingent existence）为条件。所谓偶然的存在表示并非理性必然性的存在，是一种现代性所缺失并且难以容忍的确定性。①后现代的偶然性生活是一种生活没有保障的、实用主义和怀疑主义的、需要适应才能确定的生活。而这离不开协同性。现代性将自身的非确定性当作"废物"加以排除（暴力的和非暴力的），矛盾性则给予这种非确定性以合法性、非确定性成为后现代社会需要解决的问题。这是现代性的矛盾性宿命。

协同性时代是偶然性时代。这个偶然性是自为（für sich）和自觉的（self－conscious）偶然性。按照鲍曼的阐释，自为是偶然性自知所以为而为，是一种共存的偶然性；自觉是自知应为而努力为，是对偶然性缺陷的觉知和未来的有效追求。因此，鲍曼的偶然

---

① ［英］齐格蒙特·鲍曼：《现代性与矛盾性》，邵迎生译，商务印书馆 2003 年版，第 353～357 页。

性和协同性具有一种后现代视域中确定性的时空维度。正是从协同性和偶然性的确定性后现代维度出发，鲍曼提出"回到共同体"。

　　鲍曼认为，协同性时代是一个共同体时代。"共同体——无论是族性的、宗教的、政治的抑或其他类型的——被认为是差异与交结（company）的怪秘混合，是并非以孤独换来的独特性，是有根的偶然性，是具有确定性的自由。"[①] 共同体是包含差异、肯定差别并且有内在统一性的组合体，以特性上可分为民族的、宗教的、政治的等类型共同体。共同体的关键是如何在后现代状况下具有"有根的偶然性"和"确定性的自由"，从而成为后现代人类的真正居所，成为躲避现代性世界的庇护所。围绕着共同体的讨论，人们涉及到了传统共同体与共同体、部落与新部落、康德的审美共同体等主要问题。后现代共同体中的协同性也是一种关乎整体至善（global perfection）的设计：对差异的同情和对他性的宽厚；对受苦者困境给予真正的关注。是在与他者交手时谢绝满不在意的无情态度。这个他者一般是不幸福的、被压迫和被欺负的社会的另一半。现代性精神只是要千方百计的证明穷者的贫困是他们自身的问题。媒体等大众文化也以各种方式向其受众展现受罚者的自甘堕落和穷人的不仁不义行为，这实际上是一种对人类的新的野蛮的仇视。现代性精神用漂亮坚固的围墙和无处不在的电子探头所组成的购物者的开心游乐场更精致地表现着现代性精神中隐藏的残忍。协同性要成为后现代共同体的一种新的精神，就要从根本上摒弃这一切，回到人类初始活动的本原之中。

---

　　① ［英］齐格蒙特·鲍曼：《现代性与矛盾性》，邵迎生译，商务印书馆 2003 年版，第 372～373 页。

康德对形而上学独断论的理性批判[*]

摘要： 康德从历时和共时两方面理性批判了形而上学独断论。确立了批判哲学的历史地位，提出了独断论产生于无知，是人类童年的必然产物。康德的理性批判揭示了独断论的形而上学本质，对马克思主义科学认识论的产生作出了很大贡献。有益于今天人们树立科学认识论和科学发展观。

康德在《纯粹理性批判》等著作中对于独断论进行了系统深刻地分析批判。他从人类幼年的独断论、青年的怀疑论和成年的批判哲学的历时性，和未经批判的独断论的合法性等基本方面将对独断论的分析认识提高到了前所未有的历史水平。因此，康德对于形而上学的独断论的理性批判就变成人类哲学发展史上对于独断论的崭新认识。学习理解康德对于独断论的分析批判一方面可以加深对于独断论的全面认识，另一方面可以更好地帮助人们正确认识形而上学，正确掌握辩证唯物主义认识论和实践辩证法。并避免认识上的片面性，更好地从哲学层面上认识掌握马克思主义哲学，全面正确地理解"科学发展观"。

一

从构建批判哲学的立场出发，康德在《纯粹理性批判》等著作中所着力批判"形而上学的独断论"进行了重点反思。

---

* 本文发表在《辽宁大学学报》2008 年第 4 期

"⋯⋯因此就不得不悬置知识，以便给信仰腾出位置，而形而上学的独断论、也就是没有纯粹理性批判就会在形而上学中生长的那种成见，是一切阻碍道德的无信仰的真正根源，这种无信仰任何时候都是非常独断的。"① 在这里康德对于独断论的批判集中于三个方面：形式上的形而上学、过程上的未经纯粹理性批判和内容上的无信仰。这种"无信仰的独断论"属于"形而上学的独断论"，康德把这种独断论又称为"非常"独断论或"成见"。

康德对于形而上学有着自己独特的观点。他在《纯粹理性批判》等奠基性著作中立志要"通过我们按照几何学家和自然科学家的范例着手一场形而上学的完全革命来改变形而上学迄今的处理方式"。② 由此康德所谓"形而上学的独断论"就是未被批判检验的形而上学的独断论。形而上学在康德那里首先是受检验受批判的对象，然后才是根本上保护、从根本上确定其存在的合法性的对象。康德一方面推崇、保护真正科学的形而上学，他认为他所从事的工作的目标就是为真正的形而上学奠基和寻求根据。另一方面他又大力讨伐错误的形而上学。因为在康德看来，要为真正的形而上学奠基、找一个支点，最重要的工作不是在形而上学之外、在物理学、教学或逻辑学中去寻找，而是要对以往的所有形而上学进行清理，要清除以往错误的形而上学。康德认为，正是以往错误的形而上学，特别是错误形而上学所采取的错误的思维方式才造成了真正科学的形而上学被遮蔽，才使得真正科学的形而上学建立不起来。进而康德认为人们在形而上学问题上的最大错误是在错误形而上学的引导下一直运用死路一条的错误思维方式。所以，康德首先要对形而上学进行"去伪""解蔽"工作。

康德要清算以往错误的形而上学，当然就要清算以往的独断论。在康德看来，以往错误的形而上学与独断论之间有必然联系：

① 康德：《纯粹理性批判》，邓晓芒译，杨祖陶校，人民出版社 2004 年版，第22页。

② 同上，第18页。

错误的形而上学为独断论提供了理论基础和思维方式，使得独断论日益猖獗，更加狂妄；同样，极端非常的独断论也助长了错误形而上学的恶劣效果。因此，康德在《纯粹理性批判》等基础性著作中才把思维方式上的革命称为"哥白尼式的革命"。

同时，康德从自己的批判哲学的立场出发，坚持一切未经检验证明、未经反思批判的哲学都不是真正科学的哲学。对于独断论也是一样，在康德看来，独断论固然有思维方式上的根本问题，但同样存在着未经检验的问题。独断论以对认识对象和认识能力的直接确定为根本，这就犯了三个根本错误：一是在本体存在论上的主观设定和缺少论证；二是没有对主体的认识能力，主观认识方式进行检讨；三是没有对认识过程、认识规则进行认真的检讨和确证。这是粗俗和反科学的。形而上学或哲学要成为真正的科学就不能犯这样的错误，就要完成这些工作。在康德看来，人们的认识方式、认识能力制约着人们的认识结果。独断论在表面上确认了认识对象的客观存在性，肯定了人们能够完全认识"物自体"，似乎是对人的主体性的无限弘扬，但在实际上独断论什么也没有做，独断论既不能证明客观对象的存在性，也不能证明人类理性的认识力，独断论只能引起认识论中的混乱，只能将哲学或形而上学降低到"形下"、"意见"的水平。而在实践理性中，没有信仰的非常独断论的危害更大。

二

康德对形而上学独断论的批判不仅在形式上和过程上，他还深入到独断论的内容结构，指出独断论内容上缺少信仰，这是独断论产生的直接原因。这个认识是非常深刻的。

首先，康德不是只从纯粹理性、是从思维方式上批判独断论，他把独断论放入人类的全部理性（包括实践理性）视界去分析，明确指出独断论的要害是没有信仰。本来，按照康德批判哲学的规划，信仰属于人类实践理性范畴，信仰本身不属于人类知性，超越了知性的边界。人类信仰的内容是要回答"人应当是什么"的问题。信仰不朽与上帝存在、自由一起成为康德实践理性的理论基础。同知性要回答的问题不同，信仰不是要回答和解决人与自然的关系，而是要回答和解决人与自由、人的自由的问题。这样一来，就可以看出康德对于独断论的批判超出了纯粹理性、知性的限制，超出了对于独断论的形式上（过程上的）批判而进入实践理性领域和内容方面。这是康德批判独断论比前人更深入更彻底的一个重要方面。是值得特别注意的。

其次，康德认为，人的实践理性中不能没有信仰。"一切实存者都是被通盘规定了的……这个通盘的规定因而就是一个我们永远也不能按其总体性来具体描述的概念，所以它是建立在一个只在理性中占有其位置的理念之上的，理性给知性颁定了它的完备运用的规则"①。信仰正是为了这种通盘规定的总体性所必然的一个理念（概念）。这个理念高于知性，给知性制定规则。在这里，康德实际上贯彻了他的实践理性要高于纯粹理性的基本思想。"人类理性的自然进程就具有这样的性质。首先，它相信某一个必然的存在者是存在的。它从这个存在者中看出某种无条件的实存。于是它就去寻求那不依赖于一切条件者的概念"②。康德要寻找的是"先验的概念"，是区别于经验概念的概念。而这种先验的概念如果在经验的和逻辑的双重确证下，既在人类知性中得到现实性和确定性就成为理念。信仰是实践理性中不可缺少的重要环节。

康德对于无信仰的独断论的批判超过了前人。在康德以前，尽管有许多哲学家批判独断论，但并没有抓住问题的要害。其主要原因有两个：一是从本体或实体出发批判独断论，结果是产生了新的更独断的独断论；二是只从认识论或知识论立场批判独断论，结果并不能清除独断论，并可能产生新型独断论。康德认识到要在本体

---

① 康德：《纯粹理性批判》，邓晓芒译，杨祖陶校，人民出版社 2004 年版，第 459 页。

② 同上，第 468 页。

论或认识论的范围内是不可能彻底批判独断论的。所以他另辟新途，从自己的批判哲学出发，从实践立场出发，从人的实践活动的至上性来批判独断论。

最后，从表面上看，独断论具有现实性的倾向，因而一些西方哲学家，特别是被称为"实践哲学"的哲学家容易犯独断论的错误。但是，康德不这么看，他认为，独断论尽管在认识论上破绽百出，经不住反思、批判，但独断论最重要的恰恰是对于纯粹理性现实性和必然可能性的轻视和否定。独断论轻易断定客观对象的存在和主体认识能力的效力的同时，也在根本上否定了人的实践品格。因为独断论在肯定客观性、确证对象有效性、论证普遍性存在的同时，也就极端地绝对地肯定了客观必然性，对于客观必然性的无保留的绝对肯定、推崇也就从根本上否认了客观的现实可能性，主体认识的发展性和未来性。这也就从根本上否定了康德的"批判哲学"的存在合法性。这是康德批判独断论的理论动力。

三

在历时性意义上，康德也从独断论、怀疑论、批判哲学的发展史上系统地分析了这种"无信仰的形而上学独断论"。

康德说："假如我们不得不在纯粹理性的事业中停留在独断的处理方式上……从长远看没有什么比它更无用和更徒劳无益的方法。但如果接下来或是好奇心、或是时代的风尚使这一类的文字撞到了他们的手下：这样一来，那些年轻时代的置信还经得起检验吗？这位仅仅带上独断的武器来抵抗其对手进攻的青年……他相信不能有更好的办法表现他已经长大得不需要儿童式的管教，所以他就只有将那些好意的警告置之度外，并按照独断论的习惯而大口喝下独断地败坏着他的原理的那种毒药。"康德用独断论、怀疑论、批判哲学分别对应人类认识论发展史上的童年、青年、成年。并且将人类的根本哲学方法归纳为三种："独断论地""怀疑论地""批判的"。① "纯粹理性的事业的第一步标志着它的儿童时期，它是独断论的。上述第二步则是怀疑论的，它表明通过经验而学乖了的判断力的谨慎。但现在还必须有一个第三步，它只应归之于成熟的男子汉的判断力……是理性的批判。"② 人类早期的独断论具有三个方面的"无知"：对事物的无知、对知识的使命和界限的无知。而这正是康德所要加以理性批判的。

康德认识到，客观存在物要被认识，首先必须呈现为人的思维领域中的意识事实，必须以"我的思""我的意识"作为先在的逻辑根据，必须要有一个奠定知识基础的、与历史无关并且永恒的模型和范畴系统。在康德那里，"我"是独特的主体，其他物体都根据"我"这个主体才作为事情本身而得到规定。这样一来，康德对于独断论的批判就容易陷入新的困境：如果"我"成了"实体"，是绝对的实在和最终的根据，那么它必然也要遵循"还原论""同一性"等基本原则。因此，以康德为代表的"主体形而上学"也走上了独断论所走过的传统本体论的道路上去了。

在康德对于独断论的理性批判中，我们可以归纳出这种"无信仰的形而上学独断论"的几个特点：

1. 追求终极实在的绝对主义原则。与感性现象世界相比，"独断论"所寻求的"独断性知识"处于绝对优先的"第一的"地位，"事物之称为第一者（原始）有数义，（一）于定义为始，（二）于认识之序次为始，（三）于时间即为始。——本体于此三者皆为始"③，追求这种于"定义"、于"认识次序"等均处于"第一"的"绝对实在"，是这种独断论思维方式的重大特征。

2. 追求"先定本性"的还原论和本质主义原则。以"独断性知

---

① 参见康德《纯粹理性批判·先验方法论·第四章：纯粹理性的历史》

② 康德：《纯粹理性批判》，邓晓芒译，杨祖陶校，人民出版社 2004 年版，第 584 页。

③ 亚里士多德：《形而上学》，商务印书馆 1991 年版，第 126 页。

识"为中心的逻辑规定性被视为事物的"本质",具体存在均可从这种"本质"推演出来,因此在解释事物时,这种"独断性知识"习惯于从一种先定的"知识"出发来演绎现存世界的现在和将来,现存世界只有被"还原"到"第一原理"和最终实体,才能获得"合乎逻辑"的解释。

3. 非时间、非语境的"同一性"原则。非时间、非语境的"独断性知识"超越了事物的差异性和多样性,并对后者具有绝对的主导性和支配权,这种"独断性知识"永恒"在场",具有以一驭万的解释力量。对此特点,哈贝马斯概括道:独断论思想认为"一和多作为同一性和差异性的抽象关系,是一组基本关系,形而上学思想既把它当作一种逻辑关系,也把它视为存在关系。一既是原理和本质,也是原则和本源。从论证和发生意义上讲,多源于一;由于这个本源,多表现为一种整体有序的多样性"。①

总之,无论是对于康德所着力批判的"无信仰的形而上学独断论",还是一般意义上的独断论,都属于传统哲学的范畴,根本上都受着本体论思维方式的制约。只有当马克思主义哲学产生之后,将实践辩证法应用于唯物主义并贯彻到底,才从根本上消除了形而上学独断论存在的合理性。

长期以来,国内在思想战线上存在着形而上学倾向,直观机械的唯物主义仍有市场,新式独断论理论并没有绝迹,这些现象表明要真正发展哲学社会科学的任务仍很艰巨。因此,我们今天重温二百多年前康德对于独断论的批判可以帮助我们更好地树立正确的思维方式和科学的发展观,坚持真理、坚持学术批评、坚持科学发展。

---

① 哈贝马斯:《后形而上学》,译林出版社 2001 年版,第 29 页。

Kant's Criticism on the Metaphysical Dogmatism

DONG Jin-qian

(Faculty of Philosophy and Public Administration,
Liaoning University, Shenyang 110036, China)

Abstract: Kant criticized the metaphysical dogmatism both in synchronic and diachronic way. He thus established the historical status of critical philosophy, putting forward the point that dogmatism evolved out of ignorance, which was the necessary product of human's childhood. Kant's rational critigue revealed the metaphysical nature of dogmatism, which made a great contribution to the establishment of Marxism's scientific epistemology, and availed to the establishment of human's scientific epistemology and theory of development today.

Key words: Kant; dogmatism; critical philosophy

现象学逻辑的历史的辩证发展*

——从黑格尔经费尔巴哈到胡塞尔

摘要： 现象学的产生既有客观的现实根源，又符合哲学史的一般进程。这一过程的根本特征来自于现象学的自我否定性（辩证性），表现为多重性的十分剧烈的"哥白尼式革命"。从 18 世纪到 19 世纪是现象学哲学由古典现象学（或"精神现象学"）经感性哲学（"新哲学"）到纯粹现象学（"先验现象学"）的发展过程，是现象学自身的历史生成、发展和完成的完整过程。黑格尔的精神现象学作为古典形而上学理性精神的完成状和现代哲学诞生的否定性平台，倚仗着具有巨大内在生命力的辩证法使得概念现象学得以最终完成；费尔巴哈在黑格尔概念现象学的寄生体内进行了现象学发展史上的第一次"哥白尼革命"，将古典现象学带入感性、直观和直觉的广阔天地，以否定绝对理性的思维方式进一步推动了现象学的发展；胡塞尔的纯粹现象学则"双重"扬弃了黑格尔、费尔巴哈的哲学，创建起"真正科学"的先验现象学。这多重性的"哥白尼革命"最有力地说明了各个时期的哲学之间的客观联系，凸显出现象学产生的辩证性和历史合法性。

黑格尔的《精神现象学》作为"黑格尔哲学的真正诞生地和秘密"① 所在，建立了精神现象学的逻辑体系，并系统阐述了在实体

---

* 本文发表在《社会科学辑刊》2004 年第 5 期
① 《马克思恩格斯全集》第 42 卷，人民出版社 1979 年版，第 159 页。

和辩证思维中表现出的自我意识和异化的现象；费尔巴哈在黑格尔之后，喊出"没有任何哲学"的革命性口号，以"感性""直观"为武器对以黑格尔为最大代表的古典哲学进行了彻底的批判，他标榜自己的哲学是"自然主义"和"人道主义"。胡塞尔创立的"纯粹现象学"则承续费尔巴哈开辟的感知直观路线并加以先验化和科学化，从而登上了 20 世纪现代哲学发展的第一个高峰。黑格尔、费尔巴哈、胡塞尔三位德国哲学家对于传统哲学的现象学（我们姑且将以黑格尔为代表的精神现象学称为古典现象学）向现代哲学的现象学（或真正意义上的现象学）的发展成熟作出了巨大的无法替代的贡献。换言之，黑格尔的精神现象学是关于现象学的古典"肯定阶段"，费尔巴哈的感性哲学是它的第一个"否定阶段"，而胡塞尔的纯粹现象学就是"否定之否定阶段"。"正（黑格尔）—反（费尔巴哈）—合（胡塞尔）"大致地描述出从 19 世纪到 20 世纪初现象学哲学历史发展的辩证轨迹，客观地表现着黑格尔哲学、费尔巴哈哲学和胡塞尔哲学之间逻辑—历史的客观性联系。

一

无论是黑格尔，还是费尔巴哈、胡塞尔，作为哲学家，他们从事哲学活动的宗旨都是要解决哲学的科学性问题。所谓哲学的科学性也就是人们的认识如何能与客观外界相符或相一致的问题，也就是哲学存在的合法性问题。对这个问题的具体阐释，一方面他们的观点可谓针锋相对，即后者在完全否定前者的前提下开始新的形上建构，并把自己构建的哲思大厦看成人类精神的终极性寓所；另一方在，他们在确定哲学是人类的一种反思式科学性思想这一共识上，则又表现出一致性。这种历史性联系决定了现象学自身否定性发展的总的特点。黑格尔开创了以思想的客观逻辑运动——实质是自我意识——的异化运动为特征的现象学，而费尔巴哈在反对黑格尔思辨哲学的过程中，建立起以"感觉"和直观为基础的经验存在的现象学；胡塞尔则在拒斥形而上学、反对黑格尔的概念（绝对理念）现象学的同时，在费尔巴哈感性现象学（或可称经验生活现象学）的基础上，在理性的"狡猾"之下进行彻底的形而上学改造，确定了以先验的本质超越为中心的"纯粹现象学"，从而为20世纪现象学哲学的大发展奠定了雄厚的基础。

尽管黑格尔哲学、费尔巴哈哲学、胡塞尔哲学相互否定，后者总是在拒斥前者的思维方式原则的前提下提出相反的理论，形成更大的综合。但从哲学发展史上看，三者恰好形成一个有着逻辑和历史关联的具有完整的发展必然性的圆圈。

具体说来，这三种哲学共同认为哲学是一种关于人类自身意识的现象学。在黑格尔那里，哲学是自我意识在客观逻辑自身运动作用下的"异化—复归"现象学，是理性精神在发展过程中展开的现象学，是一种只局限于理性、概念思维和逻辑上的现象学，是一个只在人类理性和概念"问题域"内获得科学性证明的"肯定"；而到了费尔巴哈那里，黑格尔的理性（又可称概念）现象学则反转开来，"肯定"变成"否定"：感性替代了理性，客观化的主体性抽象意识变成了人的现实生活中的自我意识，人的本质上的抽象在黑格尔那里以异化方式对象性的自我意识变成具体的感性的"新哲学"；发展到胡塞尔的"纯粹现象学"时，进入了更高的"否定之否定"的完成阶段。他一方面克服了黑格尔惟理性独尊、用客观性的绝对精神统一主客体，从概念或理性现象学超越出来；另一方面又克服了费尔巴哈独尊感性，将人的能动性庸俗化，实际上是企图以经验心理学和直观认识论代替哲学的倾向。因此，胡塞尔现象学表现出两大基本特征：一是否定抽象的实际上是与人的本质对立的绝对理性现象学，确定直观和直觉在其现象学哲学的基础性的前提地位，确定"体验"或"现象"在形而上学活动的中心地位；二是批判经验现象学（这在广泛意义上严格区分了哲学与科学的界限），反对经验描述心理学，严格维护现象学哲学的先验性和超越性。至此，胡塞尔在哲学发展史上，成为继黑格尔、费尔巴哈之后的现象学新纪元的创建者。

黑格尔精神现象学所要揭示的"不过是真正的、人的本质即自我意识的异化的现象"①。黑格尔明确指出精神现象学的最终目的是"使哲学接近科学的模样""成为真正的知识"。由于黑格尔仍然把认识绝对真理当成哲学的任务，因而他在人的各种认识能力中独尊理性，而轻视人的其他认识能力。从理念的自我发展的逻辑要求出发，他贬低感性、排斥直观和直觉，"……真理就是作为直观或直接知识这样的存在而存在着，那么按照这种观念就等于说，为了给哲学作系统的陈述，我们所要求的就不是概念的形式，而勿宁是它的反面"。黑格尔把"概念的形式"看成是真理的唯一存在方式和论证形式，他要"把混乱的意识引回到思想的整齐和概念的单纯"上去。进而"要想将人类从其沉溺于感性的、庸俗的、个别的事物中解救出来"②。显然，黑格尔在理性或概念领域里运用辩证法对于真理的客观性的论证是空前成功的，但同时他只是将现象学局限于人类理性或概念及其语言之显示中。按照黑格尔对精神现象学的理解，现象学只与理性、概念和语言有关。它是非感性、非直观、非体验的。所以，当人类理性发展到绝对理性或绝对理念阶段也就是达到了它们的最后阶段，这不仅同其所发明的辩证法相矛盾，而且在实际上宣告现象学的完成或终结。因此，黑格尔在《精神现象学》中创建了理性哲学——概念现象学之后，他就不可能再前进了，推动发展哲学现象学的任务历史地落在了既是黑格尔哲学的真正继承者也是黑格尔哲学的彻底批判者的费尔巴哈的身上。

对于费尔巴哈而言，要发展哲学，建立新哲学，首要的是要彻底批判以黑格尔为代表的古典哲学。因此，黑格尔概念现象学的逻辑的历史的终点也是费尔巴哈哲学感性现象学的逻辑的历史的起点。

首先，无论是黑格尔，还是费尔巴哈，他们都肯定哲学是一种

① 《马克思恩格斯全集》第 42 卷，人民出版社 1979 年版，第 165 页。
② 《西方哲学原著选读》下卷，商务印书馆 1982 年版，第 361～363 页。

具有理论形式的反思活动，是高级的精神活动，是关于人的意识对象——现象领域的认识。所不同的是，黑格尔把人的哲学活动局限于人的理性、概念、语言范围内，而费尔巴哈把人的哲学意识活动建立在人的感性、直观、体验的基础上，黑格尔的现象学是理性的概念的现象学，是对现象这一人类特有的对象的实体性的绝对抽象；而费尔巴哈则在人的具体感性存在的前提下还原了人类意识现象的本来面目。费尔巴哈认为，"新哲学"要成为科学，首先就要肯定"感性必须是一切科学的基础。科学只有从感性意识和感性需要这两种形式的感性出发，因而，只有从自然界出发，才是现实的科学。全部历史是为了使'人'成为感性意识的对象和使'人作为人'的需要成为〔自然的、感性的〕需要而作准备的发展史"①。如果说，黑格尔哲学中的现象是对意识现象的绝对化和实体化的话，那么，费尔巴哈新哲学中的现象就是不脱离人的、恰恰是人的具体感性的现象还原。进一步而言，在黑格尔现象学中，现象是经过绝对理性的抽象——实质是同一性本质的异化过程——之后，成为绝对精神在经过否定之否定的僵化了的产物。黑格尔在《精神现象学》的最后为人们描述的正是这样一种无运动、无未来的绝对理性现象的沉寂。

其次，费尔巴哈的感性哲学作为从19世纪黑格尔理性现象学到20世纪初胡塞尔纯粹现象学之间的中介环节，在现象学发展史上起着不可替代的桥梁作用。其表现主要在两个方面：一方面费尔巴哈彻底批判了黑格尔的概念现象学，确立了感觉和感性、直观与直觉的绝对权威；另一方面，费尔巴哈重新界定了精神、感知、意识的真正客观对象内容，从而为真正现象学和现代哲学的未来开辟了广阔的道路，搭建起一个宽阔的发展平台。

再其次，费尔巴哈的感性哲学对于有别于理性的感性、有别于抽象的直观的绝对性的肯定、推崇，就具有了为胡塞尔创建现象学

---

① 《马克思恩格斯全集》第42卷，人民出版社1979年版，第128页。

搭建平台的价值意义。这一意义不仅是对黑格尔抽象理性现象学的"否定"的展开，也是对自康德以后德国古典哲学的超越："……因此，感觉的对象、经验的对象，对于理性说来只是现象，而不是真理……要知道，想象的本质对理性说来并不是现实的客体！康德哲学是主体和客体、本质和实存、思维和存在之间的矛盾。在这里，本质归于理性，实存归于感觉。它们缺少实存……缺少客观性；它们是自在之物，是真正的物，但是它们不是现实的物……使真理和现实分开，使现实和真理分开，这是多么矛盾呵！"① 费尔巴哈一针见血地指出了黑格尔理性现象学的虚假性。黑格尔的《精神现象学》是对人的意识活动——真正意义上的人的精神现象学的否认，是一种根本上否定现象和现象学的合法性的逻各斯中心主义理论。它在否定的意义上表明，费尔巴哈的感性哲学是德国古典哲学的历史性超越，"新哲学是黑格尔哲学的实现，一般说来，也是以前的哲学的实现"②。费尔巴哈以人的现实、感性存在为本质的感性哲学，把感觉、直观作为新哲学的基础，用感性、经验的现象学替代黑格尔的抽象理性、概念现象学，为以后哲学的发展，特别是20世纪现象学的诞生和发展提供了坚实的思想理论基础。

二

胡塞尔现象学所要解决的最大问题同黑格尔和费尔巴哈的哲学一样，也就是哲学的客观性或者说认识的可能性问题。用胡塞尔自己的话说，就是人的认识活动与认识对象之间的切合性或切中性问题。为此，胡塞尔肯定了哲学的反思性，并从笛卡儿那里借用被给予性来说明认识的困难。然而，胡塞尔真正看重的是认识的绝对被给予性，因而与笛卡儿的我思不同，胡塞尔的绝对被给予性是肯定直观本身。为此，他完成了现象学的主要工作，即确定内在与超越

---

① 列宁：《唯物主义和经验批判主义》，人民出版社1970年版，第195页。
② 《西方哲学原著选读》下卷，商务印书馆1982年版，第492页。

这一对范畴，进而区分绝对内在和相对内在、一次超越和二次超越，特别是胡塞尔的二次超越理论，使现象学真正成为科学，并且在还原道路上提出本质还原和本质直观等根本范畴。从1900年发表《逻辑研究》直到去世，胡塞尔建立了一座宏大的现象学理论大厦，从先验现象学到构造理论、从交互主体性到生活世界的提出，标志着人类在20世纪上半叶哲学和精神领域的重大发展和成就。

与黑格尔的精神现象学和费尔巴哈的感性哲学相比，胡塞尔现象学表现出巨大的历史进步。胡塞尔认为人的意识活动是一种绝对被给予性，他肯定知觉和直观的重要性。他所谓的现象也就是先验性体验，是人类自我意识活动所特有的，只有人才可认识现象，而这现象就是哲学的全部认识对象，哲学就是现象学。因此，作为真正科学的现象学创始人，胡塞尔在拒斥黑格尔理性中心主义的同时必然要求助于费尔巴哈的直观、感性思想，胡塞尔对于黑格尔形而上学的批判凸现出费尔巴哈感性哲学的历史意义和思想价值。费尔巴哈反对黑格尔的概念现象学，他通过感性哲学（又自称人本主义、自然主义、新哲学）肯定感官和感性、直觉和直观在认识中的重要作用。但是，费尔巴哈在肯定感官和直觉的同时，更看重感觉和直观。因此，费尔巴哈的感性是一种经验感性，直观也是经验直观。这样一来，费尔巴哈的感性哲学就不可避免地带有经验哲学、经验描述心理学的成分，从而削弱了其哲学的科学性。换言之，费尔巴哈以对认识本原和本质的经验和心理的描述和阐明而牺牲掉认识超越活动中的抽象性和本质性、认识的概念能动性和发展辩证性。这是胡塞尔所力求避免和反对的，为此，胡塞尔一再强调自己的现象学是超验现象学，因为中仍经过形上之思的或本质直观的现象学才是科学的现象学，也才是哲学意义上的现象学。

从另一方面说，胡塞尔反对笛卡儿把我思限制在个别意识领域，因而胡塞尔的现象学从黑格尔精神现象学吸取了现象学的合理成分，从而形成他自己的本质还原和二次超越的根本思想。同时，胡塞尔是在费尔巴哈感性哲学产生之后从事自己的现象学研究的，特别是费尔巴哈强调感性和直观的思想，在胡塞尔哲学中得到充分体现。在胡塞尔的现象学中，无论是现象学还原还是本质还原，无论是意向对象（意向相项）还是意识活动，包括尔后提出的交互主体性、生活世界的理论，胡塞尔都一直强调直观的不可或缺。离开了直观，也就没有胡塞尔现象学。而正是费尔巴哈的感性哲学，才为真正哲学意义上的直观提供了现实的理论基础。正是费尔巴哈，才使得胡塞尔对"内容的渴望"得到了些许的满足。胡塞尔对客观性"内容"的不懈追求，使现象学成为20世纪最具发展潜质的哲学理论。他对黑格尔和费尔巴哈的批判是哲学史上具有划时代意义的超越，极大地动摇了雄霸西方2000多年的理性中心主义、逻各斯的核心地位，开创现象学哲学的新天地。在胡塞尔的现象学中，理性与感性、主观与客观、唯物主义与唯心主义、思维与存在的外在性对立不存在了，哲学虽然失去了人为虚妄的救世主地位，却获得了在生活世界中大展身手的机遇。

综上所述，胡塞尔的现象学产生的必然性和合法性来自于人类哲学史中所客观具有的否定性辩证发展规律，来自于18～19世纪德国古典哲学的辩证发展，特别是他批判、吸收、扬弃了黑格尔的精神现象学和费尔巴哈的感性哲学，在更大更高的"综合"阶段上开创了现代哲学意义上的真正现象学。从而实现了自黑格尔精神现象学开始、中经费尔巴哈感性哲学的否定性推动、于20世纪初完成的现代现象学的逻辑的和历史的发展。

我们今天考察昔日辉煌并影响深远的现象学的辩证产生发展史，从中认识到现象学作为具有客观合法性的哲学新样式所表现出的哲学发展的一般辩证规律，认定现象学的科学性是作为时代精神的精华的哲学的否定之否定的产物。现象学作为一种完整历史哲学的完成态，它的产生无疑具有巨大而深远的意义，但现象学作为先进的哲学形态只能部分代表某一特定历史时期哲学发展的最高成就。

费尔巴哈哲学：现代哲学的重要开端[*]

摘要：过去人们只把费尔巴哈哲学看成从黑格尔到马克思哲学的中间环节。这是对费尔巴哈哲学的狭隘理解。费尔巴哈哲学是现代哲学的早期形式。费尔巴哈哲学对西方现代哲学的重大贡献表现在两方面：一方面从根本上克服了雄霸西方 2000 多年的逻各斯中心主义的形而上学的哲学，开创了历史赋予的"转向"的工作，用"感性哲学"替代 2000 多年逻各斯主义的二元对立的形而上学，用"思维的直观"替代主客对立的思维方式，确定人是哲学的核心和全部秘密；另一方面是用"新哲学"寻找早已失去的但曾是本己的家园。历史发展充分证明费尔巴哈的"感性直观""理性直观"等概念是一些极具张力的范畴，费尔巴哈的整个新哲学和崭新思维方式为现代西方哲学打造了"宽阔"的发展平台。

一般的传统观点认为，费尔巴哈哲学是从黑格尔到马克思哲学的中间环节。这是对费尔巴哈哲学的狭隘性理解。马克思、恩格斯在《神圣家族》中说："到底是谁揭露了'体系'的秘密呢？是费尔巴哈，是谁摧毁了概念的辩证法即仅仅为哲学家们所熟悉的诸神的战争呢？是费尔巴哈。是谁不是用'人的意义'（好像人除了是人之外还有什么其他的意义似的！）而是用'人'本身来代替包括'无限的自我意识'在内的破烂货呢？是费尔巴哈，而且仅仅是费

---

[*] 本文发表在《社会科学辑刊》2003 年第 6 期

尔巴哈。他所做的事情比这还要多。"① 这既是对费尔巴哈批判康德、黑格尔等德国古典思辨哲学的肯定，也是对费尔巴哈用"感性直观""理性直观"消解西方 2000 多年柏拉图理性主义的二元对立的哲学模式的肯定。费尔巴哈作为现代西方哲学的重要开创者，主要表现在他发动了 19 世纪上半叶普及西方的所谓"认同"危机，与孔德、马克思等一起，打出"拒斥形而上学""消灭哲学""没有任何哲学"的旗号，用"感性直观""理性直观"的新哲学推动了传统哲学向现代哲学的重大转折——即所谓"现象学运动"。

一

费尔巴哈同马克思、孔德等早期现代哲学的开创者一样，其哲学的逻辑起点也是从批判黑格尔哲学开始自己的"形上之思"历程的。从建构自己的"感性哲学"出发，费尔巴哈着重批判了黑格尔的哲学实际上是"在者"的形而上学。传统的形而上学具有设定（费尔巴哈称为"表达"）、独断的重大缺陷。"在黑格尔哲学里，我们发现了、见到了逻辑的开端的根据。一切都必须得到表达（证明），或者一切都必须转变为表达，化为表达。……表达是自在自为的间接的东西；因此最初的东西在表达里面也不是一个直接的东西，而是一个设定的、依存的、经过中介的东西，因为最初的东西为一些思想范畴的规定，而这些思想范畴是自明的，先于并且独立于自行表达的、在时间中作解释的哲学的。因此表达经常要诉之于一个更高的、对于它说是先验的去处。"② "表达"也就是黑格尔哲学中的"设定"。简言之，尽管黑格尔口口声声说其体系中的一切都是被证明的，但是其前提却是一个无法证明的假定。费尔巴哈发现了黑格尔哲学中更多的假定的概念。

首先，费尔巴哈从历史纵向角度，深刻揭示了黑格尔思辨哲学与宗教神学之间的内在血缘联系。"思辨宗教哲学使宗教充当哲学

① 《马克思恩格斯全集》第 2 卷，人民出版社 1957 年版，第 118 页。
② 《费尔巴哈哲学著作选集》上卷，商务印书馆 1984 年版，第 60 页。

的牺牲品，而基督教神话学则使哲学充当宗教的牺牲品。前者使宗教成为思辨专横之玩物，而后者使理性成为幻想的宗教唯物主义之玩物。"① "黑格尔哲学是神学最后的避难所和最后的理性支柱。"②

其次，费尔巴哈的实事的科学态度使他看到黑格尔哲学体系存在着不可克服的矛盾，从而在哲学学理上彻底超越了黑格尔。费尔巴哈明确指出，黑格尔的哲学体系是一个"封闭的圆圈"，黑格尔的历史主义发展观与封闭的理论体系的不可调和的冲突表现在时间与空间、有限与无限的对立之中："黑格尔哲学是在一个时代里产生的，在这个时代里，人类正如在任何其他的时代里一样，是处在一定的思维阶段上，在这个时代里，是有一种一定的哲学存在的；黑格尔哲学与这种哲学相联系，甚至与这种哲学相结合；因此它本身就应当具有一定的、因而是有限的性质。"所谓"有限的性质"当然也就不再具有绝对性的，至此，费尔巴哈哲学的历史价值和前瞻性也凸显出来了。

再其次，费尔巴哈运用哲学的反思精神揭露批判了黑格尔哲学的开端概念中所存在的悖论。即存在的设定性及其虚妄性。第一，费尔巴哈认为黑格尔哲学的悖论在于，任何哲学作为一定时间上的现象都有一个前提。由于黑格尔哲学是在一定的时代产生的，所以它也一定有一个前提，后人也会发现这个前提；然而，假定了一个特殊的前提也就是本身是偶然的前提，而这个偶然的前提当然与那个必然的理性的前提相对立，二者是互相否定的，而必然的理性的前提是不能否定的，"否则就要陷入绝对的荒谬"。费尔巴哈认为，这个悖论对于黑格尔而言，是无法克服的。第二，费尔巴哈用现代哲学的感知论本身必然含有的批判张力对黑格尔哲学的"存在"进行批判："为什么一般地要有这样一个开端呢？难道开端的概念不再是一个批判的对象，难道它是直接真实并且普遍有效的吗？"

---

① 《费尔巴哈哲学著作选集》下卷，商务印书馆 1984 年版，第 1~2 页。
② 《费尔巴哈哲学著作选集》上卷，商务印书馆 1984 年版，第 115 页。

　　黑格尔的理性思辨哲学是西方哲学的传统的形而上学的完成。因此，费尔巴哈把对黑格尔思辨理性主义的批判看成是对西方两千多年的形而上学传统的彻底批判。"如果存在本身已经假定了理念，因而理念本身已经被假定为最初者，那么存在又怎样证明自己呢？"① 显然，费尔巴哈在这里指出了传统哲学的共同要害。他用"感性""直观"等新的具有浓厚现代哲学意蕴的概念击碎了所有先验的形而上学的假设：传统形而上学曾引以为豪的关于存在的命题实际上是一个有待现象学化、构造化的命题，是无法证明的、只能体验、需要人为设定或自为的间接的概念。费尔巴哈认为，包括黑格尔哲学在内的所有哲学，实际上都是独断论哲学。这些哲学都在主观上把追求"终极真理""最终方案"作为目标，武断地用理论形式埋葬了人类和历史的发展，从而陷入了被抛弃的境地。

　　既然黑格尔哲学是以概念建构的无法证明的假定的思辨哲学，那么哲学的开端或出发点是什么呢？对此问题，现代西方哲学的早期代表人物们给出了不同的答案。叔本华提出"生存意志"，克尔凯戈尔提出"孤独个体"，尼采提出"权力意志"，柏格森提出"本能"，费尔巴哈则提出了"实在的存在""具体的存在"即"感性存在"这一核心概念。"存在就是一切"，这是费尔巴哈于 1839 年拒斥传统形而上学、启动现代哲学扬帆远航的宣言。在这里费尔巴哈的贡献是：一方面他提出了"存在"与"存在者"这两个概念之间的差异；另一方面他指出了真正的"存在"是指人的存在。

　　费尔巴哈指出，与传统的形而上学"存在"概念真正相对的不是"无有"，而是"感性的具体存在"："存在——逻辑学所理解的一般存在——的对立面并不是无有，而是感性的具体存在。感性存在否定了逻辑上的存在；这个与那个矛盾，那个又与这个矛盾。"② 费尔巴哈实际上已经运用现代哲学范式证明"无有"不是形而上学

---

①　《费尔巴哈哲学著作选集》上卷，商务印书馆 1984 年版，第 50～51 页。

②　同上，第 63 页。

"存在"的真正对立面，全力证明"感性存在"的现实合法性。因为"谁要是思维'无'，就正是不思维。'无'是思维的否定"；"'无'正是绝对无理性的东西。理性如果能够思维'无'，那它也就不再是理性了"①。在这里，费尔巴哈明确区分了存在性的存在与表述性的存在是不同的两种存在。从而凸现出现代哲学的感知理论的巨大潜力，因而他坚定地认为，与传统的形而上学"存在"相对立的是"感性的身体存在"。由于这一根本问题的转换，使费尔巴哈不仅成为彻底"清除"传统形而上学的第一人，也成为西方现代哲学发展的始作俑者之一。

二

费尔巴哈的"感性存在"是指"人"的感性存在，因为人是哲学的秘密。费尔巴哈说："只是在我的较晚期的哲学和宗教哲学著作中，我才既坚决地反对哲学的抽象的非人性，又坚决地反对宗教的幻想的、虚无缥缈的人性。只是在这些著作中，我才完全有意识地拿实在的世界或自然界，来代替那个抽象的、只是被思想出来的、名之曰神的世界本质，用具有理性的、实在的、感性的人，来代替哲学的那个离开人的、没有感觉的理性本质。"② "感性的人"是费尔巴哈哲学中最重要的概念。以感性的具体的人为哲学的出发点，这是费尔巴哈对西方现代哲学的最大贡献。

首先，费尔巴哈的"感性的人"不是没有思维、不要理性的个人。"没有思想的感性止于个别现象；……思维的直观则把彼此好像没有任何共同之点的不同的感性事实联结成一个整体、一个相互联系，而只有当人把自己提高到能够以这种方式相互联系他感性的事物时，他才是思维的。"③ 人们特别应注意文中所说的"思维的直观"的内容。"思维的直观"在现代哲学特别是席卷20世纪的现象

① 《费尔巴哈哲学著作选集》上卷，商务印书馆1984年版，第78~79页。
② 《费尔巴哈哲学著作选集》下卷，商务印书馆1984年版，第5页。
③ 《费尔巴哈哲学著作选集》上卷，商务印书馆1984年版，第254页。

学那里，显然不同于先验的个别的还原，而是与"本质直观"等价的崭新哲学思想。而且，费尔巴哈"感性的人"是一个联系的整体。过去，人们把费尔巴哈所讲的人说成是生物学上的人，把费尔巴哈哲学等同于18世纪机械唯物主义，完全抹煞了费尔巴哈哲学既超越了18世纪机械唯物主义，也超越了德国古典哲学的历史事实，完全抹煞了费尔巴哈哲学是在马克思哲学产生以前西方最先进的哲学这一历史事实。

其次，费尔巴哈在西方2000多年逻各斯主义一统天下的情况下勇于反潮流，不仅肯定了作为后来感知论基础的感性的唯一重要性，而且破天荒地强化感性的地位，从整体的相联系的高度确定感性的优先地位。"我是个感生存在者，没有感官我便什么都不是。"感官和感性是现实具体特殊的人的存在前提，也是西方现代哲学的真正前提。无论是直观、本质直观的提出，还是此在的形而上学的确产，都与费氏适时地独尊感性、感官的哲学的本真性地位有着直接的不可否定的联系。"我并不是什么一般的人；我的存在，我的本质，乃是一种个别的东西。"[①]

再其次，费尔巴哈在此也明确指出了人的一般性（即他所谓的"类"）和个别性的关系。他认为，从有别于传统哲学的假设前提和抽象思辨的现代哲学的本原的发生学和始源性而言，人的个别性或个性先在于人的一般性。"世界的本质、物质，我们无论如何不能设想做一种同形的、无差异的东西；同形的、无差异的物质只是人的抽象，只是一种幻想。"[②] 强调人的感性存在的个别性，这是费尔巴哈思想在彻底批判思辨哲学所得出的必然结论，也是其与现代哲学相通的重要关节。从最早的自然哲学到古代哲学，再到近代哲学，最后直到德国古典哲学。它们的主题虽然都围绕着人而展开，强调人的主体性，但它们往往强调人的存在的一般性；而这种一般

---

① 《费尔巴哈哲学著作选集》下卷，商务印书馆1984年版，第593页。

② 同上，第631～632页。

性又只有人的理性才能把握，因而它们把对人的一般性的强调变成对人的理性的强调。到了德国古典哲学时，则把理性更进一步绝对化，变成"绝对精神"，成为统治人的绝对力量，理性变成人的统治物、异化物。费尔巴哈看到了黑格尔哲学的本质："绝对精神"本是人的头脑创造出来的不结果实的怪物，却反过来将人异化掉，成为惟一真实的存在。费尔巴哈同所有现代哲学家一样，深刻认识到要发展"新哲学"，首先必须彻底否定、排除黑格尔的理念哲学。作为时代精神的精华，"新哲学"要凸显人的个别的感性，这成为西方现代哲学的发展开端。

在费尔巴哈的人的感性存在思想中，包含着强调人的整体存在的优先性、淡化人的一般本质、人的存在比人的本质更重要的思想。"人同别人有别，这本是他的个性和存在之必然的和自然的结果；因为，倘若他同别人没有分别，那他就不是一个独立的有个性的本质了；倘若他不是一个独立的个性，那他也就不存在了。……总而言之，各人有各人的脸，是因为各人都有一个专有的生命，都是一个专有的实体。"① "人的存在只归功于感性。理性、精神只能创造著作，但不能创造人。"② 同费尔巴哈的人的感性存在先于其理性本质的思想相联系，是费尔巴哈重视哲学的"直观"作用："你知道你只有在什么时候，是不用前提来从事哲学的思维的？只有当你不是用类似思辨哲学的想象的、空幻的方法，而是实际上和真实地使经验先于哲学，直观先于思想的时候才如此。"③

费尔巴哈一再用"思维的直观"、"直观先于思想"等极具理论张力的言语强调"直观"的重要性，其"感性哲学"的核心内容就是"感性直观"。"感觉的对象不只是'外在的'事物。人只是通过感觉而成为认识自己的对象——他是作为感觉对象而成为自己的对象。主体和对象的同一性，在自我意识之中只是抽象的思想，只有

---

① 《费尔巴哈哲学著作选集》下卷，商务印书馆 1984 年版，第 636 页。
② 同上，第 613 页。
③ 《费尔巴哈哲学著作选集》上卷，商务印书馆 1984 年版，第 249 页。

在人对人的感性直观之中，才是真理和实在。"① 正是在现代哲学的崭新意义上赋予"直观"以新的内涵，使费尔巴哈哲学超越了传统哲学物质与精神、感性与理性等二元对立的思维方式，成为西方现代哲学的重要开端。

同样，我们也只有从现代哲学的被抛弃了二元对立思维方式的前提下才有可能真正理解费尔巴哈的下面一段名言："费尔巴哈既不是唯心主义者，也不是唯物主义者，在费尔巴哈看来，上帝、精神、灵魂、'我'是虚空的抽象，但是，在他看来，物体、物质、物性也同样是虚空的抽象。在他看来，真理、本质、实在仅仅在感性之中。难道你曾经在某个时候知觉到、看到过物体、物质吗？你只看到和知觉到这是水，这是火，这是星辰，这是树，这是动物，这是人——永远只是完全确定的、感性的、个别的事物与实体——，但是，你从来也没有看到过作为物体的物体、作为灵魂的灵魂、作为精神的精神、作为物性的物性。"② 由此对比人们过去关于费尔巴哈的诸多研究评论，便不得不承认，人们对费尔巴哈的误读、误解太多、太久了。二元对立的思维方式"遮蔽"了人们的眼光，看不到极具历史地位和巨大哲学史贡献并具宝藏性理论价值的永恒的费尔巴哈。"要变成透彻明晰的追问，此在就得暴露自身为首须从存在论上弄得足够清楚的存在者。现在事情摆明了：对此在的存在论的分析工作本身就构成基础存在论，因而此在所充任存在者。"③ 胡塞尔和海德格尔所倡导的追问现象和在的现象学方法也可以从费尔巴哈的著作中找到共鸣："自然界是一种原始的、最初的和最终的本质，我们若是超出这个本质之外去，便要迷失在幻想境界和无对象的思辨境界；我们必须停留在自然界里面；我们不能拿一种与自然界有别的东西；一种精神、一种思想上的东西来说明自

---

① 《费尔巴哈哲学著作选集》上卷，商务印书馆 1984 年版，第 172~173 页。
② 《费尔巴哈哲学著作选集》下卷，商务印书馆 1984 年版，第 434~435 页。
③ 海德格尔：《存在与时间》，三联书店 1999 年版，第 17 页。

然界。"①

至此，我们看到了费尔巴哈构建其"新哲学"的"思"路历程：在批判理性思辨哲学的进程中创建了"感性哲学"；在揭示宗教神学的人的本质的异化物中肯定人是哲学的全部秘密所在；在反思传统哲学，特别是古典哲学二元对立的思维方式时独辟出"思维的直观"。费尔巴哈在人类哲学发展史上不仅破坏了一个"旧世界"，而且开创了一个"新世界"——一个精彩非凡、天才辈出的现代哲学世界。

三

费尔巴哈哲学创立的时代，正值西方哲学处于"认同危机"之时。1831 年黑格尔逝世之后，西方传统的形而上学急速地趋向没落。当时许多哲学家在清算形而上学的同时，也另辟蹊径寻求哲学出路。以孔德等为代表的实证主义在"拒斥形而上学"口号下把哲学的对象局限于知识本身；而价值论者抛弃对世界的研究专注于人自身对生命之意义和赋予世界的意义和目的探求，表现出哲学的大分化。作为一名具有深厚人类情感和天才本性的哲学家，费尔巴哈有着独特的极具历史价值的哲学观。他认为："人的真正教养和真正任务，就在于如实地认识事物和说明事物，按照它本来的样子既不夸大也不缩小。"② 人的本质是在于其作为本真地所是，在"途中"生成中，"直接从自然界产生的人，只是纯粹自然的本质，而不是人。人是人的作品，是文化、历史的产物"③。费尔巴哈肯定了人是哲学的秘密和真正对象，也就从根本上把自己的"新哲学"同以往所有的传统哲学区别开来。既然哲学的真正对象是人，那么哲学所面对的客观世界也就是人的世界，是与人相联系，不能脱离人而存在的世界，纯粹的自然界对于哲学没有意义。因为"世界是通

① 《费尔巴哈哲学著作选集》下卷，商务印书馆 1984 年版，第 584 页。
② 同上，第 539 页。
③ 《费尔巴哈哲学著作选集》上卷，商务印书馆 1984 年版，第 247 页。

过生活、通过直觉、通过感觉而为我们拥有的"。针对可能的机械唯物主义的曲解和唯心主义的诋毁,费尔巴哈继续说:"对于一个抽象的、仅仅思想的东西来说,光是不存在的,因为它并没有眼睛,温暖是不存在的,因为它并没有感觉,世界根本就不存在,因为它并没有器官来感受世界,真正说来,什么东西都不存在。"① 费尔巴哈作为现代哲学的开创者其哲学观是独特的,影响也是深远的。

首先,在现代哲学的合法性上,费尔巴哈认为,哲学并不能单凭纯粹理性或思辨精神而自我完备,哲学的生命力是在具体以及其发展变化的现实生活之中,未来哲学是"引导到有血有肉的、活生生的精神境界",甚至"下降到多灾多难的现实人间"。按照传统哲学观,哲学是现实生活的尺度,也是哲学自身的标准,因而传统哲学存在的合法性和根据源于人的先验的纯粹理性。然而,费尔巴哈明确指出,现实具体的生活先于哲学,而不是哲学优先于生活。"以前对我说来生活的目的是思维,而现在生活对我则是思维的目的。"②

其次,在现代哲学的旨趣上,费尔巴哈不再让哲学企图向人们提供永恒的知识或最高级的知识,现代哲学的真正旨趣"是一切学院哲学的否定"。所谓"一切学院哲学"也就是只是"解释世界"的哲学,即脱离现实、远离生活实际的哲学,这不是费尔巴哈所关心的。他所真正向往的未来哲学及未来世界是这样的:"历史上的新时代是什么时候开始的呢?……是在某些阶级的人或整个民族战胜了贵族少数之狂妄自大而脱离了赤贫者(有些版本译为'无产阶级'——本文作者注)之遭到轻视的幽暗,来到历史名望之光明的时候。这样,人类之现在被压迫的多数应当并且确实将要掌权并且创立一个新的历史时代。"③ 在这样一个新时代中的哲学所起的作用

---

① 《费尔巴哈哲学著作选集》下卷,商务印书馆1984年版,第457页。
② 《费尔巴哈哲学著作选集》上卷,商务印书馆1984年版,第250页。
③ 《费尔巴哈哲学著作选集》下卷,商务印书馆1984年版,第810~811页。

就不是"解释"性的而是"改造"性的。

再其次，在现代哲学的功能上，费尔巴哈认为，哲学不应再去探寻关于世界的终极解释和最后原则。按照传统哲学观，哲学的功能是找寻"彼岸世界的真理"。但是，真正的现代哲学的最大功能在于"反对哲学、对抗抽象思维的方面"，以此来确定自己的真理标准，"成为一种普遍的、无敌手的、不可推翻的、不可抗拒的力量"。这个力量就是哲学建立在现实生活基础或实践基础上的反思和批判的力量。"只有从思维的否定中，从对象的确定中、从欲望中，从一切快乐和烦恼的来源中，才能创造出真实的、客观的思想，真实的、客观的哲学。"①"否定"意味着"去蔽"，"确定"意味着"显现"。人们抛弃了试图用抽象的理性去发现真理而用更真实的身心去横渡感知体验的河流。

---

① 《费尔巴哈哲学著作选集》上卷，商务印书馆 1984 年版，第 111 页。

费尔巴哈哲学的现代哲学性质及其
唯物史观萌芽 *

摘要：根据费尔巴哈文本及列宁《哲学笔记》等相关材料认为《宗教本质讲演录》等是费尔巴哈最重要的哲学著作，且1844年以后费尔巴哈的哲学思想又有一个较大的发展，直到1851年前后才是其思想发展的巅峰。《宗教本质讲演录》最显著的特征有两个：一是自觉地表明了费尔巴哈哲学的早期现代哲学性质；二是含有明确的"历史唯物主义萌芽"（或"胚芽"）。

　　长期以来，人们对于费尔巴哈及其哲学似乎形成一种"共识"：费尔巴哈是从黑格尔到马克思的中间环节（所依据的主要是恩格斯和列宁的有关评论）；费尔巴哈哲学作为德国古典哲学的完成其对马克思哲学产生发展的影响局限于1845年以前。上述认识实际上只从费尔巴哈哲学与马克思哲学的关系，从一种特定哲学的角度研究费尔巴哈哲学，并不是对哲学史上的费尔巴哈或费尔巴哈全部哲学的概括总结。本来，费尔巴哈哲学及费尔巴哈哲学同马克思哲学的关系，客观上存在着两个差异很大的视域，是两个不同的问题。但长久以来的实际情形是用后者费尔巴哈哲学同马克思哲学的关系代替前者关于费尔巴哈哲学本身的研究。这种用某些属性代替本体，用外部联系取代内部差异的做法在学术上是有缺陷的，在理论建树上是无益的。

＊ 本文发表在《辽宁大学学报》2003年第6期

费尔巴哈（1804—1872）的哲学思想可划分前后期——以 1839 年为界分为前期思想和后期思想——而且费尔巴哈的后期思想也存在着一个跨越性或超越性的发展：费尔巴哈后期思想以 1845 年《宗教的本质》为标识又分为两个阶段。费尔巴哈 1845 年以后的著作，如《宗教的本质》（1945）《宗教本质讲演录》（在本文中它有时简称为《讲演录》）以及费尔巴哈本人因其著作而作的《附录和注释》，在新的理论思想高度上"叙述、发展和阐明了"自己的《黑格尔哲学批判》（1839）《基督教的本质》《关于哲学改造的临时纲要》（1842）《未来哲学原理》（1843）等著作中的积极思想。《讲演录》才真正是费尔巴哈最成熟的著作，也是他思想发展的巅峰。诚如列宁在《哲学笔记》中所说："费尔巴哈哲学的发展过程：《关于死的思想》（1830）——当时费尔巴哈还是黑格尔主义者；《作家和人》（1834）——决裂的开始；《反黑格尔批判》（1835）——费尔巴哈反对黑格尔的敌人，但也不是拥护黑格尔。——黑格尔哲学批判（1839）——《基督教的本质》（1841）——决裂——《纲要和未来哲学原理》（1842，1843）。——宗教的本质（1845）。——宗教本质讲演录（1847）。"[1] 这里要做的说明是费尔巴哈的《宗教本质讲演录》不是如列宁标志的刊印于 1847 年，而是经费尔巴哈本人亲自编纂后最初刊印于 1851 年，它是费尔巴哈根据自己在 1848 年 12 月 1 日到 1849 年 3 月 2 日于当时德国海德堡市政厅所做的讲演稿整理而成的。列宁在同一篇札记中提请读者要"注意"的地方就包括《宗教本质讲演录》"费尔巴哈自己在 1848 年写道：这是他的一部比 1841 年出版的《基督教的本质》更成熟的著作。"[2] 而费尔巴哈本人也认可《宗教本质讲演录》"是我的最后的意志和思想的表现了"。[3]

如何解读费尔巴哈的《讲演录》及其相关文本的思想内容，如

---

[1] 《哲学笔记》，人民出版社 1974 年版，第 371 页。
[2] 同上，第 369 页。
[3] 《费尔巴哈哲学著作选集》下卷，商务印书馆 1984 年版，第 500 页。

何评价费尔巴哈的整个思想，这在研究马克思主义哲学和西方哲学发展史都是很重要的，具有共时性与历时性多向度的辐射解释意义，直接关涉到费尔巴哈的哲学全部思想的大问题，以及如何本真地解释经典作家们的结论，如何理解马克思哲学与费尔巴哈哲学的关系，如何理解马克思哲学的产生发展等一系列重大问题。并且会对西方现当代哲学研究产生严重影响。因为一个不争的事实是，长期以来人们对马克思哲学和西方现当代哲学的研究是在缺乏对费尔巴哈的完整思想进行本已的研究的状况下进行的。

一

列宁在《哲学笔记》中关于费尔巴哈哲学思想的观点主要是：（1）认为费尔巴哈的《宗教本质讲演录》是比《基督教的本质》更成熟的著作；（2）认为费尔巴哈的哲学思想有一个明确的发展过程，而发展的顶点是在《讲演录》前后的 1851 年；（3）列宁在《费尔巴哈〈宗教本质讲演录〉一书摘要》明确指出《讲演录》多处具有"历史唯物主义萌芽"和"历史唯物主义胚芽"①。

1. 列宁的批语是"历史唯物主义的萌芽"。具体指评的是《讲演录》的第十八讲。大致（因列宁在此没有摘录原文，只注释了俄文版的页码和"'自然世界'和'市民世界'"等字样。）有两部分。第一部分内容是："（有神论者）说，倘若无神论者拿生活上的恶、烦恼和痛苦做证据，来否认有个善的、聪明的和全能的创造者，那只是个愚蠢的念头。不错，倘若没有这个或那个恶，也就不能有这个或那个善。但这个必然性只适用于自然界，却不适用于神。……有神论者拿来替世界的恶——这里说的，是自然的恶，不是社会的恶——辩护的种种理由，只有当人们把自然界想做事情存在的基础、想做第一原因的时候才能成立，倘若承认神是世界创造者，就不能成立了。"第二部分包括两个自然段，第一自然段主要是："可

---

① 《哲学笔记》，人民出版社 1974 年版，第 71 页。

见，一切神正论，一切替神做辩护的学说，无论自觉地或不自觉地，事实上是以那个独立的自然界为其基础；这些学说，都是拿自然界的本质和影响来限制神的活动、神的全能，又都是拿只源出于并适合于自然界的那个必然性观念来限制神的自由，即限制神能够制造一个完全与此不同的世界的自由。这一点，在流行的神意观念中尤其表现得明显。譬如，巴黎大主教 1840 年公布一封信，要求一切信教的人都来祈祷：'在选举教皇时候不至有什么外来的影响违反了上帝的目的'，又如普鲁士国王 1849 年 1 月也公布了一条军令，里面有几句话说：'去年倘若没有上帝帮助，普鲁士是要给煽惑和叛变所毁灭的；在过去一年中，我的军队不仅保持了旧的荣誉，而且收获了新的荣誉。'但是，上帝的目的能为外来的影响所违反，这样的上帝也太懦弱可怜了！不用刺刀和榴霰弹，便没有力量，便不能成功，这样的上帝又能帮助什么呢？需要军事势力来维持自己，这怎么可以叫作全能呢？与普鲁士国王军队共分光荣，这样的上帝又是一个什么东西呢？……人们便须将光荣独归物质势力和手段的顽强性，帮助人的只是这些势力和手段。"第二自然段主要是"近代信神的人，自身又是何等的无神，他们事实上是如何降低并否定他们的神，因为他们一方面口头赞美他们的神，一方面又给予物质、世界和人以一种不依赖于神的独立的权力和有效性，至于他们的神则只担任一个无所事事的旁观者或监察者的职务……我们的一切进步、一切发明，都只是由于这种不彻底，这种实践上的非信仰，这种本能上的无神论和利己主义；……凡是将自己交付于神的全能的人，凡是相信一切发生和存在的事情都是出于神的意志而发生和存在的人，他就永远不会想法去消除世界的缺陷，无论自然的缺陷……或社会的缺陷。"① 显然，这里列宁所欣赏的费尔巴哈的思想主要有三点：一是"生活上的恶、烦恼和痛苦具有必然性"，适用于"自然界"，也适用于神；二是"世界的自由""独归""物质

① 《费尔巴哈哲学著作选集》下卷，商务印书馆 1984 年版，第 668～670 页。

势力和手段的顽强性"；三是"实践上的非信仰"，"本能上的无神论和利己主义""会想法去消除世界的缺陷，无论自然的缺陷或社会的缺陷"。费尔巴哈在这里是通过对宗教的神（如基督教）的否定而萌生出历史唯物主义的天才萌芽：现实的物质力量是现实生活的缺陷的必然的根源，而消除现实世界的种种缺陷也同样不能依靠信仰实践或神，只能依靠否定性的物质势力和手段。

2. 列宁的批语是"历史唯物主义的胚芽。"具体指评的是费尔巴哈本人为《讲演录》所作的《附录和注释》，原文是："道德与法所立足于上的这天然的脚，便是对生命的爱，便是利害关系，便是利己主义。……我指的乃是这样的利己主义，它所包含的种和类，总括了属人的本质之一切种和类，因为，不仅有单数的或个别的利己主义，而且又有社会的利己主义，有家族的利己主义，有集团的利己主义，有区域利己主义，有爱国利己主义。"[①] 显然被列宁所肯定的费尔巴哈的"利己主义"不是生物学上的利己主义，也不是"抽象"的两性关系的利己主义，而是具有现实的"利害关系"的实质内容的"利己主义"。列宁肯定费尔巴哈的理论视域已经明确超出了费尔巴哈的批评家以往所指责的生物性的和抽象的界限，费尔巴哈已经看到了人与人之间的社会关系中的社会性的具体的物质的利害关系这一内核，费尔巴哈已经接触到了历史唯物主义的核心和实质。我们知道，历史唯物主义是马克思的两大发现之一，是马克思哲学的基础和重要组成部分。

3. 列宁的批语是"历史唯物主义的胚芽，"原文是："历史上的新时代是什么时候开始的呢？到处是在被压迫群众或大多数人为了维护他们的充分合法的利己主义而反对一个民族或一个阶层之排他的利己主义的时候，是在某些阶级的人或整个民族战胜了贵族少数之狂妄自大而脱离了赤贫者之遭到轻视的幽暗，来到历史名望之光明的时候。这样，人类之现在被压迫的多数应当并且确实将要掌权

---

① 《费尔巴哈哲学著作选集》下卷，商务印书馆 1984 年版，第 805～806 页。

并且创立一个新的历史时代。"① 在此需特作说明的是，由于版本和翻译的不同，《哲学笔记》与《费尔巴哈哲学著作选集》的中文版在译文所用的遣词用语上并不完全相同，但应当不存在内容上的差异。这一段话可以说是费尔巴哈哲学的"历史唯物主义胚芽"的标志性宣言。首先，费尔巴哈确信历史的发展变革，特别是阶级社会的变革，是一种利益关系群体间的斗争，是政治上的不平等而导致的否定性斗争的结果，是非个体行为的群体利益起着根本作用的现实运动。其次，费尔巴哈区别了两种"利己主义"，一种是"充分合法的"，另一种是"排他的"；前一种利己主义在阶级对立的社会中为占人口大多数而社会经济和政治地位低下的人们所拥有，后一种则是"贵族少数"的特色。二者在历史实际中的对立、排斥是绝对的。再其次，费尔巴哈把自己的满怀希望不是放在贵族少数一边，而是认为"被压迫群众"的大多数是历史发展的真正创造者。第四，费尔巴哈预言，人类未来的某一时刻真正掌握起政权创立自己人间天堂的正是"现在被压迫的多数"，这实际上明确指出了当时的无产阶级劳苦大众解放人类从而解放自己的历史使命。这些思想在 1850 年前后出现在费尔巴哈的著作中不能不说是天才性的，是有着巨大历史意义和深远理论价值的重大事件。

需要指出的是，列宁的《费尔巴哈〈宗教本质讲演录〉一书摘要》写于 1909 年，从该摘要中可以看出，列宁是在认真阅读理解了恩格斯的《费尔巴哈论》之后写的。因此，其中的"历史唯物主义萌芽"的评论尤其重要。在《费尔巴哈〈宗教本质讲演录〉一书摘要》中，列宁除了对费尔巴哈的著作多处作了历史唯物主义的肯定外，还在其中许多地方表现出对费尔巴哈思想观点的赞扬之意。其中"说得好"（有两处）；"非常正确""绝妙的地方""好极了（反对黑格尔和唯心主义）""说得妙"（有两处）。这表明列宁仔细阅读了费尔巴哈的这部著作，并在主要方面同意其观点。因为根据考

---

① 《费尔巴哈哲学著作选集》下卷，商务印书馆 1984 年版，第 810 页。

证，列宁在从事《费尔巴哈〈宗教本质讲演录〉一书摘要》的同时，也在准备撰写《唯物主义和经验批判主义》，二者在观点上有相互参考之处；同年5月，列宁完成了《论工人政党对宗教的态度》一文，这些都可以辉映出《讲演录》中费尔巴哈哲学的新鲜内容及其巨大价值。

二

与列宁的观点相呼应的是费尔巴哈对于他自己的哲学思想的评论。这一点应该引起人们的高度重视，"因为哲学家是了解他们自己的。"① 我们特别应注意费尔巴哈本人在《宗教的本质》（1845）和《宗教本质讲演录》（1851）所作的两个重要说明。它们对于研究费尔巴哈的哲学思想很重要。

费尔巴哈在《宗教的本质》的说明中说："（本书）是以自由的、独立的思想录的形式来写的。宗教是本书的主题，至少可以说是本书的出发点，这是就宗教的对象是自然这一点着眼的。我在《基督教的本质》（发表于1841年——本文作者注）和《路德》（写于1844年——本文作者注）中是撇开了自然的，为了切合题旨，在那里也非撇开自然不可，因为基督教的核心并不是见之于自然界的神，而是被放在人身上（着重号系原作者所加——本文作者注）。"② 这段话是非常重要的。首先，费尔巴哈认为他的完整思想的全部表达是《基督教的本质》《路德》和《宗教的本质》（也理应包括《宗教本质讲演录》），换言之，《基督教的本质》、《路德》只能从一个重要方面、一个重要侧面表现费尔巴哈的思想。其次，费尔巴哈认为，基督教的本质与一般宗教的本质虽然有联系，但也有区别，前者是人在特定历史条件的异化物，后者是包括人在内的"自然"的异化物。显然，《基督教的本质》（1841）——《宗教的本质》

---

① 《马克思恩格斯全集》第40卷，人民出版社1874年版，第170页。
② 《费尔巴哈哲学著作选集》下卷，商务印书馆1984年版，第436页。

（1845）——《宗教本质讲演录》（1851）及《附录和注释》等之间是递进发展而不是同义反复。

在《宗教本质讲演录》中，费尔巴哈更明确和强调了这个基本思想。在该文"序言"中，费尔巴哈指出："这些讲演进一步叙述、发展和阐明了那些已经十分简要地在《宗教的本质》一书中表述过的思想。"并且他"还是补充以新的证明、阐述和注释，并且我（指费尔巴哈本人——本文作者注）还尽可能删去了一切我认为纯粹是反刍的东西。"① 在《讲演录》第一讲中，费尔巴哈更加明确地说："从我的理论方面看来，我的天性……更适宜于做思想家和研究者……我心里明白：我说得正确。一个对象只有当它还给我提出难题，还没有被我完全掌握，还必须同它搏斗的时候，它才能引起我的兴趣，才能抓住我。……因此，我的精神是格言式的精神，像我的批评家所责备我的，但这是同他们所设想的意义和所根据的理由完全不同的一种格言式的精神；其所以是格言式的，因为它是批判的，因为它从假象判别出本质，从可有可无的东西判别出必然的东西。"②

诚如费尔巴哈所说，《宗教本质讲演录》"的目的，都在于使人从神学家变为人学家，从爱神者变为爱人者，从彼世的候补者变为现实的研究者，从天上和地上的君主和贵族的宗教的和政治的奴仆，变成地上的自由和自觉的公民。因此，我的目的决不是一种消极的，否定的目的，而是一种积极的目的。"③《讲演录》正是通过"积极的"具有创造性的理论形式表现出费尔巴哈的具有历史唯物主义的理论坐标。

不论是列宁，还是费尔巴哈本人，实际上都认为以《宗教的本质》《宗教本质讲演录》和《附录和注释》为主要标志，即1845年之后的费尔巴哈的哲学思想更完整，更深刻。表明费尔巴哈哲学在

---

① 《费尔巴哈哲学著作选集》下卷，商务印书馆1984年版，第500～501页。
② 同上，第504页。
③ 同上，第525页。

各方面都发展到了一个新的阶段。

在此，非常有必要本真地分析恩格斯的《费尔巴哈论》的个别语句。恩格斯写作《费尔巴哈论》是在 1888 年，从该书的引文及其他文献可以看出，年迈的恩格斯在该书及相关论著所引用和所研究的关于费尔巴哈的哲学思想材料都是 1845 年《宗教的本质》之前的，其中有些材料——例如在《费尔巴哈论》中所引用的——是费尔巴哈 1834—1836 年的《日记》，而那时，费尔巴哈还是一个在大学课堂上讲授黑格尔哲学的大学编外讲师。该《日记》距离费尔巴哈撰写《宗教的本质》（1945）也有 10 年之久。而 1839 年之后的费尔巴哈才被普遍认为是其后期思想的起点。另一方面，代表费尔巴哈最成熟哲学思想的《宗教本质讲演录》（简称《讲演录》）刊印于 1851 年，此时距离《宗教的本质》也有 6 年之遥，其间费尔巴哈的思想又有了根本的发展。这种发展也与马克思恩格斯等对他的批评（在费尔巴哈那里是"批评家"）帮助有很大关系，从费尔巴哈《讲演录》等著作中，他以自己独特的方式生发历史唯物主义的"胚芽"，逐步抛弃了他 1845 年以前思想中的抽象人本主义成分。这一点也是应该肯定的。

恩格斯《费尔巴哈论》所引证的费尔巴哈的论述及著作主要有：《说明我哲学思想发展过程的片断》（1822—1844）《反对身体和灵魂、肉体和精神的二元论》（该文虽发表于 1846 年，但费尔巴哈自己注明该文是对《哲学原理》的诠释）；《未来哲学原理》（1843）；《路德了解下的信仰的本质》（1844）及《哲学原理。变化的必然性》。

上述立论的根据可在《费尔巴哈论》中找到，"在社会领域内，正是费尔巴哈本人没有'前进'，没有超过自己在 1840 年或 1844 年的观点，这仍旧主要是由于他的孤寂生活，这种生活迫使这位比其他任何哲学家都更爱好社交的哲学家，从他的孤寂的头脑中，而不是从和他才智相当的人们的友好或敌对的接触中得出自己的思想。"① 在此，恩格斯对于费尔巴哈的研究局限于 1844 年之前的费尔巴哈，而在历史上，费尔巴哈思想对于马克思恩格斯重大影响作用也恰好在 1844—1845 年以前。换言之，作为历史上的伟大哲学家的费尔巴哈与对马克思恩格斯产生重大影响作用的费尔巴哈是两个不同的费尔巴哈，二者在 1845 年前是一致的，而在那之后，是存在着很大区别的。1851 年的《讲演录》所具有的许多历史唯物主义萌芽说明费尔巴哈的思想是前进的；从费尔巴哈的著作中，他对于批评他思想的言论（包括马克思和恩格斯的批评意见）还是非常在意的，成为激励他本人思想超越性发展的外来动力。

《费尔巴哈论》有这样一段话："可是爱呵！——真的，在费尔巴哈那里，爱随时随地都是一个创造奇迹的神，可以帮助他克服实际生活中的一切困难，——而且这是在一个分成利益直接对立的阶级的社会里。这样一来，他的哲学中的最后一点革命性也消失了，留下的只是一个老调子：彼此相爱吧？不分性别，不分等级地互相拥抱吧，——大家一团和气地痛饮吧！"②

这段话的前半部当是来源于费尔巴哈 1834—1836 年的《日记》，原文是："人类也要有真正的爱，人的心也能无限地、饶恕一切地爱着，而且相信人类的爱也可以赋有神爱的性质。

只有一个恶，那便是利己主义；只有一个善，那便是爱。

爱吧，但是要真正地爱！——这样，一切其他的德行也就会自然而然地归于你了。

什么叫爱？思维和存在的统一。存在是女人，思维是男人。"③

费尔巴哈的这些话写于 1834 年，与这些话有着某些联系的一个历史事实是，当时 30 岁的费尔巴哈于 1834 年春天结识了女友贝尔特·列夫，二人开始通信联系（后二人于 1837 年结婚并相伴一生）。

---

① 《马克思恩格斯选集》第 4 卷，人民出版社 1972 年版，第 227 页。
② 同上，第 236 页。
③ 《费尔巴哈哲学著作选集》上卷，商务印书馆 1984 年版，第 233 页。

把十几年前恋爱时期的激情言论作为哲学的理论思维成果或论据，这无论对于费尔巴哈和恩格斯而言，是不恰当的研究的典型表现。

在此我们引用费尔巴哈的一段话，说明费尔巴哈已经意识到现实社会的阶级矛盾的存在。"历史上的新时代是什么时候开始的呢？……是在某些阶级的人或整个民族战胜了贵族少数之狂妄自大而脱离了赤贫者（有些版本译为无产阶级——本文作者注）之遭到轻视的幽暗，来到历史名望之光明的时候。这样，人类之现在被压迫的多数应当并且确实将要掌权并且创立一个新的历史时代。并不是教养、精神之贵族应当被扬弃；决不！只是，不应当让一些人做贵族，其他所有的人都做平民，而是应当让一切人——至少是应当——都受教养；并不是私有财产应当被扬弃，决不！只是，不应当让一些人有私有财产，而所有其他的人却一无所有，而是应当让所有的人都有私有财产。"① 这里，费尔巴哈不仅看到了阶级的存在，而且看到了现实社会中存在的政治上的不平等、经济上的不平等，并且把未来人类社会发展的希望，实现人类"大同"的希望寄托在大多数人和赤贫者或无产阶级身上。

三

1841 年发表《基督教的本质》的费尔巴哈与 1851 年刊印《宗教本质讲演录》的费尔巴哈是两个差异很大的费尔巴哈。前者是后者存在的前提，后者是前者的超越和更新性的发展。

首先，费尔巴哈后期先进思想的现实基础是 1848 年后德国火热的现实生活。哲学作为时代精神的精华应该及时准确地反映现实生活的发展变化，特别是先进优秀的哲学和哲学家更应如此，费尔巴哈"新哲学"的先进性和发展力正来源于此。费尔巴哈在《讲演录》第一讲开宗明义提示我们："我们所生活的这个时代，无论何人，连自以为最中立不倚的人在内，都会违反自己的思想和意志，

---

① 《费尔巴哈哲学著作选集》下卷，商务印书馆 1984 年版，第 810～811 页。

归属于某一党派，即使仅仅在理论方面；这个时代，政治兴趣吞没了其他一切兴趣，政治事变使我们经常处于紧张和兴奋之中；这个时代，特别是在我们这般非政治的德意志人身上，都肩负着这样一个义务：为了政治而把其余一切都丢在脑后。因为作为个人说来，如果他没有毅力在一段时期内专心致志于他所想要获致的东西，那他就什么也得不到，什么也做不成功。同样地，人类也必须在某个时候为了它所面临的一项使命而忘记其余一切使命，为了一种活动而忘记其余一切活动，只要它想成就某个有意义的、美好的事业的话。"① 上述这段话出自费尔巴哈之口，是出乎那些自认为对费尔巴哈很有研究并认定费尔巴哈只能逃避在僻壤里哀号"要爱呵！"或"让我们拥抱吧"的一些人的意料之外的。但是，我们却认为是正常的。因为费尔巴哈还有更"惊人"的观点："我们从事于并满足于谈论和书写已经够久了；现在我们要求语言终能变成血肉，精神终能变成物质；我们既餍足了哲学的唯心主义，也餍足了政治的唯心主义；我们现在想要成为政治的唯物主义者。"② 费尔巴哈《宗教本质讲演录·第一讲》是解读其全部讲演的关键，也是把握《讲演录》的超越性内容的"关键码"。费尔巴哈作为一位伟大的哲学家，他不仅深刻感受到现实生活的日新月异的发展变化，而且深知哲学所面临的挑战和自己的历史责任。他在理论上已经认识到：哲学不是一种理论的思维，而是现实的"活动"，不是坐而论道的对世界的解释，而是以"精神""变成物质"，"变成血肉"，以人类的"有意义的、美好的事业"为旨趣的"活动"。

其次，费尔巴哈的"感性哲学"在 1845 年之后又获得了更深刻、最积极的"历史唯物主义萌芽"的内容的充实，使费尔巴哈哲学中的"感性"非常接近马克思哲学中的"感性"含义。从而使得费氏"感性哲学"真正成为现代哲学的启明星和马克思哲学诞生以

---

① 《费尔巴哈哲学著作选集》下卷，商务印书馆 1984 年版，第 503 页。
② 同上，第 503～504 页。

前的最大成果。费尔巴哈在《讲演录》中说："我的学说或观点可以用两个词来概括，就是自然界和人。"① "我所说的自然界，就是人拿来当作非人性的东西而从自己分别出去的一切感性的力量、事物和本质之总和。……它乃是一个繁复的、平凡的、实在的、一切感官都能觉知的东西。……直接地、感性地对人表现出是人的生命的基础和对象的一切东西。"② 费尔巴哈的"自然界"包含以下基本内容：（1）与"绝对理性"相对立，自然界是具体现实的存在物；（2）自然界是包含其客观本质的具体存在物；（3）自然界是与人相联系，不能脱离人的存在；（4）自然界是人的来源，是人生存的基础，即具有时间上的先在性；（5）费尔巴哈在这里明确把"自然界"限定为"觉知的东西"，他在哲学上"感知"到"现象"概念，并且肯定了现象的主观形式和客体的对象生为内容。至此，费尔巴哈的感性哲学已经发展成为后来作为现代哲学代表的"现象学"诞生发展的巨大平台和温床。

　　费尔巴哈哲学作为现代哲学的早期形状，必然表现出现代哲学的基本特征。这就是拒斥形而上学的哲学，抛弃二元对立的思维方式，哲学不再寻求作为"科学的科学"的神圣地位，不再去寻求只有全人类才能完成的绝对真理；哲学以人为核心，人是哲学的全部秘密，现实的具体生活是哲学的普全境域（见拙文《费尔巴哈哲学是现代哲学的重要开端》，载《社会科学辑刊》2003 年第 6 期）。

　　再其次，我们通过仔细阅读费尔巴哈的著作，特别是《讲演录》和《附录和注释》后发现费尔巴哈所说的"人"并不是如其批评者所言的是抽象的、生物学上的人。在很大意义上费尔巴哈所说的"感性存在"就是"感性的人的活动"。例如，"感性不是别的，正是物质的东西和精神的东西的真实的、非臆造的、现实存在的统一；因此，在我看来，感性也就是现实。"③ "比广博的征引更加有

---

① 《费尔巴哈哲学著作选集》下卷，商务印书馆 1984 年版，第 523 页。
② 同上，第 591 页。
③ 同上，第 514 页。

用到无量数倍的，却是实践，却是生活。我们每走一步，每看一眼，实践和生活都能对我们证实这一句话的真理性"。①

费尔巴哈在《附录和注释》中说："人并不是理论的实体，而是实践的实体，并不是以太式的想象力之实体，而是扎扎实实、充满着饥饿与忧虑的现实的实体。"② "我公开地用自然来代替存在，用人来代替思维，并且……是以戏剧式的心理学做我的论题，这种心理学必须与人的心理完整地显示于其中的那些对象相联，也即必须处于其客观表明之中，必须处于其活动之中。"③ 活动当然就是存在，在逻辑上存在先在于活动，从黑格尔哲学上说，"存在"如果没有任何规定性，就是"无"，而任何一种规定性都是概念的运动，即存在如果没有运动就是不存在。而在现代哲学意义上，存在就是活动，感性存在就是非二元对立的与传统理性相对的感性概念的整体的活动。

由此产生的一个重大问题就是：如果说费尔巴哈的"感性存在"就是一种"感性活动"的话，那么，这种费尔巴哈的"感性活动"与马克思哲学上的"感性活动"是什么关系呢？二者有何区别呢？这是一个根本性的、原则性的问题。我们认为：马克思哲学意义上"感性活动"不是指哲学的整体性的"感性活动"，而是马克思在深入分析资本主义社会人的经济关系，人的现实生存活动的经济基础，特别是由于发现了剩余价值的秘密而揭示出资本主义本质的革命理论创建实际活动，已远远超出哲学的范围，是有着明确共产主义目标旨趣的"革命的实践"，马克思的"感性活动"就是"革命实践"；而费尔巴哈的"感性活动"由于在根本上受其"感性哲学"的制约，其出发点是以哲学的、以一般人类社会生活为基础，因而不是与传统理性相对的"实际"的"改变世界"的运动。马克思主义的"感性活动"是"使现存世界革命化，实际地反对和

---

① 《费尔巴哈哲学著作选集》下卷，商务印书馆 1984 年版，第 554～555 页。
② 同上，第 830 页。
③ 同上，第 858 页。

改变事物的现状"① 革命运动。

过去，由于人们多是从传统哲学二元对立的思维方式去理解费尔巴哈哲学，没有真正认识到费尔巴哈哲学的现代哲学性质。人们习惯于从逻各斯理性中心主义出发，从轻视、排斥感性的传统模式去解读费尔巴哈，结果是长期误读、误解了费尔巴哈哲学，将本真的费尔巴哈遮蔽了起来。人们长期以来都没有认识到费尔巴哈强调感性、唯"体验"独尊的现代哲学的开创性贡献。人们在"教科书哲学""政治哲学"中误识讨伐和讥讽费尔巴哈。这成为必须纠正而且意义非凡的当务之急。在现代哲学的对于费尔巴哈的解释中，费尔巴哈强调"直观"恰好是对西方两千多年理性中心主义的根本性颠倒。这一点是确定无疑的。

On the Nature of Contenperary and the Seeds of Historical Materialism of Feuerbach's Philesophic

Dong Jin-qian

(Press of Liaoning University，Shenyang 110036，China)

Abstract：The article according to Lenin's *Notes of Philosophic* and other materials firmly believe，Ludwig Feuerbach's *Draft of the Essence of Religion* being issued in 1851 is the most important work of his whole works. Feuerbach's thought had greater developed after 1845. His thought had getten the height in 1851. There are the two distinctive features among his course：It has the nature of coutenperary of philosophic；and clearly states the seeds of historical materialism. So that the appraise of Feuerbach's philosophic made in that time by Marxist is partly of one because it had being limited for Feuerbach's philosophic before 1845.

---

① 《马克思恩格斯全集》第 3 卷，人民出版社 1984 年版，第 256 页。

Key Words：Feuerbach's philosophic；a draft of the essence of religion；the nature of contenperary；the seeds of historical materialism

鲍德里亚：现代性世界的盗火者

哲学家是什么？黑格尔说是猫头鹰，马克思说是牛虻。其实，各个时代的哲学家都用理性审视自己的时代，用情感抒发着自己对于现实的诉求，不同时代的哲学家都用各不相同的思维方式、思想内容表征着不同时代的精神，都用语言表达着他们的身感心受。

鲍德里亚作为当代著名思想家，人们在其逝世后从多方面对其进行了深入的研究，得出各种结论。在此我们不妨用"现代性世界的盗火者"这一角度来分析他。

按历史的发展理论，时代性有一个诞生、发展、成熟、变异（异化）的过程。现代性异化成反人性、与人们积极的价值意义相对立的一种状态，这是现代性的反动没落的一面。我们在此将鲍德里亚放在现代性的反动异化的黑暗面之中，以反衬出鲍德里亚对于现代社会的反思批判的重大作用意义。所谓"盗火者"不同于"孤魂野鬼"，前者是中性词，后者是贬义词。"现代技术理性黑暗"特指鲍德里亚思想周围所环绕的特殊时代背景和特定视界语境，而"盗火：送火——放火"是对于贬斥在现代性黑暗中的鲍德里亚的思想形象的综合判定。其中"送火"着眼于鲍德里亚与现实生活、与时代精神的关系；"放火"着眼于对于鲍氏思想特性、思维方式的评判。

他面对着黑暗发出最凄厉的呐喊，这正是鲍德里亚存在合法性的根据。从而，鲍德里亚作为一只现代性黑暗中的"猫头鹰"起飞了，他希望自己是一只包治百病的牛虻彻底治疗好"现代"病症候。当然，他也无法逃脱古今中外哲学家，思想家的共同宿命：

"小姐身丫环命"。自命清高的言行与大相径庭的现实效果。人们除了对其勇气表达敬佩之外似乎惟见其貌。

一、鲍德里亚的"送火"

鲍德里亚在《完美的罪行》中说："如没有表面现象，万物就会是一桩完美的罪行，既无罪犯、无受害者、也无动机的罪行。……因为万物因其表象露出了马脚，这些表象是其不存在的痕迹，也是虚无延续的痕迹。因为虚无本身、虚无的延续都留下了痕迹。因此，万物暴露了自己的秘密，尽管它躲在表象之后，还是让人看出其真面目。"[1] 读到这里，人们首先想到的是康德。但是，鲍德里亚在认识论上的态度与康德大不相同，所以结论也不一样。其实，仅仅以康德的或传统的认识论上去研究鲍德里亚的这段话是远远不够的。鲍德里亚在这里首先表达的不是关于表象、现象的真假存在问题，而是人与现实界的善恶价值问题。并且鲍德里亚所奉行的、不是辩证法式的善恶互相转化，而是推崇"无可挽回"的单向"极限"[2]。正是这种单向极限的现实关系判定使得鲍德里亚的思想形象呈现出"送火"特点。

"送"是对鲍德里亚思想形象的形式判断，而"送火"是对其思想形象的内容（质料）判断，"送火"构成了鲍德里亚的思想基本特征。

鲍德里亚说："工业体系已经对大众进行了社会化并使他们成为生产力，这一体系可能还会走得很远，直到自我完善，并对大众实现社会化（也就是说控制），使他们成为消费力"[3]。鲍德里亚思想的"送火"来自于他对"大众"生产和消费的分析。从表面上

---

① 鲍德里亚:《完美的罪行》，王为民译，商务印书馆，2002，第 6 页。

② 鲍德里亚:《象征交换与死亡》前言，车槿山译，译林出版社，2006 年版。在那里，鲍德里亚甚至提出"用死亡来反对死亡"。

③ 鲍德里亚:《消费社会》，刘成富，全志刚译，南京大学出版社，2006 第 47～48 页。

看，工业化现代化带来的现代性生活方式使大众在生产和消费中变得更加体系化、系列化、完善化、社会化，甚至在"表象"上制造出"完善"的大众社会。但是，鲍德里亚的可贵之处恰恰是从这种客观呈现中感到了无尽的彻底的"送火"：大家不仅在生产和消费中彻底消灭了自身，被彻底溶解掉了，而且还助纣为虐，取消了人们之间的真实差别，使人与产品同值化，"维护着符号秩序和组织完善"（同上，第50页）。鲍德里亚不仅在客观上指出了"大众"与"社会"的"孤"的实质，而且还把这种"孤"的感受在思想的光亮中呈现给人类自身，以求得一种完全的虚无浮沉的真实状态。所以，他才会以一种前所未有态度去看待死亡等极端问题。在日常生活中死亡是孤独的终点和解脱，而在哲学上却不是这样，鲍德里亚认为死亡只是表象，它只是暴露了秘密，让人看到真面目。鲍德里亚这种对于人类现实关系的单向死亡判决，表明了他思想深处的形上和至上性。

在思想的形式与内容（质料）的关系中，形式起着主导的作用。对于鲍德里亚而言，他的思想形式的孤独性、独特性，引导着质料上的无所适从的属性，即非普遍性。

哲学家向来被常人看成异类，哲学家的思想也常常是不平凡的。"野"与"文"相对，它不同于寻常和确定性，"盗火者"或非普遍性是对于鲍德里亚思想质料的一种特征判断。"非普遍性"意味着无法为大多数人所理解和接受，意味着与一般相左的另类或异类。"非普遍性"的极致也就是"野"性的极致。每个哲学家的思想都具有独特性，都有几分"野"性，但与鲍德里亚相比，存在着质与量的较大差距。正因如此，鲍德里亚又被称为"黑色幽默"大师。他的《象征交换与死亡》正是以诡异论点著称。

二、鲍德里亚的"放火"

鲍德里亚的"放火"主要体现在他的思想特性和思维方式上。他的《命定策略》等书用一种独特的异型思维方式提出问题、给出答案、进行辨析。康德的"哥白尼式的革命"是一种哲学思维方式上的革命，而鲍德里亚在哲学思维方式上又进行了新的革命，他将近代以来的主—客关系进行了颠倒，变成客体的决定性胜利、客体报复主体。这种思维方式上的革新是对现代性的最极端的反思批判。鲍德里亚的这种新的思想特性、新的思维方式的呈现方式就是"放火"模式。

设想一下，在一个阴暗、凄厉的沉沉黑暗中有几个"放火者"在点火："放火者"主观上想与黑暗抗争，但又无法脱离苦海。这是鲍德里亚要明示人们的：现实的人无法彻底摆脱技术理性的宿命纠缠。——在这个特定场景中，既没有主体的人，也没有必然性的物；但它又用现实性的形象呈现在人们的表象之中；同时人们又从中体悟到某种现实生活的实质。这就是鲍德里亚为我们呈现的他的思想世界。在这里，"放火者"不是人，但与人紧密相连，甚至就是特定境域人的代表，这种非现象性的人的形象所代表的人的情思恰恰是鲍德里亚要给予我们的：以极端的变形的否定方式分析、解剖现实世界。只有"火"才能驱散"黑暗"，否则人类只能苦苦挣扎。这是鲍德里亚遭遇的最大机遇。在此分析基础上，"送火者"与"放火者"又各有分工；"送火者"是鲍德里亚的现实之魂、人性之魂、哲学家的使命之魂。而"放火者"则指鲍德里亚的鬼才、鬼计、鬼花样。"送火者"离不开"放火者"，"放火者"也离不开"送火者"；如果鲍德里亚的"送火"离开其"放火"就会变成没有气韵、没有容光的"标本"；而如果鲍德里亚的"放火"离开"送火"，就会直接变成只会吓人、终无一用的行尸走肉。鲍德里亚的思想特性和思维方式上的"送火者"与"放火者"二者的积极作用的结合发挥到了极致。

用"现代性世界的盗火者"来评价鲍德里亚，就意味着不是着眼于对于鲍德里亚各个具体思想发展阶段等去研究他，也意味着不是从鲍德里亚的各种思想联系、如他与马克思主义的关系、与后现代主义思潮的关系等去分析他。而只是从鲍德里亚思想本身出发，从鲍德里亚思想感受的整体性出发去分析其思想的综合特性和整体形象。因此，它更多地不是评判其优劣得失，而是分析其感受表象与呈现形象。

评时任谦作的悲剧命运 *

　　时任谦作是日本近代小说家志贺直哉的长篇小说《暗夜行路》的主人公，是日本近代文学作品中的一个典型人物。他生长在封建专制主义资产阶级家庭，是一个具有反封建道德的叛逆精神和人道主义思想、有理想有上进心的青年，后来，由于遭受到一连串的打击（三次大的打击），他在人生道路上逐步失去了奋斗、拼搏的热情，对命运产生了恐怖感。"过去不知佛教为何物，现在却对所谓涅槃、寂灭常在的境地感到一种不可思议的魅力"。因此走上了逃避现实的道路。

　　从志贺直哉对时任谦作的描写、对现实的批判、对人物形象的典型塑造和故事情节的虚构渲染来看，尽管其中留有自然主义的白桦派式的痕迹，但总的看来却是积极的。时任谦作的最后结局，既是他性格发展的必然，也是当时日本社会不良制度的逼使。它符合社会发展的趋势，具有一定的典型性，特别是作者对时任谦作个人奋斗的失败的描写，比较真实、深刻，有着较高的认识价值。小说通过谦作一生的悲惨遭遇，以它的思想深度和艺术描写，从一个侧面反映了第一次世界大呀前后的社会生活面貌，为我们提供了一幅真实的历史画面。

　　《暗夜行路》，不以曲折离奇的情节取胜，而以对人物命运细致真切的描写见长。细读作品，不仅会被它浓烈的悲剧气氛所感染，而且会被它展现的人物的悲剧命运所震撼。凡是读过这部小说的

＊ 本文发表在《日本研究》（辽宁大学日本研究所编）1990 年第 1 期

人，都会强烈地感受到善良有为的人在黑暗年代和腐朽生活中挣扎、毁灭的回声，感到它确实是一部描写人生命运和悲欢坎坷的好作品。

主人公时任谦作具有一种在人生道路上克服重重障碍、为自己的美好生活和为人类的理想事业而探索追求的优秀品质。他在日记中写道："人类的命运不是注定了要和地球同归于尽。……人类是和命运搏斗的。"他有顽强的斗争精神，"有燃尽一切事物的欲望"。他渴望当真正的英雄，他认定"居里夫妇……给人类带来的实际的成就，肯定是在任何命运的胁迫下毫不动摇，毫不妥协的情况下取得的"。他要干的事业是"人类全体幸福的工作，是要在人类前进的道路上指明方向的事业"。为此，他打算"锲而不舍"。但是，就是这样一个有着"强烈的道义感"的人物，却在现实的重压下垮掉了。当时的日本，一方面是资本主义的发展、西欧的先进思想思潮、民主自由的日益强大，另一方面却是封建专制的强化。这样的历史大背景，决定了谦作的悲剧性命运。他先后遭受到三次重大打击：第一次是谦作求婚的失败，谦作向自己心爱的人爱子求婚，却得不到父亲及长辈的支持，爱子的兄长庆太郎作为封建家长制的化身，反对谦作和爱子的结合，把爱子许配给他人。这是封建专制对谦作的第一次迫害。爱情上的失败虽然使谦作时消沉，但他的理想之火仍未熄灭。他住到关西的尾道小镇，一心创作，他要用艺术向社会挑战，向封建道德伦理开火。并且，他这时仍有勇气身体力行；他要和做过祖父小妾、比自己大十多岁的阿荣结合。他决定做旧道德礼教的叛逆者。他没有想到更大的打击在等待着他。有人告诉他，他是他们祖父和母亲的私生子。生活彻底剥下了伪善的面纱，埋葬了青年人的热情和理想。谦作追求的是生活的美，得到的却是丑陋。可是，生活不仅剥夺了他奋斗的权力，而且否定了他生存的意义。他又面临了第三次打击：阿荣经营商业的失败使谦作失去了生活的经济基础，妻子直子的失贞使谦作失去了美满的家庭生活。从此，他性情变了，整个的人也完全变了。最后，他到伯耆的大山住下来，以寺庙为邻，与自然合抱。直到最后，谦作对自己的遭遇，不可能有什么深刻的认识。他那样的年龄、环境和教养，使他对周围的一切无能为力，只能一任命运的摆布，走完自己的悲剧道路。作品没有脱离人物的本来面貌，没有违背生活的真实，没有回避黑暗、罪恶的封建专制和资产阶级腐朽虚伪对于年青人的残害、践踏和蹂躏，因而使时任谦作的悲剧命运表现得十分真实、动人。确实，作品没有写出谦作的"光辉业绩"和"英雄场面"，然而，这部长篇小说的深刻、独特之处在于：通过时任谦作这样饱受封建专制和资产阶级双重伤害的"小人物"命运的描写，真实地展示了那一时代的历史风貌。它让人们看到，封建专制和资产阶级在怎样地残害年青的生命，毁灭人理应得到的幸福。让人们去细细品味和咀嚼历史给人遗留下来的苦果，从而激起读者对旧制度和黑暗腐朽的憎恨。这部小说对时任谦作的描写具有深刻的批判意义和认识价值，显示了作品的现实主义光辉。

时任谦作在真诚地追求真善美的过程中所表现出来的精神特征，主要可以概括为理想主义和人道主义。

理想主义是人类精神生活发展的产物，它表现人类对人性不断进化的要求，对真善美的热烈向往，它是人类创造欲望的表现。《暗夜行路》中的人道主义主要表现为人类要团结、互助、友爱的思想，和关于生命意义在于人与人之间的关系的观念。理想主义偏重于积极的进取意义，是人性在"纵"的方向的发展；人道主义主要偏重于扩大稳定的意义，是人性在"横"的方向的发展。二者有紧密的联系。真实的理想主义必然包含着人道主义，而切实的人道主义则是理想主义的具体化。谦作的理想是"要在人类前进的道路上指明方向"，他要做有关"人类全体幸福的工作"。他从自由平等的角度提出一个现实问题：为什么男女双方一同犯罪，男方总是逍遥法外，女方却在社会舆论下受尽虐待与摧残，"死而后已"。在现实的重压下，时任谦作是一个悲剧性的英雄。他由开始的认识"人类是要和命运搏斗的"，"人类的命运决不是注定了要和地球同归于

尽"，到最后"失去了强烈的道义感"，"过去对工作执着，为工作
而焦急，现在却乐于承受人类与地球一同毁灭"。年青的谦作想用
自己的行为证明：一个真诚的追求真善美的人，生活在世界上，首
先应当有一种"出污泥而不染"的本能。即使周围的环境是丑恶
的，也绝不能同流合污，周围的人是庸俗的，也不能随波逐流。这
是在维护灵魂的自由和保持旺盛的生命力，也就是个人奋斗和做强
者。谦作最后虽然失败了，但他用自己的生命历程说明：生命的价
值并不在于同一形式的无数重复，更不是对环境的顺从屈服。个人
的生存不在于简单人性的实现，而在于人性的发展。生命的价值在
于创造。这是生命力最有意义的表现，这是一种振奋人心的强者意
识。外部的障碍，环境的丑恶，绝不能使生命萎缩，反使其激发出
炽烈的光辉。因此，谦作在得知自己是祖父和母亲的私生子时，尽
管他几乎彻底压倒，反复念叨"怎么办好呢？"最后还是振奋起来，
继续从事自己的事业。

青年谦作所表现的精神是与苟且偷生的精神完全不同的。所谓
的"安分守己"，苟且偷生，是习惯用自圆其说、自欺欺人的理论
来为现实中最不合理的事辩护。这是对理想抱懊丧想法的表现。理
想没有实现，就认定人无法改变环境，他们用痛苦的眼光旁观人世
间的假丑恶，自己受到迫害欺压，却不愿意承认，宁愿在无知无觉
中做牺牲品。在这个意义上，时任谦作在最初确实是英雄，他敢于
去做他想做的事。

但是，英雄不仅要克服外界障碍，而且还要战胜自己，作"心
的英雄。"在这方面，谦作表现了自己的固有本性。

任何时候，只要有邪恶势力的存在，对真善美的追求都不是容
易的事。时任谦作面临着这样一种环境，四野茫茫，伸手不见五
指，生活的道路是黑漆漆的。他的美好灵魂像一只闪闪发光的萤火
虫，幽暗地亮着……时任谦作的悲剧，在于他没有真正认识到他的
自我与一个自我无法克服的宏大的无形的社会结构和制度发生了冲
突。小说用大量篇幅描写了谦作遭受打击后无所依恃、没有救助和

无从躲避的孤独感，以及挣扎也无济于事的困惑感，从而增强了作品的悲剧性。在谦作生活的时代，由于封建专制资产阶级造成的丑恶现实与时任谦作所代表的美好理想之间的差距愈来愈大，从而导致谦作对现实采取逃避的态度。对他而言，人要改变现实世界的丑恶简直是难于登天，他对当时的政治运动和重大的历史事件始终保持着距离，并且在思想上无视产生丑恶的社会历史条件，不懂得消除丑恶的根本途径在于对现存不合理制度进行革命的改造。因此，他最后仍不免跌入消极被动的精神状态和失魂落魄的病态心理，在黑暗势力面前只好心怀恐惧、顺从和妥协。

在回归自然之前，谦作对于黑暗社会的态度是现实的：他善于观察和剖析，不回避客观的社会问题，不迷醉于平庸的"和谐"与虚伪的"慰藉"，甚至可以发出不平则鸣的抗议。同时，他又不能摆脱当时小资产阶级知识分子"迷惘"的思想局限，缺乏战斗的激情和革命的实际行动。这一点，人们完全可以理想、体谅，因为，谦作不是进行社会革命的英雄典型，而是追求美好人生与人类共鸣情感的艺术家。在专制肆虐、人欲横流的社会上，有没有温柔的感情？有没有高尚的理想？有没有未来的希望？许多"好人好事"的存在，便是答案。正是这些东西，促使谦作相信黑暗的世界没有一线光明，邪恶的兽性社会里还有美好的人性。实现美好的理想，具备高尚的道德，发扬充分的人性，是人民群众的共同愿望，它属于未来的人类。谦作要拥抱未来的一切，拥抱全人类。他对未来人类生活的憧憬是有基础的，只不过理想的实现，还有千难万险。从这个角度来说，谦作的作为有代表意义。他的理想和现实世界的冲突，他和周围人物环境的不和谐，说明大小世界的关系、人与人的关系是复杂的、矛盾的。外在的社会与自然的不和谐，甚至仇恨，给他的命运染上了浓郁的悲剧色彩。志贺直哉想要使人们得到这样的启示：必须完善内在的信念，克服外在的不和谐，努力建立新的生活方式。在谦作的形象中，表现了作者的观念理想，实际上，它是作者的理想与现实发生了激烈的冲突，由于他对社会生活和丑恶现实有着深切的了解，看到人们仍旧处在苦难的深渊，意志力和创造力受到极大的压抑和摧残，因而他要用自己的笔再现当时的生活苦况，展示人们遭受的迫害。志贺直哉善于把日常现象典型化，而且在把平常的阶级对立生活典型化时，没有脱离真实去拔高生活。不能要求时任谦作成为无产阶级先锋战士，去编造谦作同邪恶势力开展面对面的斗争。无产阶级革命是在 20 世纪 20 年代之后才逐渐开展起来的。志贺直哉从实际的真实生活出发，选择富有意义的事件（谦作求婚、长辈乱伦）、选择富有意义的场景（东京郊区、大山寺庙）、富有意义的细节，用细致的线条勾勒出一幅真实的人生世态画，把两种对立的人生理想、道德、生活、命运对照交错起来。并使其集中、生动、鲜明而又有可供读者玩味的含蓄。一边是贵族友人的吃喝玩乐、低级趣味、半路出家，一边是谦作为实现理想而拼搏挣扎。这就使作品产生了扣人心弦、震撼灵魂的艺术效果，让人通过谦作的命运感到悲凄、愤懑、惋惜和感叹。

　　志贺直哉把一切优良品德都集中在谦作身上，使他成为一个令人神往的典型形象。他精神崇高，理想远大，富有人生乐趣，在事业上和爱情上同样大胆，他平凡而又伟大，他既是尘世间的又是理想化的人物。从追求美好的爱情到为实现理想而奋斗，他梦想获得人性的自由、生活的幸福和理想的实现。人文主义的文化思想对他起了启发和教育的作用。他知道，要把他的理想变成现实，决不能像唐·吉诃德那样敢于幻想，而必须脚踏实地地行动。时任谦作是时代造就的典型人物、他的身上充分体现着时代的烙印。在一定意义上他们伟大的英雄，但他不是神，而是人，并且是一个平凡的人。他的一生自始至终交织着个人的痛苦和事业上的忧虑。他赞美人生、希望享受人生的乐趣，但他的生活却充满着辛酸。谦作所从事的事业、所采取的行动，一再遭受挫折和摧残。他终日忧心忡忡，时刻奋斗不息，但事与愿违，总是看不到转机，终于彻底失败。所以，他的一生终是一部悲剧，一部深刻的、动人的、伟大的悲剧。他的伟大，不仅表现在他所树立的坚定信念和巨大勇气上，而且体现于他在企图改变现状，使愚昧落后变为文明进步的同时，意识到了他的能力有限。在严酷的事实面前，他逐渐认识到他的理想世界中潜伏着一个致命的弱点，这就是他过于善良和脆弱，以至于没能及时看清周围环境的实质，没能与之进行不可调和的斗争。

作者在描写时任谦作的命运和悲欢时，充满着热烈的感情，几乎倾注了人的全部同情。他的笔与人物的不幸遭遇融合得那么深切，强烈地表现了这个受害者的无辜与不幸，深刻地揭示出造成人物悲剧命运的历史的、社会的根源，通篇交织着作者对黑暗、暴力的诅咒与憎恨，对人类命运的关切和同情。一位德国诗人说过："一个伟大的戏剧体诗人如果同时具有创造才能和内在的强烈而高尚的思想感情，并把它渗透到他的全部作品里，就可以使他的剧本中所表现的灵魂变成民族的灵魂。"渗透在《暗夜行路》整个作品中的"强烈而高尚的思想感情"，正是作家对邪恶的憎恨和对正义的热爱。在这个意义上，尽管有人认为这是一部自传体小说，是所谓"私小说"的典型代表，又由于作品多采用自然主义的手法，从日常琐事着手，注重细节描写，又被人看成是"白桦派"作品。但是，这部小说突破了那种一味沉溺在个人的悲欢、咀嚼小小哀伤的格局。作品对现实的批判以及人物的典型塑造和故事情节的虚构等，都获得了深刻广泛的社会意义，具有强烈的控诉力量和深沉的感人效应。因此，把它说成是现实主义作品也并不过誉。回荡在作品中的主人公的悲号，不单单是一个弱小的受害者的呼喊，而是那个时代遭受封建专制资产阶级压迫残害的青年命运的巨大回声，这种遭遇的回声是那样悲惨、凄厉，以致使每一个有理想抱负的读者不能不为谦作的命运而惋惜，为他的理想的毁灭而悲愤，在精神上产生强烈的震动和共鸣。这正是时任谦作这个人物的悲剧力量所在。

时任谦作这个人物的意义在于：他在讲述自己的遭遇悲欢时，总在努力展示自己的心灵美、品格美、展现主人公对理想的探索和追求，对未来的憧憬和向往。作者赞美谦作在追求一种正当、合理的生活中所表现出来的不衰竭的毅力和耐力。谦作在向爱子求婚失败后入消沉，他一个人跑到关西专事写作，即使在得知了自己的出生秘密，心灵受到重大打击的情况下，他也还是毅然振作起来，回到东京继续写作。因此，渗透在谦作这个人物身上的感情，不是一般资产阶级作家对不幸者所表现的那种居高临下的人道主义同情，而是与人物的思想感情相融相通。作者满怀深情地表现了这个饱经社会苦难的人，在与黑暗势力进行生死搏斗的同时，依然在对理想道德进行坚毅的探索，对艺术的社会功用作不懈的追求，对爱情和友谊保持着忠诚，对未来充满着信心，这就使我们能透过丑陋的现实，在昏暗的世界中看到人间真善美的存在。作者以令人折服的艺术画面告诉人们：无论现实社会里多么黑暗腐朽，都无力摧毁人与人之间互相友爱、互相同情、和睦相处的美好信念和感情。主人公的爱憎是异常鲜明的，他内心有着理想之光，这就是为什么小说虽然写了主人公的毁灭，但却仍给人以巨大力量的原因。

最后，我们还应当看到，作者作为一个有才华的小说家，他的丰富知识和深厚的艺术造诣，对塑造时任谦作这个人物有着不可忽视的影响。志贺直哉对艺术的真知灼见和修养，有助于他对人物生活作精到的剖析，对人物性格作深刻的开掘，作者尤其擅长运用人物内心独白，描写人物的心理情绪，烘托人物的悲剧性格和悲剧命运。所有这些，大大深化了作品的思想主题，使小说中的人物形象在怆恻悲凉的典型气氛中，时时显露着哲理的光辉，具有砥砺人生的艺术力量。换言之，当时先进的资产阶级知识分子敏锐地感觉到专制主义对自由和人性的束缚，因而产生了对现实生活的强烈不满，但由于他们没有同社会运动妈生联系，他们对封建专制资产阶级腐朽生活的反抗就仅局限于示威性的退出生活，用非现实的神秘的"另一世界"同黑暗的现实对抗。《暗夜行路》中的时任谦作，用理想的世界同丑恶的现实相对抗，具有反专制、反邪恶、争自由的进步意义。

时任谦作最后是一个现实生活的失败者。残酷的生活不但使谦作本人走投无路，而且也使他的家庭无法维持下去。尤其是关于他和直子的婚姻问题，使他感到更加的痛苦和愤慨。他和直子相亲相爱，而现在这个圣洁的婚姻也带有淫荡的色彩。他如果要维持这种婚姻，那就意味着必须抛弃理想，做生活的顺从者，毁灭自己对人类的感情、毁灭自己。但他不愿意这样。当谦作在个人奋斗道路上以失败而告终的时候，并不去总结自己失败的斗争经验。他从无神论的个人奋斗道路出发，转而走上了悲观主义的歧途，最后滑入了屈服于现实生活的有神论的道路。对于这个过程的一种合理解释就是，谦作的思想性格特征是和作者本人的世界观有紧密联系的。志贺直哉的社会理想，既具有进步的因素，同时也具有消极的成分，当他要人们屈服于现存生活、做社会的牺牲品时，他的思想是消极的。但是，就当时的历史条件来说，社会向何处去？人类向何处去？志贺直哉是不可能找到具体而又令人信服的答案的。这是我们不应苛求的。

论《世说新语》的人物美思想[*]

　　《世说新语》（以下简称《世说》）的人物美思想是指魏晋名流在谈吐应答、行为举止和功利德性活动中表现出的关于人自身的审美意识。它是当时人们对待自然美、社会美和艺术美的基本根据。魏晋时期社会的政治、经济、文化和意识形态的特殊性为《世说》美学思想的大发展提供了特殊土壤和特定氛围。

　　《世说》的人物美思想是与刘邵《人物志》一脉相承的，是在《人物志》基础上发展来的。从清议向清谈的转变，标志着人物美的理想从注重外在德性功利、意志目的转向人的内在精神自由，缘情尽性的巨大变化，这个演变也是由以社会为中心转向以个体、个性为中心的过程。《世说》所欣赏、品藻和推崇的主要是人的内在精神美及相关的洒脱、超俗的气质风度。

一、《世说》人物美的本质——无为

　　《世说》人物美思想的代表者和体现者是当时的名士阶层。在某种意义上，他们是一群实践着的美学家。他们广泛继承以往的历史遗产，从儒家那里拿来现实性的概念，从道家借来个性和精神自由的观念，在魏晋现实生活基础上，在玄学指导下，建立了崭新的人物美思想体系。这种思想的本质是一种有别于传统意义上儒、道思想的"无为"观念。这种无为是一种有为的无为。

　　《世说》人物美思想主要指魏晋名士们的审美意识。在一般意

＊　本文发表在《社会科学辑刊》1990 年第 3 期。

义上，影响名士审美意识的因素是多方面的。一方面儒家古典人道主义观念深深根植于包括名士在内的整个民族心理中，其导向是追求人能够在自然、社会的和谐统一中获得肯定和发展。这是一种强烈的现世意识。庄园经济又暂时为这种心态构成了诱导条件和氛围，使名士们感到理想的自由天堂距离不远，不必等待来世，只要主观努力完全可以达到。另一方面，严酷的现实又恰恰在毁灭着人的存在。使有限与无限、有为与无为的矛盾对立更加突出。构成魏晋名士们的精神特征是痛苦与享乐、绝望与自信交相辉映。在努力探索和实现人生的理想中，在他们悲怆绝望、愤世嫉俗的精神状态中包含着对人类和自身的巨大爱心。构成名士们区别于儒家的"入世"或道家的"出世"的生活态度，兼有儒家的现实精神和道家自然天成的感性形式。这种"无为"观是打开魏晋名士审美意识秘密的钥匙。那么，什么是魏晋名士的"无为"呢？

《世说·言语》说王长史（仲祖）是"放迈不群，弱冠检尚，风流雅正，外绝荣竞，内寡私欲。"又记郗太尉曾说："平生意不在多，值世故纷纭，遂至台鼎，朱博翰音，实愧于怀"。另外还有"刘真长为丹阳尹，许玄度出都就刘宿。床帷新丽，饮食丰甘。许曰：'若保全此外，殊胜东山。卿若知吉凶由人，吾安得不保此！'王逸少在坐曰：'令巢、许遇稷、契，尚无此言'。二人竝有愧色"。因此，魏晋名士的"无为"在感性实践上至少包括以下几方面：第一，人物美要有高标准的生活；"床帷新丽，饮食丰甘"，不同于历史上道家的出世准则。第二，在舒适的物质生活中，人物要具备"悠然远想""高世之态"的精神，这又有别于儒家"兼济天下"思想。第三，人物美在于"平生意不在多"，追求精神界的自由。"无为"的感性形式是"外绝荣竞，内寡私欲"。

在理论上对人物美无为本质进行阐述的是嵇康和郭象。嵇康的理想是"吾顷学养生之术，方外荣华，去滋味，游心于寂寞，以无为为贵"（《与山巨源绝交书》）即"好托老庄，贱物贵身，志在守朴，养素全身"（《幽愤诗》）。他的君子理想就是人物美的理想。

"是故言君子，则以无措为圣，以通物为美"。嵇康的"无为"论是对老庄思想的重大发展。第一，他把无为与人性现实地联系起来。无为、人性、道三位一体，使无为具有人间性，无为与人性存在必然性联系，而不再是老庄的或然性联系。他的无为观具有明显的反抗精神。无为存在于生活之中，因而要对那些违背无为、人性或道的东西进行批判。这是后来的郭象所不及的。

郭象是著名玄学家，他在最一般的意义上为"无为"下定义："夫无为也，则群才万品各任其事而自当其责矣"（《无道篇》）。他要把无为与有为，理想与现实，无限与有限、人性与世情统一起来。从"明内圣外王之道"出发，认为"圣人未尝独异于世，必与时消息，在皇为皇，在王为王，岂有而因我哉！"（《天地注》）。玄远的理想就在现实之中，彼岸世界就是此岸世界，无为就是有为。他的人物理想是"常游外弘内，无心而顺有"，"终日挥形，而神气无变，俯仰万机，而淡然自若"，"虽在庙堂之上，然其心无异于山林之中"（《大宗师注》）。郭象的无为观是对现存世界的抽象，带有庸俗气味。但却直接为所谓"魏晋风度"服务，客观上有利于人的觉醒和修改解放。这主要是因为魏晋名士们对于现实生活有着深切的体验。"名士不必须奇士，但使常得无事，痛饮酒，熟读《离骚》，便可称名士。"（《任诞》）在这种"人生在世，吃穿二字"观念中是否可以悟出魏晋名士强烈的生存生活欲望以及对以往"圣、贤、神"的大胆蔑视呢？魏晋名士的"无为"人物是颇具特色的，在"口吐玄言，心游太玄"之外，"乘雪欲猎"（《排调》），"以稻为本"（《尤悔》），"看文书不顾之"（《政事》），在当时都"诸人以为佳"，"时人叹为两得其中"（《任诞》），都符合人物美的理想。体现出强烈的现世实践精神。这种"无为"与老庄的"无为"相关何止十万八千里，在老庄那里，现实的真实的个体和自我观念是不存在的，只有道和无才是真实永恒的。魏晋名士的无为观弥补了老庄思想的根本缺陷。

嵇康、郭象等人把"无为"赋予现实的具体内容，这是他们对美学的重大贡献，这实际上第一次自觉地提出人物美的普遍性问题。汉代以前，所有的人物美理论都是少数人的理论，实际上主张美在帝王、美在圣贤。《世说》正式提出了第一个"平民"性人物美理论。现实中每个人都具有美的潜在可能性，都可以达到美的理想。人物美的中心不再是所谓天人感应，功臣名将的赫赫战功或忠贤义士的烈烈操守，变成众多凡人俗子的传闻逸事、神情笑貌。在《世说》人物美思想的背后，蕴含着古典人道主义精神。王珣说："人固不可以无年！"（《品藻》）殷侯说："我与我周旋久，宁作我"。（同上）庾子嵩则说："卿自君我，我自卿卿，我自用我法，卿正用卿法。"（《方正》）在这里，人的觉醒和个性解放，达到了前所未有的高度。"刘伶恒纵酒放达，或脱衣裸形在屋中，人见讥之，伶曰：'我以天地为栋宇，屋室为裈衣，诸君何为入我裈中？'"（《任诞》）这是多么放任的个体和自我。"吾若万里长江，何能不千里一曲。"（同上）强烈的实践精神和人的觉醒与解放正是魏晋人物美思想最根本的意义。

当然，在人的觉醒、修改解放的大潮中也会泥沙泛起。与刘伶、阮籍等相对立的阮瞻、王澄、谢鲲、胡母辅之诸人，"去积、脱衣服、露丑恶、同禽兽，甚至名之为通，次者名之为达也"。（王隐《晋书》）"才不逸伦，强为放达"。（《抱朴子·疾谬》）这些人只得个性解放的皮毛，既不属于个性美，更谈不上人物美。

二、《世说》的人物美的理想标准

刘义庆在《世说新语·赏誉》篇提出了他的审美理想："林下诸贤，各有俊才子，籍子浑，器量弘旷。康子绍，清远雅正，涛子简，疏通高素。咸子瞻，虚夷有远志，瞻弟孚，爽朗多所遗。秀子纯、悌并令淑有清流。戎子万子，有大成之风，苗而不秀。唯伶子无闻。凡此诸子，唯瞻为冠，绍、简亦见重当世。"《世说》的人物美理想也就是魏晋时代人物美的理想。竹林名士最能体现魏晋时代精神和风尚。这就是"瞻（虚夷远志）"、"绍（清远雅正）"、"简

（疏通高素）"，这是一些实践性的类概念。我们要从理论和实践两方面揭示《世说》人物美理想标准的内容。

按刘义庆的本意，"虚夷远志"是人物美的最高标准。《管子·心术上》："虚者万物之始也"。"天之道，虚其无形"。道家用"虚"来形容道的无形无象和宇宙原始性状态。《老子·十四章》："视之不见，名曰'夷'"。"虚夷"用于人物美，主要是形容人物的一种高度自由的精神状态。它是要站在整个人类社会全部发展进程的高度对象个人、社会、历史的最一般和抽象的认识，与无知无智无缘。"志"是人的志向。"远"具有两层含义，一是距离大，一是差距大。与"志"相联，"远志"表示魏晋名士的一种新的志向观。这种志向观着重探索人自身的价值，人的本质力量的肯定，特别是精神上的自我充实和自由。它不注意人的社会价值的实现，总起来说，"虚夷远志"的含义包括：第一，它是同名教纲常等社会伦理道德相对立的，它的核心是玄学的"无为"，人的最终目的和最高标准是自身的自觉程度和内在精神的自由程序，而不是外在的功德品质。第二，它提倡的是对人和社会历史的永久性的哲学沉思精神和对现存世界的冷漠否定。体现出魏晋式的通脱放达。第三，个人理想的实现以其生存为前提，人物美的理想既是物质上的享受愉乐，又是精神上的逍遥无为。人的现实与理想、现存与永恒在唯心主义哲学帮助下统一起来。

刘义庆以"虚夷远志"品藻阮咸，认为他是人物美思想的楷模。"咸字仲容，陈留人，籍兄子也。任达不拘，当世皆怪其所为。及与之处，少嗜欲，哀乐至到，过绝于人，然后皆忘其向义。为散骑侍郎。山涛举为吏部，武帝不用。……解音，好酒以卒"。（《名士传》）"阮仲容，步兵居道南，诸阮居道北。北阮皆富，南阮贫，七月七日，北阮盛晒衣，皆纱罗绵绮。仲容以竿挂大布犊鼻裈于庭，人或怪之，答曰：'未能免俗，聊复尔耳'！"（《任诞》）山巨源《启事》说他"真素寡欲，深识清浊，万物不能移也。"在阮咸这样的人物美理想身上，体现着洒脱、超俗的时代特征。

　　刘义庆在提出"虚夷远志"（阮咸）的同时，也肯定了另外两种人物美标准，即"清远雅正"（嵇康）和"疏通高素"（山巨源），二者亦见重当世。

　　"清远雅正"中的"清"主要指精神界的清净而言，佛经《俱舍论》说"远离一切恶行烦恼垢故，名为清净"。道家的"清"是人经过努力修养所达到的与"道"相合的状态。"李耳无为自化，清净自正。"（《太史公自弃》）"雅正"即方正，指人的品德正直不阿。"清远雅正"是魏晋人物品藻的一个标准。它主要针对那些不求功名，不经世务的名士而言。这些人以"贵生"、求存为本，以尽性尽乐为人生目的。在内容上主张顺应人的性情自然，在形式上则是玄远淡然。例如："太保居在正始中，不在能言之流，及与之言，理中清远，将无以德掩其言！"（《德行》）"峤性雅正，常疾勋诌谀。"（《方正》）"清远雅正"在人生态度上的一个特点是所谓"含垢藏暇"，对现实中的人物事件、是非曲直不置可否。以嵇康为例，"康性含垢藏暇，爱恶不争于怀，伦之腾业也"。（《世说》注引《康别传》）"王戎云：'与嵇康居二十年，未尝见其喜愠之色'。"（《德行》）以"清远雅正"概括嵇康，或许不够全面，但体现出魏晋人的审美理想。

　　"疏通高素"是与"清远雅正"相对而言的，主要是指那些滞留仕途宦海的名士。"疏通"即是通达。"疏通知远，《书》教也。"（《礼记·经解》）"静渊以为谋，疏通而知事。"（《史记·五帝本纪》）"素"是道家哲学的概念。"见素抱朴"，（《老子》）"其事素而不饰"。（《淮南子·本经训》）"疏通高素"的实质是要妥善处理好个人与社会、入世与出世、物质享受与晋祠自由的矛盾。具体包括：第一，"疏通高素"的人要有保身延命的本领，特别在险恶的仕途宦海中能够知人论事，审时度势，未卜先知；第二，要做到物物而不物于物。在享受荣华宝贵的同时不依恋它，注意自己内在精神的充实和愉快；第三，要具有与人合作共事、善于处理人际关系的高超本领。"太尉神姿高徹……"（《赏誉》）以嵇康为例，据《晋阳秋》说他"雅素恢达，度量弘远，心存事外，而与时俛仰，尝与阮籍，嵇康诸人箸忘言三契。并于群子，屯蹇于世，涛独保浩然之度"。《晋书·山涛传》记他"与钟会、裴秀并申款昵。以二人据势争权，涛平心处中，各得其所，而俱无恨焉。""与石觉鉴共傅宿，涛夜起蹴鉴曰：'今何等时而眠也！知太傅卧何意？'鉴曰：'宰相三日不朝，与尺十令归第，君何虑焉？'涛曰：'咄！无事马蹄闲也'。投傅而去，果有曹爽事，遂隐身不交世务。"这些都是"疏通高素"的具体表现。

显然，"虚夷远志""清远雅正""疏通高素"作为人物美的理想在着重点上显然有区别。但在体现魏晋时代精神和思想的前提下也有联系。"虚夷远志"、"清远雅正"、"疏通高素"人物理想美的核心仍是"无为"，在表现形态上的总特点是所谓的"清"。反映了魏晋美学的精神自由性、实践个体性的特征，代表着人的觉醒、个性解放的时代主旋律。例如："阮光禄在东山，萧然无事，常内足于怀。有人以问王右军，右军曰：'此君近不惊宠辱，虽古之沈冥，何以过此？'"（《棲逸》）又如："有人问袁侍中曰：'殷仲堪何如韩康伯？'答曰：'理义所得，优劣乃复未辩；然门庭萧寂，居然有名士风流，殷不及韩。'故殷作诔云：'荆门昼掩，闲庭晏然。'"（《品藻》）魏晋人士是实践探索中的美学家，在批判继承古代儒、道等诸家美学基础上，发展创新，使中国古典美学，特别是人物美思想进入一个新的更高阶段。

三、《世说》人物美思想的特征

（一）人物美的品藻是一种审美直觉活动。审美直觉是一种特殊的高级直觉。它有两个基本特征：一是在产生审美直觉的一瞬间，人的理性和意志力不直接干预。似乎是根本没有考虑、推理，而立刻感到对象的美或不美。甚至感到美或不美后还说不出理。一是审美直觉活动伴随着强烈的感情活动。没有情感就没有美感。《世说》的人物美品藻是高度发达的审美直觉活动。按高低、强弱区别主要有三种。

第一种审美直觉，以感官愉悦为基础，主要对审美对象形式美的欣赏。虽同人的生理快感有本质区别，但却是一种较低的审美直觉，在日常生活中时有发生。“许允妇是阮卫尉女，德如妹，奇丑。……既见妇，即欲出。妇料其此出，无复入理，便捉裾停之。许因谓曰：‘妇有四德，卿有其几?’妇曰：‘新妇所乏唯容尔。然士有百行，允有几?’许云：‘皆备’。妇曰：‘夫百行以德为首，君好色不好德，何谓皆备?’君有惭色。”（《贤媛》）显然，这种审美直觉容易忽略对象的美的内容，得到的是关于对象的片面感受，因而是不可靠的，转瞬即逝的。

第二种审美直觉，在诸多的主、客观因素的互相作用下，这种审美直觉既能感受对象美的形式，也感受对象美的内容，产生精神上的愉悦。《世说》的人物美品藻有许多属于这种情形：“嵇康身长七尺八寸，风姿特秀，见者叹曰：‘萧萧肃肃，爽朗清举。’……岩岩若孤松之独立，其醉也，傀俄若玉山之将崩。”（《容止》）

在《世说》所记叙和保存的这类大量的审美直觉材料中，强调对人物的整体把握和全面感受。就此而言，《世说》开创了从纯粹审美角度品藻人、鉴赏人的新天地，在美学史上有重大意义。

第三种审美直觉，与一般审美直觉相比，这是一种高级的审美直觉。它能够在兼顾外在审美的前提下，深刻准确地把握住对象最内在的美。具有更强大的理性感染力。它是经过长期经验积累的，实际上是经过了理性认识阶段，理性在长期的实践基础积淀到好似简单的形式之中。魏晋名士是中国历史上最有理性、思辨力最强的一批人，他们能够把理性和审美感受联系起来，获得最高级的美感。例如：“王公目太尉：‘岩岩清峙，壁立千仞’”。“司马太傅为二王目曰：‘序伯亭亭直上，阿大罗罗清踈。’”“谢车骑初见王文度曰：‘见文度虽潇洒相遇，其复愔愔竟夕’。”（《赏誉》）在一见倾心的感性形式中表现出美的理性的强大力量，确证着审美直觉的胜利。

　　魏晋名士都具有很高的审美鉴赏力，他们对于审美直觉的渴望追求达到了如醉如痴、成瘾的程度。甚至不惜用错误的方式获得审美快感。这就是"酗酒"。酗酒不是一般地喝酒，而是嗜酒成性，贪酒如命。名士们酗酒的目的是逃避现实，获得解脱和自由。本来，醉酒状态不是审美状态，更不会产生审美直觉和快感。但是，人在醉酒状态下，精神处在一种无关利害、不涉理路的状态，其感受同审美直觉的感受相似之处。把酒变成精神上高级愉悦的工具，这就是魏晋名士的创造。"王光禄云：'酒，正使人人自远'。""王佛大叹：'三日不饮酒，觉形神不复相亲'。""毕茂世云：'一手持蟹，一手持酒杯，拍浮酒池中，便足了一生'。"（《任诞》）特殊的社会历史条件、超过极限的压力铸造了魏晋名士们的特殊审美性格，他们爱美、爱酒而不爱功名和社会，使酒与人的审美活动有一定关系。

　　（二）人物美＝审美意象。《世说》中的人物美，是一种审美意象。魏晋名士们的人物美品藻，实际上是对审美意象的欣赏。审美意象离不开审美活动，但并不是所有的审美活动都会产生明晰的审美意象。高级审美活动，在想象情感和理解等诸多因素作用下，一定会有高质量的审美意象。审美意象的特点是若隐若现，它"隐隐约约显现在你的眼前，就像朦胧的幻象一样，像蓦地在高处传出的和音一样，刹那间在你身边吹过的芬芳的馥郁的香气一样。"（别林斯基语）《世说》的审美意象能够准确体现对象的内在意蕴，抛弃偶然性细节，抓住对象的本质特征，借助联想和想象，创造出主客交融的审美意象形态，使人获得强烈的美感。《世说》的审美意象从内容上可以分成两类：

　　第一类是伴随强烈情感活动的审美意象，蕴藏在这种审美意象中的审美情感的最大特点是"真"。"有人哭和长舆曰：'峨峨若千丈松崩'。"（《伤逝》）"季方曰：'吾家君譬如桂树生泰山之阿，上有百万仞之高，下有不测之深；上为甘露所霑，下为渊泉所润。当斯之时，桂树焉知泰山之高，渊泉之深，不知有功德与无也'。"

（《德行》）这是意象之真，情感之真，只有真实才会感人，"范启与郗嘉宾书曰：'子敬举体无饶纵，掇皮无余润'。郗答曰：'举体无余润，何如举体非真者？'范性矜假多烦，故嘲之"。（《排调》）真实是产生高级审美意象的基础。

第二类是伴随着宏大想象的审美意象。审美意象朦胧虚幻，若隐若现的特性给审美想象带来极大的便利，人不必改变审美对象的客观形态，只要根据对象的某些特征，就能在头脑中创造出千姿百态、传神逼真、充分体现欣赏者个性特征的审美意象。"林宗曰：'叔度汪汪如万顷之波，澄之不清，扰之不浊，其器深广，难测量也'。"（《德行》）"王戎目山巨源：'如璞玉浑金，人皆钦其宝，莫知名其器。'"（《赏誉》）这些审美想象中的人物形象似乎难以准确物化和客观形象化。但在这种模糊朦胧和不确定的物象形态中使主体精微感受、深刻体验审美对象。在审美想象帮助下，外在之物成为为我之物，现实的具体的有限对象获得无限的永恒的审美价值。魏晋名士把现实生活中的人物对象变成审美意象加以欣赏，倡导用纯粹的审美态度对待生活，这对我们也有参考意义。

（三）"重神"的人物美理论。儒家美学主张内容与形式的和谐统一，道家美学重内容轻形式。魏晋时代美学家在儒、道基础上，创建了自己完整的人物美理论。首先，他们对人的外在美，即人的言语、容貌体态、举止行为的美有一套理论。"潘安仁、夏侯湛立有美容，喜同行；进人谓之'连璧'。""王右军见杜弘治，叹曰：'面如凝脂，眼如点漆，此神仙中人'。"（《容止》）人的外在美除了受先天因素作用外，还受学识修养、生活经历的制约。"子曾不如太原温颙、颍川荀寓、范阳张华、士卿刘许、义阳邹湛、河南郑诩。此数子者，或謇喫无宫商，或尪陋希言语，或淹伊多姿态，或讙哗少智谞，或口如含膠饴，或头如巾齑杵。而犹以文采可观，意见详序，攀龙附凤，并登天府"。（《排调》）当人的外在美与内在美发生矛盾时，魏晋名士大多注重人物内在的美，这似乎受到道家美学的影响。"王郎每以识度推华歆，尝集子侄燕饮，王亦学之，有

人向张华说此事，张曰：'王之学华，皆是形骸之外，去之所以更远。'"（《德行》）

其次，《世说》强调人物的内容与形式、精神与肉体、思想与语言、观念与行为的完美统一。"诸葛恢大女适太庾亮儿……犹有恢之遗法，威仪端详，客服光整。王叹曰：'我在遗女戴得尔耳！'"（《方正》）这显然吸收了儒家美学的合理成分。

在形神兼备的基础上，强调人的内在精神的美。这是魏晋名士对中国美学史的重要贡献。对人的内在精神美的重视始于老子，魏晋名士的贡献在于把老庄美学加以改造，赋予它实践精神和一定历史感。使人物美、个性美成为现实美、艺术美的组成部分。

因此，《世说》在人物美品藻中特别注意人的眼睛，认为它是窥视人的精神界的最好窗口。"谢公云：'见林双眼，黯黯明黑。'孙兴公见林公：'稜稜露其爽。'"（《容止》）"王子猷诣谢万，林公先在坐，瞻瞩甚高，王曰：'若林公须发并全，神情当复腾此不？'""谢曰：'唇齿相须，不可以偏亡，须发何关于神明？'林公意甚恶。曰：'七尺之躯，今日委君二贤。'"（《排调》）以《世说》为代表的人物美新理论注重人的内在精神美，重视人的神韵、风度、气质等的美，人物的审美的鉴赏重点由人的外在功德品质转向人的内在精神。这种新的美学思想对自然美、艺术美的发展产生了不同估量的巨大影响。画论中的传神论，文论中的风骨论，诗论中的缘情说，书论中的写意说都直接来自于这种思想，是人物美思想的其他领域的自然延伸。这是中国古代美学史中的独特现象。